굿바이
레거시

GOODBYE LEGACY

굿바이 레거시

리보금리의 소멸에서 DAO의 세계까지

배교식 김세현 권태우

좋은땅

배교식

경영 컨설턴트. 씨티은행을 거쳐 글로벌 IT 회사인 한국 IBM에서 금융
솔루션 팀장, 세계적인 경영, IT 컨설팅사인 액센츄어의 한국 자본 시장
부문 대표, 리스크 관리 경영컨설팅 대표를 거쳐 글로벌투자은행인 JP
Morgan Chase 은행에서 Technology 리더로 근무했음.

현재는 국내 경영컨설팅사인 ECG 대표로 27년간 금융과 IT 현장에서 산
업의 변화와 발전의 최일선에서 일하고 있음. 그동안 100여 차례의 관련
금융 IT 프로젝트와 은행 IT 운영 실무를 통해 금융의 기반을 아우르는
현재 진행 중인 IT 기술의 발전과 변화를 직접 목도하고 있음.

김세현

벤처 캐피탈리스트. 한국개발연구원(KDI) 및 금융개혁위원회, 대성산업
CFO, DSPOWER, DSE&E 대표이사를 거쳐 현재 싱가포르 소재 블록체인
기업인 DSV 및 게임 Guild인 PG DAO에서 Finance&Co founder의 역할
을 맡고 있음. 특히 금융개혁위원회는 현재의 한국의 금융 체계, 즉 은행,
증권, 보험을 주요 금융사업으로 분류하고, 금융위원회 및 금융감독원을
포함한 금융기관의 운영/감독 체계를 마련한 기관임.

저서로는 『직장인을 위한 경영학』, 『기업재무기획실무』 등이 있으며, 연

구물로는 KDI에서 「금융환경변화에 따른 벤처캐피털의 발전방향에 관한 연구」, 「한국주식 시장의 국제경쟁력 강화에 관한 연구」, 「인플레이션에 대한 중앙은행의 재할인율정책의 영향에 관한 연구」, 「금융환경변화에 따른 단기금융 시장의 발전방향에 관한 연구」 등을 진행한 바가 있음.

권태우

공인회계사. 안진회계법인, 금융감독원 감리, 공시, 증권사 및 자산운용 감독 책임조사역, 삼일회계법인 상무 등을 거쳐 현재 성현회계법인 Corporate Finance Leader로 근무 중.

NH금융지주, 대구금융지주, 산은금융지주, 국민금융지주, 한국금융지주 금융지주회사 설립자문과 KTB투자증권, GS자산운용, 골드만삭스 은행지점, 카카오뱅크 설립자문 외 금융사 인허가자문 등 다양한 금융기관 자문 경험을 통해 금융의 변화를 목도함. 기획재정부 공공기관 경영평가위원, 한국정책금융공사 금융자회사 관리위원, KOSPI/KOSDAQ 기업심사위원, 바로저축은행 사외이사를 역임한 바 있으며, 현재 카카오페이 및 예스24 사외이사로 활약 중임.

세상이 변하고 있다. 그것도 아주 빨리.

가속도의 법칙은 금융 IT인의 시간에는 더 빨리 적용이 되는가 보다. 지난 27년간 금융 IT 업계에서 일을 해 온 필자에게도 지난 몇 년간 세상을 둘러싸고 있는 일상과 IT 환경에서의 변화는 그저 당황스러울 정도로 빠르다. 세상에 새로운 금융솔루션을 소개하고 IT 트렌드를 먼저 이해하고 설명해 왔던, 나름 업계에서의 어얼리 어댑터(Early Adapter)라고 자부해 왔기 때문에 그 당황스러움의 정도는 더욱 클 수밖에 없다.

언제부터일까? 이러한 변화하는 세상의 속도를 따라가기가 어렵다고 느껴지기 시작한 게…. 바짝 긴장감이 몰려왔다. 이러다 시대에 뒤처지는 사람이 되는 것은 아닐까? 이렇게 나이가 들고 세상의 흐름을 모르는 꼰대 그룹에 자연스럽게 속하게 되는 것은 아닐까? 부정하려고 해도 그렇게 사람들이 나를 생각하고, 그러다가 어린 자녀들에게 가끔 무시당하는 소리를 듣게 되면 자연스레 소리가 높아지게 된다. "야, 너는 그거 알아? 그때는 다 그랬어. 얼마나 우리가 힘들게 일했는지 아느냐고! 한 달을 꼬박 밤을 새서 제안서를 썼었다고…." 이렇게 항변을 해 봐도… 한겨울에 좋아하는 오빠들의 공연티켓들을 위해 고척교 다리 밑에서 처음 보는 팬클럽 멤버 동지들과 밤을 지새울망정, 며칠간을 회사 일을 위해서 밤을 새운다고 하는 것은 더 이상 강요할 미덕의 시대가 아니라는 것을 필자들도 이제 안다.

이제는 쉽고 스마트하게 일하는 방법이 도처에 깔렸는데. 누가 그렇게 단순, 무식하게 성실함 하나를 무기로 밤새면서 일을 하냐고…. 투입하는 시간이 단순히 좋은 결과를 만들어 주는 게 아니라는 사실이 묵묵히 일하는 게 미덕이었던 필자의 시대가 흘러갔음을 징표한다. 얼마든지 새로운 툴과 네트워크를 활용해서 스마트한 결과물을 만들 수 있는데, 회사 일도 워크 앤 밸런스(Works and life balance)를 생각해서 해야지….

필자들이 일했던 금융과 IT 분야는 경험이라는 것이 특히 변화에 쉽게 묻히고 만다. 변화는 가까이서 보인다. 일례로 금융거래를 일으키는 방식 자체가 최근 몇 년간 드라마틱하게 바뀌고 있다. 상품이나 금융거래의 접근 채널이나 업무기능이나 방식, 상품도 마찬가지이다.

미래는 현재의 연장선에서 변화해 나간다. 그래서 이 책에서는 그동안 세상을 지배해 왔던 금융과 IT의 레거시(Legacy)가 무엇인지를 알아보고, 현재진행형인 변화를 살펴보고자 한다. 금융을 지배하는 금리체계의 환경, 국제결제망의 변화, 각종 금융 애플리케이션이 사용하는 방식의 변화를 다루고 블록체인을 기반으로 한 게임과 PG DAO, 가치 평가를 기준으로 암호화폐를 투자하는 실제 회사인 DSV사의 운용과 평가사례를 통해 보여 주고자 한다.

그리고 이 책을 통해 젊은 CEO와 기성세대의 통합이라는 메시지를 전달하고자 한다. 젊은 대표이사와 경험 있는 CSO와의 사업 DNA 통합, 이를 통한 기업의 생태계 확장이 지금 우리에게 필요하다는 것을 강조하고 싶다.

많은 책들이 다가올 미래의 프로토콜(Protocol, 중립적인 약속과 규칙)을 이야기한다. 이 책은 모든 새로운 디지털자산의 기술적인 면을 다루지는 못한다. 너무 거대한 변화라서 그냥 필자들이 느낀 바와 함께, 글로벌 회사나 기관에서 바라보는 변화에 동의하는 관점에서 객관적으로 서술하려고 했다.

필자들이 매일 이야기하고 생활해야 하는 것은 기존에 익숙해져 있는 금융과 기업의 생태계이다. 그런데 이러한 생태계에는 많은 갈등이 존재하는 것이 현실이다. 아직도 공정보다는 갈등이 보이고 있기도 하다. 이는 참여자 간의 프로토콜화가 완전히 되어 있지 않다는 것을 의미하며 어떤 기관이나 회사가 최고의 제품이나 운영시스템을 가지고 있다고 해서 공정한 거래가 다 이루어진다고 기대하지 않는 것도 이러한 공정한 프로토콜의 부재함을 의미한다. 그러나 공정한 프로토콜 생태계가 블록체인의 정신이라고 우리는 믿는다

세상은 이미 변했다. 그것도 아주 빨리. 그리고 계속 세상이 변하고 있다. 더 빨리 그래서 결심했다. 늦기 전에 이 변화를 기록해 놓아야겠다고, 그러지 않으면 이 변화가 언제 왔다 갔는지도 모를 테니까 말이다.

책을 쓰는 동안에도 세 명의 필자는 계속되는 변화의 현장에서 여전히 일하였고 여전히 그 변화에 때로는 정신없어했다. 그러나 같이 이 세상을 바라보는 시각을 같이 교정하여 준 많은 분들 덕분에 이 책을 무사히 마칠 수 있었다.

책을 쓴다는 것의 의미와 과정을 알려 주신 임진환 교수님과 수많은 분석 자료에 대한 소중한 정리를 같이해 준 박준상 님, 디자인을 맡아 준 이지현 님, 그리고 사랑하는 가족에게 감사의 말을 전합니다.

- 배교식 저자

Metadata, 블록체인 및 ChatGPT 관련 자문을 해 준 문기식 님, 일본 등 자료 정리에 도움을 준 유키 상, 스타트업 생태계에 대해 자문을 해 준 권용범 님, 임한규 님, 서승환 님, 이세비 님, 투자생태계에 대해 자문을 해 준 김지현 님, 오규희 님, 현윤경 님께 특별한 감사의 말을 전합니다.

- 김세현 저자

동양철학과 과학의 연결고리에 대한 눈을 뜨게 해 주신 박영준 교수님, 회계와 가치 평가에 대한 기본원리에 대한 토론을 통해 영감을 준 조홍식, 김재우, 박지환, 이주영 회계사, 처음으로 집필에 용기를 내게 해 준 김세현, 배교식 공동저자분들께 깊은 감사를 드립니다.

- 권태우 저자

목차

 금융 레거시(Legacy), 역사 속으로 _019

⫸ 이미 와 버린 세상 _149

Ⅳ 변하는 것과 변하지 않는 것 _225

패러다임의 싸움은 결국 누구의 이익이 될까? _297

새로운 리스크들의 등장 _307

I

금융 레거시 역사 속으로

1

레거시, 아직은 필요한 존재?

    세상 변화의 가속도는 점점 빨라지고 있다. 세상의 변화는 갈수록 빨라지고 뭐가 지나갔는지 모를 정도이다. 사회, 경제, 정치적 위기로 인한 불안함과 양극화가 심해지는 2023년 방향상실의 시대를 살고 있는 이 시대인들에게 세상의 변화는 가슴 뛰는 일이지만 동시에 불안한 그 무엇이다.

    예전 국내 변화경영의 대가이자 IBM 선배인 구본형 작가의 『익숙한 것과의 결별』이라는 책을 사회 초년 시절 감명 깊게 읽은 적이 있다. 이 책에는 이런 구절이 나온다.

> "사람들은 변화를 바라면서도 두려워한다, 변화하지 않아도 될 이
> 유를 찾으면 위안을 받는다."

    모든 게 편하게 바뀌는 변화를 가슴 뛰게 즐겁게 받아들이면서도 그동안 익숙한 방법과 습관을 떠나보내는 것에 대한 불안함과 아쉬움들을 다들 가지고 있다. 떠나보내기 싫긴 하지만 시대의 변화나 IT 기술의 발전

을 통해 자연스럽게 **기존의 방법과 유산**들은 사라지고 있다.

이것을 우리는 '레거시'라고 부른다.

인터넷 백과사전인 위키피디아를 통해 찾아보면 레거시 시스템(legacy system)은 낡은 기술이나 방법론, 컴퓨터 시스템, 소프트웨어 등을 말한다. 이는 현대까지도 남아 쓰이는 기술을 부르는 말일 수도 있지만, 더 이상 쓰이지 않더라도 현대의 기술에 영향을 주는 경우도 포함한다.

금융 산업은 기본적으로 인력과 IT 시스템으로만 구성되는 굴뚝이 없는 산업이다. 때로는 제조 산업 뒤에 있는 산업이라는 비아냥이 있긴 하지만 산업 그 자체로서의 가치를 알아본 나라들은 일찌감치 금융 산업 자체를 금융상품 개발과 인력, IT 기술을 통해 키워 왔고 국가 주력 산업으로 만들었다.

사실 그 어떠한 산업보다도 금융 산업은 국가와 인류경제에 가장 가까이 있고 가장 막대한 영향력을 미치는 산업이다.

이러한 금융 산업에서 지난 몇십 년간 별 변화 없이 진행되어 왔던 기존 비즈니스의 방식과 형태가 새로운 IT 기술의 전개로 인해서 급변의 물결을 타고 있다. 급변을 넘어서서 어떤 전통 금융 산업 분야에서는 산업 자체가 생존의 도전을 받고 있다. 금융과 IT 산업은 지금까지 공존해 왔다. 하지만 빅테크 기업이나 IT 기업들의 금융 산업에서 차지하는 비중이 커질수록 공존보다는 경쟁 상황이 더 많이 보인다.

핀테크 기업와 블록체인, 빅데이터, AI, 머신러닝과 같은 새로운 기술의 등장은 금융 산업에서의 기존의 질서와 지배력을 유지하고 싶어하는 전통적 금융기관에게는 부담스러운 위협요소이자 새로운 비즈니스의 기회요소이다.

따라서 금융기관들은 늘 고민스러울 것이다. 얼마만큼의 레거시를 유지하고 얼마나 많은 새로운 IT 신기술을 받아들여야 할까? 금융기관으로서의 정체성을 지키면서 변화를 해내 가야 할 텐데 말이다.

레거시가 문제야

레거시를 바꾸는 이유 중에 제일 큰 이유는 비용이 많이 들고 그 비용만큼의 효익이 없기 때문이다. 하지만 몇몇의 레거시 인프라와 시스템은 시대의 변화에도 여전히 사라지지 않고 여전히 작동하고 움직인다.

필자는 대학 초년에 포트란과 코볼을 배운 세대이다. 컴퓨터가 전공이 아니었던 필자는 이대 앞의 중앙전산학원이라는 곳에서 저녁마다 코딩용지에 프로그램을 적어 가며 연습을 하곤 했었다.

1959년에 태어난 COBOL이라는 이 프로그램 랭귀지는 60년이 지난 2023년에도 아직 살아 있다. 실제로 오늘날까지 일부 기업과 기관은 COBOL에서 개발되고 메인프레임에서 실행되는 중요한 프로그램에 의존하여 비즈니스를 진행하고 있다. 이 COBOL 프로그램은 아마도 현재

활약하는 대부분의 프로그래머보다 나이가 오래되었을 것이다. 2000년대 초부터는 더 이상 가르치는 곳을 찾기도 힘든 프로그램 언어, 하지만 여전히 필요로 하는 곳이 있고 여전히 그 레거시의 파워를 유지하고 있다. 다음은 몇 가지 그 사례들이다.

2015년 6월, 해커는 미국 인사 관리국(Office of Personnel Management)을 표적으로 삼아 2천만 명의 현직 및 전직 연방 정부 계약직 직원과 관련된 데이터를 훔쳤다. 조사 결과 데이터베이스를 호스팅하는 메인프레임의 소프트웨어가 30년 된 COBOL로 작성되었으며 '개인 정보를 암호화하기에는 기술적인 관점에서 너무 오래된 구식 기술'이라는 사실이 밝혀졌다. 보안 솔루션 적용이 안 되는 오래된 COBOL 언어 기반의 시스템에서 비롯된 문제였다.

2016년에 미국의 연방 예산 및 회계 감사 중 연방 정부에서 여전히 사용 중인 가장 오래된 시스템 중에 하나가 자동전술 통제시스템(SACCS, Strategic Automated Command and Control System)이라고 밝혀졌다. 미국 핵 작전 기능을 하는 이 시스템은 놀랍게도 여전히 1970년대 IBM Series/1 소프트웨어와 8인치 플로피 디스크에서 실행되고 있었다. 그건 마치 음원 다운로드 시대에 LP 플레이어로 음악 방송을 하는 것과 같은 상황이었다.

2018년 4월, 미국국세청(IRS) 웹사이트는 제출 마지막 날에 시스템이 다운되었다. 문제는 납세자의 세금 데이터를 저장하는 시스템인 개별 마스터 파일이 쿼리에 응답하지 않는다는 것이었다. 더욱 놀랍게도 2천만 줄의 어셈블러 코드로 구성된 이 시스템은 John F. Kennedy가 대통령이 었던 시절에 개발된 것이었다. 55년간의 서비스 기간을 거쳐 2022년에 교체될 예정이었던 시스템이었다.

2016년, 델타항공의 오래된 예약 관리 시스템이 다운되었을 때 전체 항공기 운항이 정지되었다. 문제는 8월 8일 이른 아침 애틀랜타에 있는 운영 센터에서 정전으로 인해 승객 예약과 비행기 제트기 예약에 필요한 컴퓨터가 거의 5시간 동안 다운되었을 때 발생했다는 것이었다.

항공사는 결국 정전 당일 약 1,000편의 항공편을 취소했고 이후 이틀 동안 추가로 1,000편의 항공편을 중단했다. 또한 피해를 받은 고객에게 환불 및 향후 여행을 위한 바우처를 제공하기로 합의했다.

델타항공은 엄청난 IT 시스템의 중단 사고로 인한 총보상 비용이 1억 5천만 달러에 달할 것이라고 당시 발표했다. 이 보상 비용을 미리 IT 인프라 현대화, 이중화 및 보안에 훨씬 더 효율적으로 사용되었더라면 이 IT 시스템 사고 수습 비용을 쓸 필요가 없었을 것이다.

이 모든 이슈는 IT 레거시 시스템에서 비롯된 문제들이었다.

누가 전원코드를 뽑을 것인가?

이러한 레거시 시스템의 기본적 문제는 향후에 확장성이 거의 없다는 것이다. 그리고 변경을 하려고 해도 그 과정이 너무 어렵다는 점이다. 그리고 더 현실적인 문제는 이러한 30년 이상 또는 50년까지 된 시스템을 유지하는 데는 점점 더 많은 비용이 든다는 점이다. COBOL 및 Fortran 전문가, 어셈블러 코드를 작성할 수 있는 옛날 개발자나 및 메인프레임 엔지니어는 지금은 찾기도 힘들고 비용도 많이 든다.

실례로 미국의 IT 관련 연방 예산(미화 800억 달러)의 대부분은 레거시 시스템을 유지, 관리하는 데 사용된다고 한다. 그중 연방 기관은 여전히 1,000명이 넘는 COBOL과 600명의 포트란 프로그램 랭귀지 개발자를 고용하고 있다. 레거시 시스템을 유지, 관리하는 데 IT 예산의 60~80%를 지출하는 것이다.

이렇게 되면 이들 레거시 시스템들의 패치(Patch) 업데이트를 설치한 이후에는 새로운 시스템이나 신기술을 사용할 예산이 더 이상 남아 있지 않게 된다. 왜냐하면 새로운 기술 기반의 메인 시스템은 대규모의 IT 예산과 구축 완료까지의 시간, 인력이 필요하기 때문이다. 일단은 문제가 생기기 전까지 최대한 써 보자는 생각인 것이다.

그렇기에 이러한 레거시 시스템들은 수많은 단점에도 불구하고 아직도 회사나 기관에서 매우 중요한 역할과 기능을 담당하는 경우가 많기 때문에 여전히 보존이 되고 있는 것이다.

또한 이러한 레거시 시스템의 실제적인 소요 비용을 항상 정확하게 예측할 수는 없는 노릇이다. 왜냐하면 이러한 레거시 시스템을 유지하기 위해 그동안 놓쳤던 경쟁력 우위의 상실 비용, 레거시 시스템이 생성하지 못했던, 수많은 전략적 분석 가능한 데이터의 가치, 기업 성장과정에서 손실의 기회 비용들, 놓친 고객 획득의 기회들과 같은 요소와 기회 비용을 실제로 환산하기는 불가능하기 때문이다.

과연 이러한 레게시의 생명유지장치에 언제쯤 전원 플러그를 뺄 것인가? 누가, 언제, 두려움 없이. 그것이 모든 레거시 시스템을 유지하고 있는 기업들과 IT 임원들의 현실적인 고민이다.

2

새로운 은행들의 출현

"아빠, 돈 좀 보내 줘. 몬조 은행에."

"뭐, 어디라고? 몬조은행?"

필자는 30년 전 영국 카디프의 시티센터에서 로이드뱅크의 녹색 마크를 보고 이끌리듯 은행에 들어가 유학생 계좌를 개설했던 기억이 났다. 30분을 기다렸다가 1시간을 창구에 있던 금발의 영국 텔러에게 계좌개설을 비롯한 각종 금융서비스를 받았다.

이유는 잘 모르지만 몇 푼 예금하지 않을 동양에서 온 가난한 유학생에게 1시간에 이르는 시간을 써 가며 계좌 개설을 해 주고, 카드, ATM 사용법까지 알려 주던 고맙던 영국 은행 창구 직원이었다.

웨일즈식 영어를 잘 알아듣지도 못하던 내게 반복되는 설명으로 자세하게도 안내해 준 것도 고마웠지만 무엇보다 내게 써 준 그 시간 자체가 고마웠다.

그런데 지금 지나와 생각해 보니 그 은행 직원이 하루에 처리할 수 있는 고객 수는 과연 몇 명이었을까? 대략 7~8명? 은행의 수익성과 효율성이라는 측면에서 본다면 한 명의 텔러가 처리했던 거래건수는 분명 마이너스 수준이었을 것이다.

금융 산업이 중심 산업인 영국이라는 나라는 좀처럼 전통을 버리지 않고 레거시를 유지하는 국가로 유명하다.

30년 전에도 학교 기숙사 플랫에서도 학생끼리 군주제 전통이 적합한지 논쟁하던 것을 필자는 기억한다. 하지만 여왕 서거 이후에도 아직도 군주제를 유지하고 있는 보수적이고 전통적인 나라가 영국인 것이다.

금융 산업에서는 특히 경쟁이 전혀 없이 영국 금융 시장을 지배하는 소위 4대 은행그룹(Big Four: RBS, Barclay, Lloyds, HSBC Holdings)이 최근까지 지배력을 가지고 가던 국가이고 새로운 은행 산업의 경쟁자를 들이는 데 익숙하지 않은, 기존 금융체제와 질서를 유지하던 국가였다. 이러던 영국이 이러한 새로운 은행이 들이기로 한 것은 2008년 금융 위기 이후부터이다.

금융위기 이전에는 완전한 영국 은행 면허를 가지고 새로운 은행을 설립하는 데 엄청난 비용과 시간이 소요되었다. 이로 인해. 실제로 Metro Bank가 2010년에 새롭게 은행 허가를 받았을 때 Metro Bank는 영국금융 역사 100년 동안 최초로 허가된 새로운 은행이었다. 소위 기존 레거시 체계에 도전을 하게 된다는 의미로 챌린저뱅크이라는 타이틀을 붙이기 시작한 최초의 챌린저 뱅크가 허용되기 시작한 것이다. 이러한 영국의 대표적인 챌린저뱅크에는 Starling Bank, Monzo, Revolut 및 Metro Bank 등이 포함된다.

전 세계적으로 온라인으로 금융거래를 할 수 있는 디지털뱅크가 실세가 되고 있다는 사실은 누구나 다 아는 사실이다. 이들은 모두 금융거래의 단순성 및 편의성을 장점으로 고객 기반을 확대하고 있다.

하지만 이 새로운 은행의 형태들을 부르는 명칭들은 **디지털뱅크, 네오뱅크, 챌린저뱅크, 인터넷뱅크**와 같은 용어로 혼용되고 있는데 정리를 해보면 다음과 같다.

디지털뱅크는 인터넷 채널을 사용하여 금융서비스를 제공할 수 있는 은행을 말하며 디지털뱅크의 종류로는 **네오뱅크, 챌린저뱅크, 인터넷뱅크**가 있다. 인터넷뱅크는 기존 은행들이 채널을 확장한 개념이다. 새로운 용어로 나타난 것은 네오뱅크와 챌린저뱅크이다.

네오뱅크는 은행 인허가를 받지 않고 모바일과 인터넷을 기반으로 **금융서비스를 제공하며 전통적인 금융기관과의 협업으로 금융상품이나 서비스를 제공하는 형태를 의미한다. 챌린저뱅크는 은행인허가를 받고 핀테크 기업이나 사업법인에게 은행서비스나 기능을 플랫폼으로 제공하는 사업자로 지점 없이 스마트폰 앱 등의 디지털 채널을 통해 금융서비스를 제공하는 형태이다.**[1] 우리나라의 카카오뱅크나 K뱅크의 형태인 것이다.

....

1) 「What is a neobank?」, 『Forbes』, 2021. 6. 24.

영국에서는 소매금융 비즈니스가 주요 기존 은행에 의해 과점화되고 있는 것을 문제 삼은 당국이 경쟁 촉진을 위해 신규 진입 은행에 대한 자본 규제를 완화하는 등의 규제 완화를 추진해 왔기 때문에 새롭게 은행업 허가를 받은 챌린저뱅크들이 많은 것이 특징이다. 이러한 담대한 명칭의 새로운 은행들은 전통적인 은행과 직접 경쟁하거나 도전하는 것을 목표로 하는, 소규모의 새로운 은행의 형태들이다. 그들 중 대부분은 지점 기반(오프라인 기반) 뱅킹을 외면하고 온라인 또는 앱을 통해서만 운영한다.

이 챌린저뱅크들도 모두 영국 금융 규제 기관인 영란은행(Bank of England)의 건전성감독원(Prudential Regulation Authority) 규제 및 승인을 공식적으로 받아야 한다. Finbold가 발표한 데이터에 따르면 전 세계적으로 2022년에만 43개의 새로운 챌린저뱅크가 출범하여 2021년 대비하여 17.11% 증가했다고 한다. 이는 글로벌 팬데믹으로 인한 세계적인 경제 침체에도 핀테크에 의한 붐으로 인해 금융업계의 판도도 바뀌고 있음을 여실히 보여 주고 있다.[2]

---

2) 2013년 4월부터 FSA는 PRA(건전성 감독원, Prudential Regulation Authority)와 FCA(금융규제원, Financial Conduct Authority)로 분리되었으며, PRA는 BOE(영란은행, Bank of England) 산하 기관으로 편입되었고 FCA는 FSA를 이어 독립적으로 존속하게 되었음. 즉 FSA가 맡고 있던 기능을 BOE 내부 조직인 FPC(금융정책위원회, Financial Policy Committee)와 BOE의 자회사인 PRA, 그리고 독립기관인 FCA로 분리함.

챌린저뱅크 VS 네오뱅크

세계적으로 챌린저뱅크라고 불리우는 새로운 은행들은 현재 2022년 4분기 말 현재 전 세계에 291개가 존재한다. 2021년 기준으로 전 세계적으로는 248개의 챌린저뱅크가 있었는데 불과 1년 사이에 43개가 늘어난 것이다.

『핀테크 매거진』의 분석 자료에 따르자면 챌린저뱅크가 가장 많이 증가한 지역으로는 유럽으로 나타나고 있다. 2021년 10월에서 2022년 10월 사이에 유럽의 신규 디지털 은행 수는 27.6% 증가했다. 이로 인해 총 97개의 챌린저뱅크가 활발한 영업 중인 유럽이 디지털 뱅킹 분야의 세계적 리딩 지역이라는 것이 확인된 셈이다.

오히려 미국은 2022년 챌린저뱅크의 성장 부문에서 2위를 차지했다. 핀테크 분야의 세계적 리더임에도 불구하고 미국은 작년에 10개의 새로운 도전자가 출시되어 북미 지역의 총수가 73개로 증가하면서 새로운 디지털 은행 신생 기업 측면에서 유럽에 이어 2위를 차지했다.

미국의 경우 금융위기 후 규제 강화 흐름 속에서 은행부문의 신규 진입이 어려워져 Chime이나 Current 등 은행 인허가 없이 기존 커뮤니티뱅크와 제휴하여 금융서비스를 제공하는 네오뱅크 형태가 많다.

다만, 미국에서도 Square(현재는 Block)나 핀테크 기업인 Varo Money

등 은행 인허가를 취득하는 사례가 나오고 있다. [3]

한편 아시아태평양 지역(APAC)와 남미(South America)에서는 3개의 새로운 은행이 출범했고 중동과 아프리카(MENA)에서는 4개의 새로운 도전자가 시장에 진입했다.

네오뱅크(Neo Bank)는 은행업의 인허가가 필요 없기 때문에 금융 산업의 차별화 방안을 마련하는 전략들을 사용하고 있다.

2022년 1월 출범한 월마트(Walmart)의 핀테크 벤처 기업인 헤이즐(Hazel)은 소비자들이 돈을 관리할 수 있는 올인원 앱 개발을 목표로 2개

....

3) 「Chime, current lead US banking app downloads in first half of 2021: report 2021. 7. 6.」, 『Banking Dive』 2022-12호.

기업을 추가로 인수할 예정이라고 밝히고 있다. 이들이 제시하는 은행형태는 낮은 수수료로 돈을 관리할 수 있는 네오뱅크인 원 파이낸스(One Finance)라고 하는 것이다. 2022년 말 200만 명 이상의 사용자를 보유하고 있고 Coastal Community Bank와의 제휴를 통해 저축, 소비지출, 대출 등을 하나의 계좌로 결합하여 체크카드, 당좌/저축계좌 등의 서비스를 제공 중에 있다.

이들은 향후 금융 혜택 관련 플랫폼인 이븐 파이낸스와, 커뮤니티 은행과의 제휴를 통해 소비자에 직접 접근하는 원파이낸스의 장점이 합쳐져 ONE이라는 하나의 앱으로 통합될 예정이다. 이후 ONE 앱은 월마트의 디지털 채널의 일부분이 되어 주간 단위로 1억 명이 넘는 쇼핑 고객들에게 금융서비스를 제공할 예정이다. 미국 월마트의 CEO인 존 퍼너(John Furner)는 "월마트는 고객이 돈을 절약할 수 있는 방법을 찾고 있으며 소비자들이 한곳에서 돈을 관리할 수 있는 단순하고 개인화된 앱을 만드는 것이 다음 단계이다"라고 밝히고 있다. 이는 월마트가 만드는 새로운 대고객 은행인 셈이다.

챌린저뱅크(Challenger Bank)가 전통은행을 인수한 경우도 있다.

미국도 미국통화감독청(OCC)으로부터 은행 승인 및 인허가를 받는 것은 오랜 기간과 상당한 비용이 발생한다. 이에 몇몇 핀테크 기업들은 은행 자체를 인수하는 방법을 추진했다. 2020년 10월, 미국의 온라인 개인금융 기업인 소파이(SoFi)는 미국통화감독청(OCC)로부터 새로운 은행

계획에 대한 예비 조건부 승인을 받았다. 이후 2021년 3월, 소파이는 새크라멘토에 위치한 골든퍼시픽 은행을 인수했다고 발표하였다. 인수 이후 소파이는 사용자 친화적인 인터페이스를 구축하는 데 집중하고 골든퍼시픽의 커뮤니티 은행 사업을 소파이뱅크로 이름을 변경한 후 이를 유지할 계획이다.

이러한 챌린저뱅크와 같은 글로벌 디지털은행이 부상하는 이유는 뭘까?

이는 소비자가 이러한 은행혁명을 주도하기 때문이다. 특히 MZ 세대 사용자들이 저렴한 거래 비용과 하이테크 서비스 오퍼링을 제공하는 디지털은행 부문에 매료되었기 때문이다.

IDnow(KYC[4] 전문회사)가 의뢰한 연구에 따르면 설문 조사에 참여한 2,001명의 영국 성인 은행 고객 중 60% 이상이 온라인 계좌 개설, 온라인 뱅킹 기능 옵션 또는 사용하기 쉬운 앱 등의 사용자 경험 시 디지털 프로세스가 매우 중요한 의사결정 요소이며 주거래 은행을 어디에 해야 할지를 결정하게 되는 요인이라고 조사된 바가 있다. 이러한 사용의 편의성은 전 세계 어디나 마찬가지일 것이다.

그리고 이 조사에 의하자면 고객들이 기존의 전통적인 은행들과의 금

....

4) KYC : Know Your Customer. 금융서비스 제공자가 사용자의 신분을 확인, 보증, 인증하는 절차.

굿바이 레거시

융거래에서 제일 짜증 났던 것들이 제한된 영업 시간, 긴 업무 프로세스 및 계정을 개설하기 위해 직접 지점에 가야 하는 것들이었다고 응답했다. 바로 이 요인들이 고객들의 디지털은행으로 유인요소가 되었던 것이다. 그렇지만 47%의 고객들은 여전히 이 디지털은행들의 보안 관리와 사이버 위협, 개인 정보 보호의 필요성에 보완 필요성에 대해 언급을 하기도 했다.

디지털은행이 매력적인 이유는 그동안 전통적은행들이 간과했던 새로운 금융거래 서비스들을 제공하는 데 있다. 예금 잔고 추가 인출방지 기능(overdraft protections), 무료 계정 유지 비용, 지출이나 소비내용 추적 기능, 암호화폐 연계 서비스 및 최소 예금 유치 서비스 등이 이러한 디지털은행들이 제공하는 혁신적인 서비스 내용들이다. 동시에 까다로운 고객 요구에 대응할 수 있는 다양한 니치(niche) 영역요구들은 API를 통한 외부 앱들의 지원(BaaS)으로 서비스를 더욱더 풍성하게 만들고 있다.

이러한 새로운 은행들의 발전에는 해당 국가 금융규제의 변화가 영향을 끼치기도 했다.

최근 영국정부는 30년 이상 동안 금융 규제의 가장 큰 개편 중 하나인 '에든버러 개혁'을 발표했다(2022년 12월). 영국 재무부 장관(Chancellor of the Exchequer) 제레미 헌트(Jeremy Hunt)는, 성명에서 금융서비스를 영국의 5대 핵심 성장 부문 중 하나로 강조하고 있다. 디지털 기술, 생명과학, 녹색 산업, 금융서비스, 선진 제조업이 5개 핵심성장 부문이며

2023년 말까지 규제에 대한 혁신을 진행할 것이라고 한다.

영국의 지속 가능하고, 진보된 금융서비스 부문에 대한 정부의 비전을 추진하기 위한 에든버러 개혁(Edinburgh Reforms)에서는 영국의 금융 산업에 대한 강한 애착을 보여 준다.

이 개혁의 언급에서는 영국은 여전히 세계의 금융 중심지이며, 230만 명 이상의 사람들이 금융 및 관련 서비스 산업에 종사하고 있으며, 2021년 기준 1,736억 파운드 규모로 전체 국가 경제 생산량의 8.3%를 차지하였다고 언급했다.

이 에든버러 개혁은 영국 정부가 1986년 마가렛 대처 정부의 금융서비스 규제 완화를 실시한 이후 금융서비스에 대한 최근의 규제 완화 계획 중에 가장 강력한 것이라고 한다. 이러한 새로운 변화 패키지인 에든버러 개혁은 '새로운 금융서비스 장'을 주제로, 일자리 창출과 영국 전역의 성장을 촉진하기 위해 기술적으로 발전된 금융서비스 부문에 대한 정부의 비전을 제시하고 있다.

정부의 비전은 ① 개방적이고 세계적인 금융 중심지, ② 기술과 혁신의 최전선, ③ 녹색 금융의 세계적인 선도, ④ 자본의 효과적인 사용을 촉진하는 경쟁적인 시장 조성과 같은 4가지 주요 주제를 중심으로 제시되고 있다

동시에 금융서비스 및 시장(FSM) 법안을 통해 영국의 브렉시트 이후

영국 시장에 맞게 금융서비스 규제를 조정하여, 글로벌 금융 센터로서 영국의 경쟁력을 강화하고 소비자와 기업에 더 나은 결과를 제공하는 것을 목표로 하고 있다. 이 내용은 ① 미래 규제 프레임워크(FRF) 검토 결과 구현, ② 개방적이고 세계적인 금융 허브로의 위치 유지, ③ 금융서비스에서 혁신적인 기술 활용, ④ 영국 시장의 경쟁력 강화 및 자본의 효과적인 사용 촉진, ⑤ 금융 포용성 및 소비자 보호 촉진을 주요 골자로 하고 있는데, '쓸데없는 요식을 없애고' '급속한 산업 성장'을 독려하는 내용이 주된 것이다. 그중 하나는 은행이 소매 금융과 위험한 투자 업무 운영을 법적으로 분리하도록 강제하는 규칙이 포함된 내용이다.

제레미 헌트(Jeremy Hunt) 영국 재무부 장관은 이러한 변화가 "세계에서 가장 개방적이고 역동적이며 경쟁력 있는 금융서비스 허브 중 하나로서의 영국의 위상을 지속적으로 확보할 것"이라고 했다. 하지만 사실 브렉시트 이후의 금융 산업에 대한 위기 때문에 이러한 개혁법안이 추진된 것이 아닌가 하는 생각이 든다. 그러한 영국 금융 산업에 대한 위기의 상징적인 사건들은 최근 여러 가지가 있다.

그중 영국 금융 산업의 위기를 불러온 가장 역사적인 사건 중에 하나가 영국은행 간 제공 금리였던 리보(LIBOR) 금리의 시대의 마감이다.

3

굿바이, 리보(LIBOR)

대학 시절 PD나 기자를 꿈꿨던 필자가 가장 공부를 집중해서 했던 과목은 일반 상식이라는 과목 이었다. 일반 상식에는 일반적이지 않은 내용들이 가득했는데 소위 언론고시라고 하는 방송국 시험을 보려고 하면 2만 명이 고사장으로 몰리는 시절이었다. 그런 일반 상식 시험에서 늘 나오는 시험문제가 하나 있었다.

그것은 바로 리보(LIBOR) 금리였다.

리보(LIBOR) 금리는 'London inter-bank offered rates'의 약자다. 직역하면 '런던은행 간 제공 금리' 정도가 된다. 영국은행들끼리 자금수요를 맞추기 위해 단기(통상 6개월 이내)에 주고받는 금리조건을 지칭하는 셈이다. 리보 금리가 전 세계 금융거래의 벤치마크 역할을 하는 이유는 금융 산업이 발달한 영국은행들의 신용도가 그동안 세계 최고수준을 자랑했기 때문이다.

런던 금융 시장에 있는 은행 중에서도 신뢰도가 높은 일류 은행들이 글로벌 금융기관들과 자금 거래에 적용하는 금리로서 사실 금융의 종주국 역할을 할 수 있었던 가장 중요한 금융 무기였다.

근데 이 리보 금리가 2021년 말로 종말을 고했다. 리보 금리 대신 각 국마다 대신 다른 준거 금리를 쓰게 된 것이다. 코로나19의 글로벌 확산 등으로 일부 지연이 있었지만 대부분 국가는 리보 금리에서 대체 금리로 2021년 말까지 대부분 전환 완료되었다. 일부 통화 상품의 경우에만 2023년 6월까지 다른 금리로 대체가 진행되게 된다.[5]

이 금융 시장을 1986년 이래 지난 40년간 지배해 왔던 리보 금리(London Interbank Offered Rate)는 변동 금리 대출, 모기지 및 기업 부채에 부과되는 이자율을 설정하기 위한 핵심 벤치마크였다.

이 리보 금리는 대출 발행자에게 다양한 금융 상품에 대한 이자율을 설정하는 기준을 제공해 왔다. 최대 18개 글로벌 은행으로부터 현지 경제 상황에 대한 전망을 감안하여 서로 다른 대출 만기에 부과할 이자율에 대한 추정치를 수집하여 매일 설정되었으며, 리보는 영국 파운드, 스위스 프랑, 유로, 일본 엔, 미국 달러의 5가지 통화로 계산되었다.

즉 전 세계 금리 산정의 가장 중요한 벤치마크 금리로서 작용해 온 게 바로 이 리보 금리였던 것이다.

....

5) USD LIBOR Overnight, 1M, 3M, 6M, 1Y 세팅이 2023년 6월 30일 자로 고시가 중단되거나 대표성을 상실하여 준거 금리로의 사용이 사실상 중단됨.

이 세계 금리 질서에 금이 가게 된 것은 2012년 7월경에 세계 금융 시장에 파장을 불러온 세계적인 사기 사건인 바로 이 리보(LIBOR) 금리 조작 사건이다.

여러 주요 금융 기관의 은행가가 서로 공모하여 리보 금리를 조작하였는데, 결국 이 스캔들은 금융 업계에 불신을 일으켰고 벌금, 소송 및 규제 조치의 결과들이 차례로 이어졌다. 사실 이 스캔들은 2012년에 밝혀졌지만, 문제의 기관 간의 담합 자체는 오래전인 2003년부터 계속되었다는 증거가 나왔다.

이 리보 금리 담합 스캔들로 인해 리보의 신뢰할 수 있는 기준 금리로서의 타당성에 대한 의문이 제기되었고 이로 인해 단계적으로 폐지수순을 밟고 있는 것이다.

미국 연준과 영국 규제당국(FCA)[6]에 따르면 리보는 2023년 6월 30일까지 단계적으로 폐지되고 SOFR(Secured Overnight Financing Rate)라는 준거 금리로 대체된다. 이 단계적 폐지의 일환으로 이미 리보 1주 및 2개월 USD 리보 환율은 2021년 12월 31일 이후 더 이상 게시되지 않고 있다.

여기에는 리보 금리를 기본으로 참조하는 금융상품 계약인 기존 계약에도 영향을 미치기 때문에 금융기관은 만기가 해당 통화의 리보 금리 고

----

6) FCA : 리보 금리를 규율하는 영국 금융감독청. 기초자산 시장의 비활성화로 시장의 근간이 되는 리보 금리의 지속가능성에 대해 우려(2017.7).

시 중단일 이후인 계약을 모두 검토하여 관련된 자산가치의 변동을 파악해야만 했다.

새롭게 맺는 금융거래 신계약인 경우 대체 금리를 개발하여 사용해야 한다. 우리나라 금융기관들도 ARRC, ISDA, 금융감독원 권고사항, 은행연합회 TF 회의록 등 동향조사를 통해 신규계약 적용 금리(Fallback Rate)를 기관마다 선정, 확정하였다.

그리고 이러한 신규 선정 금리를 기준으로 커브, 할인율, 원화 평가가치를 산출하여 각 금융기관마다 영향도 분석을 진행하였다.

리보 금리 대체 일정

통화	기간물	일정
GBP, EUR, CHF, JPY LIBOR	익일물, 1주일물, 2개월물, 1·3·6·12개월물	2021년 12월 31일까지 산출 예정
USD LIBOR	1주일물, 2개월물	2021년 12월 31일까지 산출 예정
	익일물, 1·3·6·12개월물	2023년 6월 30일까지 산출 예정

출처 : ECG 정리

주요 금융국가별로 각각 단일지표체제 및 복수지표체제를 기반으로 리보를 대체할 대체 금리 지표를 선정하였으며, 미국은 상품별로 금리 전환 권장 일정을 제시했고 영국은 금리전환을 아래와 같은 단계로 단계적으로 진행해 왔다.

영국은행협회가 40년 동안 세계 금융 시장의 중심 기준 금리로서 10개 통화에 대해 15개 만기에 대한 총 150개의 조달 금리를 발표해 왔던 리보 금리가 이제 2023년 6월이면 영원히 역사 속으로 사라지게 되는 것이다.

굿바이 레거시

4

공격받는 SWIFT 체계

2022년 2월 24일 러시아의 우크라이나 침공으로 촉발된 러시아와 우크라이나 사이의 전쟁에서 서방세계의 가장 강력한 제재수단이 나왔다. 그것은 전쟁 반발 다음 달인 3월 26일, 주요 러시아은행들의 국제은행간통신협회(SWIFT) 퇴출 선언이었다.

서방국가들의 결속으로 전쟁을 일으킨 러시아에 대해 해외 주요 거래소의 상장된 러시아 기업의 퇴출과 함께 개인, 기업 간의 무역대금 및 송금, 수금의 기본 네트워크인 SWIFT의 차단은 서방사회가 취할 수 있는 전쟁에 대한 가장 강력한 제재였다.

금융 기관들의 데이터와 메시지 전송을 담당하는 비영리 기관으로서 1973년 5월에 출발한 국제은행간통신협회(SWIFT)는 200개 이상의 국가 및 영토에서 11,000개 이상의 금융 기관을 연결하고 있으며, 국제 간 송금과 추심 신용장 및 자본거래와 같은 외국환거래를 위한 대금결제용 데이터통신망이자 글로벌 금융 결제 체계의 기반이다.

이러한 이유로 러시아는 국제은행간통신협회(SWIFT)에서 축출된 이후 대외 무역 거래를 보호하기 위해 국제은행간통신협회(SWIFT)의 대체 시스템을 찾기 위해 노력했다. 그로부터 몇 개월, 러시아는 블록체인 기술을 사용하여 SWIFT 제재를 우회하는 방법을 찾은 것으로 보였다.

러시아의 Rostec Group은 여러 러시아 국내 기술 회사를 포함하는 정부 조직인데 그들은 글로벌 SWFIT 시스템을 대체할 수 있는 국제 결제를 위한 디지털 시스템을 출시하기 위해 블록체인 플랫폼을 개발했다고 발표했다. Rostec Group의 성명서에 따르면 CELLS라는 국제 결제 시스템이 개발된 블록체인 플랫폼은 Rostec Group에 소속된 Novosibirsk Institute of Software Systems(NIPS)에서 개발했다고 발표했다.

러시아는 미국 달러 대신 자국 통화인 루블을 사용하여 지불과 결제를 진행할 수 있는 글로벌 SWIFT 대체 플랫폼을 만든 것이다. 기본적으로 이 플랫폼은 분산 원장 기술을 기반으로 통합 시스템을 제공할 수 있도록 설계되었다. 또 이 새로운 시스템은 또한 참여하는 각국이 자국 통화로 러시아에서 수입하는 비용을 지불할 수 있도록 했다.

러시아는 자국의 결제망에 다른 나라를 끌어들이려고 하는 노력을 전부터 진행해 왔다. 같은 공산국가인 중국과도 깊은 협력관계를 맺고 있지만 인도는 러시아가 많은 노력을 기울인 국가이기도 하다.

러시아는 SPFS(System for Transfer of Financial Messages)라는 대체 루블 기반 지불 시스템을 선전하고 있다. 이 시스템은 2014년에 만들어진 것이다. 러시아 중앙은행은 이 대체 지불망에 참여하는 기관이나 국가를 비밀로 할 것이라고 했지만 언론을 통해 인도가 루블 결제에 SPFS를 사용하자는 러시아의 제안을 심각하게 고려하고 있는 것으로 알려졌다.

러시아가 인도에 러시아 중앙은행이 개발한 양자 결제 시스템을 사용할 것을 제안했으며 인도도 이를 고려하고 있다고 『블룸버그』가 2022년 중반에 보도했다. 러시아의 계획에는 러시아의 메시징 시스템 SPFS를 사용하는 루피, 루블 표시 지불이 포함된다고 보고서는 덧붙였다. 보도에 따르면 루블은 인도 은행에 예치되어 루피로 변환되며 동일한 형태의 반대로 작동하기도 한다.

소위 친서방 국가로 알려진 인도가 러시아와 협력을 원하는 이유는 사실 알고 보면 매우 실용적인 것이었다. 우선, 인도는 그동안 국방력을 러시아에 크게 의존하고 있었고 이러한 의존도는 러시아-우크라이나 전쟁

이후에도 계속되었던 것이다. 또한 러시아는 인도에 대표 우랄산 오일을 전쟁 전 가격에 배럴당 35달러 할인을 제안하고 있었던 것으로 알려졌다. 이처럼 대폭 할인된 에너지 수입가격 제안을 인도의 Narendra Modi 총리가 무시하기는 어려웠을 것이다.

러시아와 함께 중국도 미국 달러 패권에 대한 대안 인프라를 모색하고 있다.

중국 위안화로 결제를 처리하는 중국의 국경간은행간결제시스템(CIPS)도 SWIFT를 대체할 가능성이 있다. 이 시스템은 1,280개 금융기관이 참여하는 광범위한 네트워크를 가지고 있다고 밝혀졌다. 중국 중앙은행은 위안화 사용의 국제화를 목표로 2015년 CIPS를 출범했다. 중국은 여전히 국경을 초월한 메시징을 위해 SWIFT에 크게 의존하고 있지만, 자체 CIPS 메시징 시스템으로 중국의 패권을 확대하려 하는 움직임은 지속하고 있는 것이다. 예를 들어 2022년 12월 사우디아라비아를 방문한 중국 지도자 시진핑은 위안화로 원유 결제를 제안하기도 하였다.

이에 맞서 최근에는 국제결제은행(BIS)을 중심으로 CBDC 연구를 통해 SWIFT가 기존 네트워크와 경험을 바탕으로 새로운 시스템을 개발하도록 지원하고 있다.

스위프트(SWIFT)의 자체 진화

SWIFT를 둘러싼 힘겨루기가 신냉전 시대의 정치적 영향에 따라 심하게 움직이면서 동시에 IT 기술의 변화에 따른 SWIFT 자체의 새로운 변화의 움직임도 진행되고 있다. 그동안 결제나 통신에 많은 시간이 걸리던 비효율성을 극복하는 블록체인 기술이나 CBDC을 기반으로 한 새로운 네트워크 시스템에 대한 진행이 되고 있는 것이다.

2017년, 스위프트(SWIFT)는 하이퍼레저 패브릭(Hyperledger Fabric)[7] 블록체인과 협력하여 결제흐름에 대한 가시성을 높여 은행이 결제 지연의 위험성을 낮출 수 있는 방안에 대한 연구를 진행하였다. 당시 프로그램에는 웰스파고(Wells Fargo), 도이치뱅크(Deutsche Bank), 제이피모건(JP Morgan)이 참석하였고 이 프로그램에서는 블록체인이 은행 간 유동성 관리를 개선할 수 있지만, 이러한 접근 방식이 작동하기 위해서는 회원 은행들이 결국 자체 IT 시스템을 업그레이드해야 한다는 결론에 도달하였다.

---

7) 블록체인 솔루션과 응용 프로그램을 개발하기 위한 모듈형 아키텍처 플랫폼.

5

빅테크들의 등장과
금융플랫폼 비즈니스의 도전

금융서비스 부문은 디지털 기술 채택을 가속화하고 있다. 현금 결제가 줄어들거나, 은행의 텔러 창구에서의 금융거래를 하는 대면창구가 점점 없어지고, 한때 편리함의 상징이었던 ATM 사용량까지 줄어드는 게 바로 요즘의 상황인 것이다. 현금이 필요하지 않은 캐시리스(Cashless) 사회. 모든 게 모바일 뱅킹, 스마트 뱅킹으로 지배되는 세상이 된 것이다. 디지털 기술에 익숙한 MZ 세대 소비자의 영향, 빅테크 기업들의 위험, 새로운 기술에 대한 규제 기관의 태도 변화는 모두 금융서비스 산업에 영향을 미치고 있다. 최근의 SVB의 뱅크런의 사태에서 볼수 있듯이 은행이 신용을 잃고 파산에 이르는 시간이 이제 24시간도 되지 않는 디지털 금융 시대에 우리는 살고 있는 것이다.

특히 최근 3년간은 코로나19로 인해 디지털 전환이 가속되면서 급속하게 성장하게 된 빅테크들이 주도하는 IT 플랫폼과 그 영향력이 점점 전통적인 금융 산업 영역에서도 압도적인 지배력을 구가하고 있다.

IT 플랫폼 기업이란 일반적으로 상호의존성을 지닌 생산자와 소비자 그룹을 효율적으로 연결시킴으로써 가치를 창출하는 사업 모델(business structure)을 의미하며, 네트워크 및 모바일 기술이 급격하게 발전함에 따라 플랫폼 기반 사업을 전개 및 확장하는 기업들이 증가하는 추세이다.

이러한 거대한 IT 플랫폼 기업의 변천은 지금도 계속되고 있다. 최근 7~8년간 소위 FAANG(페이스북, 아마존, 애플, 넷플릭스, 구글) 시대라고 불리웠던 것이 최근 1~2년 사이, 페이스북과 넷플릭스의 독점적 시장 지위 하락으로 MANTA(마이크로소프트·애플·엔비디아·테슬라·알파벳) 시대, 즉 플랫폼 중심 기업기업으로의 이동이 진행되고 있다고 한다. 글로벌 IT 플랫폼 기업을 지칭하는 용어의 변화에는 상관없이 금융산업은 이들로부터 근본적인 변화를 경험하고 있다.

빅테크가 주력사업(비금융)에 비해 수익성이 낮음에도 금융업 진출을 확대하는 이유는 주로 고객기반 및 충성도를 제고하여 주력사업을 보조, 강화하기 위함이었다. 또한 금융인프라가 발달하지 않아 지리적 이유 등으로 금융접근성이 낮은 경우, 빅테크의 금융업 진출을 통해 기존 금융회사에게 금융서비스를 제공 받지 못한 소비자들의 니즈를 충족시킬 수 있다는 것이었다.

그러던 것이 이제 소비자 기대가 바뀌어 빅테크 플랫폼 기술이 제공하는 서비스의 편의성, 신속성, 초개인화된 금융서비스를 더 의지하고 선호하는 시대가 된 것이다.

빅테크 사업자들이 제공하는 빅데이터의 분석 기술, 규제로부터 상대적으로 자유로운 점이 상대적으로 비싼 오프라인 금융서비스에서 소외되어 있던 금융대상 고객층에게 금융접근성을 높힌 셈이다. 결국 이들이 가진 것은 데이터를 생성, 획득하는 플랫폼인 것이다.

빅테크들의 금융업무 진출 현황(2023년 3월 기준)

구분	결제	대출	예금	크라우드 펀딩	자산관리	보험
애플	○	×	×	×	×	×
아마존	○	○	×	○	-	○
구글	○	×	○	×	×	×
알리바바	○	○	○	○	○	○
텐센트	○	○	○	○	○	○
바이두	○	○	○	○	○	○
카카오	○	○	○	○	○	○

빅테크의 규제, 작용과 반작용

모든 작용은 반작용을 낳는다. 2022년 초부터 S&P 500 기준 시장의 약 25%를 빅테크 플랫폼 기업들이 차지하기 시작하자, 이들 빅테크 플랫폼 기업들이 디지털 경제의 가치창출 원천인 데이터를 장악하여 알고리즘으로 경쟁 서비스를 배제하고 시장에 대한 과도한 통제력을 바탕으로 사업자 간의 공정 경쟁을 저해할 수 있다는 지적이 나오기 시작했다.

이러한 미국의 빅테크 플랫폼 기업들의 영향력이 지나치게 커짐에 따라, 산업의 경쟁력 활성화를 위해 독점을 견제하는 규제 입법 추진이 진행되었다.

2021년 6월, 미국 하원 법제사업위원회에서는 민주당, 공화당이 공동으로 발의한 온라인 플랫폼 기업을 규제하기 위한 반독점 패키지 법안을 가결되었다. 또한 2021년 7월 9일, 미국 바이든 대통령은 '미국 경제에서의 경쟁촉진에 관한 행정명령'을 발동하여, 미국의 빅테크 기업의 산업 독과점적 시장구조 개선 및 경쟁제한 폐해의 시정을 시도하였다.

2021년 8월 11일, 미국 상원에서는 앱 마켓 사업자의 독과점 문제와 공정경쟁 불가 등의 문제를 해결하기 위한 '오픈 앱마켓 법(The Open App Market Act)'을 연방법안으로 상정하기도 하였다.

마찬가지로 미 의회는 빅테크 기업들의 이러한 불공정 경쟁을 견제하기 위해 플랫폼독점사업금지법(Ending Platform Monopolies Act)' 패키지 통과를 추진 중에 있다. 이 패키지 법안이 상원, 하원을 모두 통과하는 경우 미국 역사상 가장 강력한 독점 규제 입법 중 하나가 될 수 있다

이러한 빅테크 사업자의 반독점에 반응하는 이유는 대개 플랫폼 운영자가 자신의 플랫폼 내에서 연관된 개별 비즈니스도 함께 수행하며 우월한 위치에서 불공정 경쟁을 유발한다는 이유 때문이다. 또한 플랫폼에서 생산되는 데이터 독점이 문제가 되는 것이다.

그래서 거대 빅테크 플랫폼 기업이 생산하는 데이터의 규모에 의해 시장에서의 우월적 지위가 지속적으로 유지되고 경쟁 환경을 왜곡하지 못하도록 데이터의 원활한 공유와 활용을 촉진해야 한다는 공감대가 형성되는 것이다.

국내에도 대표 플랫폼 기업인 네이버, 카카오를 비롯한 여러 플랫폼 기업의 과도한 사업 확장에 따른 비판이 제기됨에 따라 규제 방안이 논의되고 있다. 최근 금융당국이 금융플랫폼의 일부 서비스를 '금융소비자보호법' 위반 행위로 판단하는 등 규제가 강화되는 모습이다. 네이버, 카카오가 다양한 영역으로 사업을 확장하고 있는 가운데, 산업 생태계를 구성하는 기존 중소업체들이 많은 사용자를 보유한 대형 플랫폼 기업과의 경쟁에서 우위를 점하기가 쉽지 않아 시장 공정경쟁에 대한 비판이 제기 되고 있는 상황인 것이다.

2021년 10월 말 기준 국회에서는 플랫폼 산업을 규제하려는 법안이 9건 발의되었으며, 본격적인 입법 논의가 아직 진행 중이다. 금융위원회는 2021년 9월 7일 일부 금융플랫폼의 서비스가 단순 광고 대행이 아닌 금융소비자 보호법상 중개행위에 해당한다고 판단하고, 위법 소지에 대해 시정할 것을 요구하기도 했다. 네이버파이낸셜, 카카오페이 등 주요 금융플랫폼의 펀드, 연금 등 금융상품 비교, 추천 등의 서비스를 중단시킨 것이다.

이러한 주요 플랫폼 사업자에 대한 규제는 가까운 중국도 마찬가지이다.

2021년 2월 중국 국무원 반독점위원회가 '플랫폼 경제 분야에 관한 반독점 지침(关于平台经 济领域的反垄断指南)'을 발표하고, 발표 당일 즉시 시행되었다. 해당 지침은 '시장 지배적 지위'와 '남용 행위'에 대한 판단 기준을 확정하고 플랫폼의 가격 담합, 독점 거래, 시장 지배적 지위를 남용한 강제 매매, 빅데이터와 알고리즘 기술을 활용한 경쟁 저해 행위 금지 등을 명시하고 있다.

곧바로 2021년 4월 중국 시장감독관리총국(State Administration for Market Regulation: SAMR)은 '플랫폼 내 기업에 독점 판매 강요' 등 시장 지배적 지위 남용 행위로 알리바바에 182억 위안(약 3조 원)의 과징금을 부과했다. 이 금액은 2019년 알리바바 매출액의 4%에 해당하는 금액이며, 중국 내 반독점 규제 위반 행위로 부과된 과징금 중 최대 규모였다.

이러한 과징금의 목적은 판매자에게 독점적 거래를 요구하거나 쇼핑 이력 및 신상정보를 바탕으로 고객에게 이중적 가격을 제시하는 등 플랫폼의 경쟁제한·독점적 거래 행위를 규제하는 것이다. 알고리즘을 가격 담합 도구로 악용하거나 판매업체의 가격, 판매량 등 민감 정보를 불법 수집 및 거래하는 등 빅데이터와 알고리즘 기술을 활용한 경쟁 저해 행위에 엄격하게 대응한 조치였다. 시장 지배적 지위를 남용한 강제매매, 가격조작 행위 금지, 플랫폼의 보조금 남발 금지 등도 과징금 부과의 주요 사유였다.

6

도전과 응전,
서비스형 뱅킹(BaaS)의 등장

이러한 금융 산업에서 새로운 은행의 형태를 가진 도전자들이 새로운 IT 기술을 통해 금융 산업 마켓을 도전해 올 때 기존의 전통적인 은행도 남다른 응전을 보여 주고 있다. 금융라이센스를 보유한 전통적 금융회사가 비금융회사에 금융 코어 기능을 주문형 서비스로 제공하는 서비스형 태인 뱅킹(BaaS)이 바로 그 응전의 방식이다.

은행이나 금융기관이 아닌 기업의 플랫폼으로 은행의 금융서비스를 사용할 수 있도록 하는 것이 서비스형 뱅킹, BaaS(Banking as a Service) 이다.

사실 우리는 알게 모르게 실생활 속에서 BaaS를 이미 많이 접하고 있다. 누구라도 핀테크 앱을 사용해 본 적이 있다면, 계좌나 카드를 개설하기 위해 해당 은행 앱을 깔 필요 없이 핀테크 앱에서 한 번에 금융업무를 해결할 수 있다는 것을 경험한 적이 있을 것이다. 굳이 금융서비스를 은행이나 증권사, 카드사로부터 받아야 할 필요가 있을까 하는 것에 대한 답변인 금융서비스 인 셈이다.

BaaS는 금융기관이 기존 운영하던 금융서비스를 기능 단위로 모듈화하여 이를 라이선스가 없는 핀테크 업체에게 제공하는 것이다. 금융소비자는 앱(APP) 등을 통해 금융사의 계좌를 개설을 하거나, 송금이나 결제를 하거나 Payment, 주식을 사고파는 등의 금융기관이 현재 제공하고 있는 다양한 금융서비스를 이용할 수 있다.

이러한 서비스형 뱅킹(BaaS)이 가지는 장점은 기존 금융기관 입장에서는, 고객을 모집하고 수익을 창출하는 새로운 채널을 만들 수 있다는 것이다. 반면 핀테크 업체는 금융 라이선스를 획득하기 위해서 필요로 하는 IT 인프라 구축 비용을 들이지 않고도 금융서비스를 제공할 수 있다는 점이다. 금융사와 핀테크사 가 서로 윈윈(Win-Win)할 수 있는 방법을 찾은 셈이다.

한국에서도 신용카드사로부터 이러한 금융서비스가 시작되었다. 소위 PLCC(상업자 표시 신용카드)카드가 바로 그것이다. PLCC는 카드사와 다른 업종의 특정기업과 제휴를 맺고 내놓는 카드를 말한다.

현대카드와 스타벅스 코리아가 손잡고 내놓은 '스타벅스 현대카드'나, 신한카드와 11번가가 함께 내놓은 '11번가 신한카드' 등이 대표적인 경우이다. 이 경우 보통 제휴사의 브랜드 이미지를 강조하는 전략을 추구하기 때문에 언뜻 보기에는 신용카드보다는 포인트카드처럼 보이기도 한다.

해외에도 이러한 협력서비스형 모델 사례는 최근 많이 증가하고 있는데 골드만삭스와 애플이 같이 2019년 출시한 '애플카드'가 BaaS의 대표적인 경우이다. 전통적 투자은행에서 소매금융으로 전략적 방향을 틀던 골드만삭스(Goldman Sachs)가 리테일 고객을 확보하기 위해 사용한 전략이 바로 서비스형 뱅킹, BaaS(Banking as a Service)의 형태였던 것이다.

이러한 제휴를 통해 충성도 높은 고객을 많은 애플은 애플페이의 사용처를 오프라인으로 확대할 수 있었고 대신 골드만삭스는 리테일 고객을 확보하려는 전략이 서로 맞아 떨어졌다. 사실 골드만삭스는 그동안의 투자은행 사업모델에서 테크놀러지 중심의 금융회사로의 전환을 위해 BaaS를 2020년부터 혁신과제로 선정하고 다양한 플랫폼 기업과 전략적 파트너십을 체결하였다.

이러한 BaaS 전략의 구현을 통해 전통적 금융기관들은 비금융회사인 기업 고객에 API 솔루션 및 라이센스를 제공하고 새로운 수익 모델을 만든 것이다. 다시 말해 기업이 가지는 충성 고객을 유치(B2B2C)하기 위한 방법으로 BaaS라는 서비스형 모델을 선택한 것이다.

따라서 비이자수익의 저조한 국내 은행들의 현상황에서 BaaS 모델을 통해 수익 확대를 도모하는 것은 긍정적인 전략일 수 있다. 특히 정부주도의 오픈 뱅킹이 단순한 데이터의 접근만 허용한 것에 반해 BaaS 모델은 똑같이 API를 제공하지만 금융서비스를 핀테크 기업의 주요 서비스 기능으로 만들어 시장확대를 꾀할 수 있다는 차이점이 있는 것이다.

오픈뱅킹과 마이데이터가 도입 이후 금융기관들의 새로운 디지털 기반의 업무 프로세스 혁신 요소로 발전 할 수 있는 잠재적 가능성이 생기고 있는 것이다.

BaaS가 가능하게 된 것은 아이폰, 안드로이드와 같은 모바일 디바이스가 클라우드 환경의 접속장치로 보편화된 것이 배경이 되었다.

일반적으로 모바일 앱 개발에는 클라이언트 기능을 위한 프로그램뿐만 아니라 서버라는 물리적인 인프라와 서버가 필요하다. 그러나 앱 개발자가 인프라와 서버를 구축하는 경우 상당히 많은 IT 투자가 필요하고 시간도 오래 걸려서 기존 레거시가 구축될 때까지의 노력을 동일하게 기울어야 한다.

이에 반해 BaaS는 모바일 앱 개발 시 자주 사용하는 공통적인 백엔드 기능들을 표준화하여 API 형태로 제공하기 때문에 모바일 앱 개발자들은 백엔드 플랫폼을 개발하지 않아도 된다. BaaS는 모바일 응용 프로그램에서 API(Application Protocol Interface)를 통해 클라우드와 연동해 모바일 응용 프로그램을 효과적으로 개발할 수 있는 환경을 제공하는 것이다. BaaS를 사용하는 앱을 개발하는 회사는 인프라에 대한 고민없이 앱 개발 자체에 노력을 집중할 수 있게 되는 것이다.

7

신용평가의 새로운 방식

기본적으로 은행은 신용을 기본으로 비즈니스를 영위하는 기관이다. 신용을 잃는다는 건 금융업의 본질을 잃는다는 것이다. 최근의 SVB, Signature Bank 등 미국 중소형 은행의 뱅크런 사태에서 볼 수 있듯이 한 은행의 파산으로 인해 다른 지역 중소 은행들도 위험할 수 있다는 인식이 커지며 은행과 금융 시스템 리스크에 대한 신뢰가 떨어지는 상황에서 해당 은행들의 주가가 폭락해 2008년 이후 리먼 사태 이후 다시 한번 글로벌 금융 시스템에 대한 위기감이 더욱 고조되고 있다.

Silicon Valley Bank의 붕괴로 이어진 엄청난 양의 고객 인출은 예전의 뱅크런의 모든 특징을 가지고 있었지만 이번에는 대부분이 온라인에서 전개되었다는 점이 과거와는 다른 점이다.

이 SVB 고객들은 2023년 3월 초, 은행에서 하루 만에 420억 달러를 인출해 은행에 10억 달러의 마이너스 현금 잔고가 생겼다고 밝혔다. 엄청난 인출은 디지털 뱅킹이 가능하게 한 속도로 전개되었고 부분적으로는 소셜 미디어 플랫폼과, 소문에 따르면 개인 채팅 그룹에 퍼진 바이러스성 패닉과 공포에 의해 촉발되었다고 한다.

이제 은행은 자체 신용에 대한 관리부터 기존의 재무적인 요소뿐만 아니라 실시간으로 변동하는 소셜 네트워크상의 평판과 은행를 둘러싼 각종 평가에 대한 모니터링도 진행해야 하는 시대가 된 것이다.

2013년 노벨경제학 수상자인 예일대의 로버트 쉴러 교수는 일찌감치 사회적 전염 요소로 인해 금융기관의 신뢰가 변하고 주식 시장이나 부동산 시장의 버블이 형성되거나 터진다고 예측하였다. 금융을 인간의 비경제적 본성을 행동경제학으로 설명하거나 사회구조적 문제에 기인하는 요소로 설명하는 방식이 더 적합한 시대가 된 것이다. 전염의 힘, SNS를 통해 전달되는 신용의 창출과 위기 시대에 우리는 이미 살고 있는 것이다.

일반적으로 과거에는 은행들이 기업 고객에 대해 신용평가시스템 구축을 위해서는 기업의 재무제표를 비롯한 방대한 기초데이터가 필요한 게 일반적이었다. 특히 기업이나 개인의 신용평가시스템 구축에는 금융기관이 자체적으로 기초 필요 데이터를 보유하여 평가모형을 모델링하여 사용하거나 좀 더 정교한 신용평가시스템을 구축하기 위해서는 전문적인 외부신용평가사의 모델을 사용하는 게 일반적인 현실이었다.

1997년 IMF와 2003년 카드대란 이후 국내 신용평가 업무가 본격적으로 고도화된 것은 2004년부터 2008년에 걸쳐 국내 금융기관들이 Basel II

글로벌 리스크 관리 규준에 대응하면서부터이다. 이때부터 금융기관들은 자체적으로 개인고객과 기업고객에 대한 부도율과 회수율, 부도 시 손실율 등의 리스크 팩터 관리를 본격적으로 하기 시작하였다.

이때 자체적인 글로벌 리스크 관리 규제 준수를 위해 신용 리스크 관리 관점에서의 신용평가 업무도 보강이 되었다. 그 이후 리스크 관리의 항목이 정교화되면서 2023년 1월 1일로 BIS가 이행 권고한 Basel Ⅲ를 통해서 무담보 기업대출과 부동산담보 기업대출의 부도 시 손실률을 하향조정하고, 신용등급 없는 중소기업에 대한 대출 위험가중치 또한 하향조정함으로써 가계대출보다는 기업대출을 늘리는 것이 주 내용이 되었다.

이러한 신용 리스크 관리 규제준수 측면에서의 신용평가 업무의 개선이 최근 3~4년간은 단순한 재무/비재무데이터의 관리영역에서 벗어나고 있다. 소위 대안데이터의 등장이 바로 그 변화 요인이다.

대안데이터(대안적 데이터)란 재무제표 및 기업공시와 같은 전통적인 금융 정보를 벗어나, 비재무적 데이터 일체를 지칭한다. 주로 개인고객의 경우 통신·전기비와 같은·공공비용 납부 이력, 온라인 구매 및 포인트 적립, 소셜미디어(SNS) 사용 내역 등 비금융 관련 디지털 데이터를 활용한다.

기업의 대안신용평가 경우 매출의 흐름, 단골 고객의 비중, 고객 리뷰 결과, 반품률 등 각종 데이터를 기반으로 대출을 심사하기도 한다. 이러한 대안신용평가 시스템의 등장과 변화는 고객 경제활동의 변화에 기인한다. 담보가 없는 온라인 소상공인들의 등장과 개인창작자, 프리랜서 등의 직업군이 급증하고 있는 현실이 새로운 신용평가의 등장의 배경이 되었다.

특히, 중소기업에 여신 서비스를 공급하는 비은행권의 경우 중소기업 신용평가에 한계가 늘 존재해 왔다. 이에 따라 평가대상기술은 전통적인 재무데이터에서 벗어나 산업 분야별 기업 성과에 대한, 시대에 맞는 정확한 분석을 가능하게 하는 비금융 대안데이터를 활용하여 전통적인 신용 평가 업무의 한계를 극복할 수 있게 되었다.

이러한 대안평가의 경우 수집된 원천 데이터에 대한 자동화 표준화 및 전처리 프로세스를 가동하여 AI가 학습할 수 있는 데이터 구축을 진행하고, AI 모형에 접목될 수 있는 기업 분석 알고리즘 라이브러리를 통해 진단 실효성을 대폭적으로 증대시키는 것이 일반적인 추세이다.

예를 들어 고객 인증서를 바탕으로 **건강보험공단 보험료 납부 데이터**를 스크래핑 해 소득을 산출하는 방식이 바로 그런 사례이다. 또한, 분석 대상 기업 유형과 분석 목적에 따른 최적화된 AI 모형을 자동 연계하며 개별 분석 알고리즘에 요구되는 데이터를 자동으로 공급하여 맞춤화된 심화 분석을 가능하게 한 것이 주된 특징이다.

8

계좌 대신
디지털 지갑(Digital Wallet) 시대로

    기존에는 금융거래를 하기 위해서는 은행이나 증권사에서 계좌를 개설하는 것이 당연했다. 하지만 스마트 뱅킹 시대에는 대부분 온라인으로 고객 스스로 계좌를 진행한다. 『전자신문』에서 2023년 1월에 조사한 바에 따르면 국내 2개 은행의 경우 비대면 계좌 개설 비중이 처음으로 50%를 넘어섰다고 한다. 은행과 금융기관들은 스마트 뱅킹 웹에서는 좀 더 쉬운 사용자경험(UX)를 제공하고 있기에 과거보다 더 많은 중장년층 고객 증가세가 두드러지고 있는것이다. 여기에다 최근에는 블록체인 기반 디지털자산 시대에서는 계좌번호에 대응하는 개념으로 디지털 지갑(Digital wallet)이 등장했다.

    이는 디지털자산을 주고받거나 거래하기 위한 나만의 '주소'를 의미한다. 다시 말해 디지털 지갑은 은행 및 신용카드 세부 정보 및 또는 암호화폐 거래를 사용하는 결제를 용이하게 하기 위한 결제 또는 계좌 정보를 저장하는 소프트웨어 어플리케이션이라 할 수 있다. 디지털 지갑은 일반적으로 ① 가게에서 근거리 통신 또는 QR 코드를 이용한 지불, ② 앱, 문

자 메시지 또는 QR 코드를 통한 P2P 트랜잭션, ③ 어플리케이션에 은행 계좌 또는 직불카드와 연동된 가치 저장, ④ 암호화폐 보관 및 거래 접근 권한 제공의 용도로 분류가 가능하다.

글로벌 시장 조사기관인 주니퍼리서치(Juniper Research)에 의하면 2026년에는 전 세계적으로 디지털 지갑 사용자 총수가 52억 명을 넘을 것이며, 이는 2022년 예상되는 34억 명에서 5년 동안 53% 이상 성장할 것이라는 예상이다.

디지털 지갑은 다시 보관용 지갑, 비보관용 지갑, 콜드 지갑(Cold Storage wallets) 3가지로 나뉜다. 보관용 지갑은 제3자 기관에 의해 호스팅되며 디지털자산 거래 실행 후 분산 원장에 기록하는 특징을 지닌다. 비보관용 지갑은 타 기관에 의해 호스팅되지 않으며, 사용자는 관리자에 의존하지 않고 개인 암호로 거래가 가능한 특징을 가지고 있다. 콜드 지갑은 사용자가 암호화폐를 오프라인(USB, 하드웨어 등)에 저장할 수 있도록 하며, 해킹으로부터 보호하기 위해 사용된다.

일반적으로 블록체인 네트워크상에서 디지털자산 지갑을 개설할 경우 암호화가 되어 있는 '공개키(public key)'와 '개인키(private key)'를 함께 부여받는다. 공개키와 개인키는 은행계좌로 치면 공개키는 은행 계좌번호, 개인키는 해당 계좌의 비밀번호이다. 즉, 공개키는 디지털자산을 이전하기 위해서 공개하는 정보이고 개인키는 본인의 디지털 지갑에 접근할 수 있는 비밀번호인 셈이다.

기존 은행 계좌와 차이점이 있다면 계좌는 보통 은행명과 숫자로 이뤄지지만 디지털자산 지갑은 영어 대소문자와 숫자로 구성된다는 점이다. 데이터를 암호화하여 해킹 등의 공격에 대응하기 위해 복잡하고 어렵게 해 놓았기 때문에 주소만 가지고 소유주를 알 수 없게 해 놓은 것이다.

또한, 디지털 지갑의 경우에는 개인키의 보유 여부가 디지털 지갑의 소유를 증명하는 유일한 수단이다. 따라서, 개인키를 분실할 경우 디지털 지갑에 접근할 수 없게 된다.

디지털 지갑의 개인키를 알지 못하면 거액의 비트코인을 보유한 사람이 사망하거나 상속인들이 디지털자산에 저장된 자산을 접근할 수 없는 경우도 생기는 것이다.

- 비트코인 지갑 : 영어 대/소문자, 아라비아 숫자 조합

- 이더리움 지갑 : 영문 소문자, 아라비아 숫자 조합
- 리플 지갑 : 지갑 주소 및 데스티네이션 태그(destination Tag) 필요

블록체인 시스템은 개인키(Private Key)와 공개키(Public Key) 페어(Pair)를 보유하고, 해당 키 페어는 데이터 전송 구간을 암호화할 때나 전자서명(Digital Signature)을 통한 인증(Authentication)을 수행할 때 사용한다. 개인키는 데이터 암호화(Encryption)를 수행하거나 전자서명을 생성할 때 사용하고, 공개키는 페어인 개인키로 암호화된 데이터를 복호화(Decryption)하거나 페어인 개인키로 생성한 전자서명을 검증(Verification)할 때 사용한다.

따라서 공개키는 누구에게나 공개되어 복호화 및 서명 검증에 사용할 수 있지만, 개인키는 암호화 및 서명에 사용되어 절대 노출되어서는 안 된다. 특히 디지털자산 기반 서비스를 위한 블록체인 시스템에서 '암호키 관리'는 핵심적인 필수 보안 요소이다. 블록체인 시스템의 키가 노출되면 데이터 전송 중에 사용자의 개인정보나 금융정보 등 중요한 데이터가 유출되거나 위·변조될 위험성이 높기 때문이다. 그러므로 디지털자산 기반 서비스에 있어서 개인키는 별도의 안전한 키 관리시스템에 보관 및 관리할 필요가 있다.

이에 따른 전자서명용 개인키에 대한 사이버 공격의 위험성이 증가하고 있으며, 개인키를 도난 당하거나 분실했을 때, 이를 획득한 사용자에 의해 다른 사용자의 전자서명이 불법적인 목적으로 악용될 수 있으므로

이를 방지하거나 대응할 수 있는 기술이 필요한 것이다.

이때 사용하는 기술이 블록체인 암호키 관리 기술이다. 블록체인 운영 설정 및 블록체인 참여자의 활동 시작 시 블록체인 암호키를 관리하는 즉 생성, 발급, 저장, 백업, 폐기 등을 할 수 있게 해 주는 관리 기술이다. 블록체인 암호키를 분실하여 자산을 거래하지 못하거나 도난당한 키가 공격자에 의해 악용되는 것을 방지하기 위한 시스템, 블록체인 참여자의 키를 안전하게 저장 및 관리할 수 있는 디지털 지갑의 암호키 보호 기술을 포함하고 있다.

이러한 상황에도 2022년 4월 미국의 의회조사국(Congressional Research Service)의 조사에 따르면 디지털 지갑은 최근 성장 중인 개인 대 개인(Peer to Peer, 이하 P2P) 거래 금액이 2020년 5천 6백억 달러(한화 725조)에서 2024년 1조 2천억 달러(한화 1600조)로 성장할 것으로 전망된다고 한다.

이러한 급격한 성장 배후에는 많은 논의거리를 또한 생성하고 있는데 2022년 4월 미국 의회조사국(Congressional Research Service)은 디지털 지갑에 대한 분석 보고서를 통해 반드시 고려해야 할 세 가지 사항에 대해 제시했다. 그건 바로 데이터 프라이버시, 소비자 보호, 시스템 리스크와 같은 사항들이다.

디지털 지갑에 대한 정책적 고려사항

첫 번째는 데이터 프라이버시(Data Privacy)에 관련된 고려사항이다. 현재 디지털 지갑 및 결제 서비스를 제공하는 많은 기업들은 비즈니스 모델상 사용자나 고객에 대한 무수한 개인정보를 수집하고 있다는 사실이다. 이는 프라이버시 및 데이터 보안에 대한 많은 우려를 발생시키고 있다. 이 기업들은 비공개 개인 정보(non-public personal information), 이하 NPI를 보호하는 그램-리치-빌리 법(Gramm-Lich-Bliley Act)의 적용을 받고는 있다. 이러한 그램-리치-빌리 법안은 NPI의 기밀성을 보호하도록 규정하고 있지만, 사용자가 이를 선택하지 않는 한 제휴사나 비계열사와도 정보를 공유할 수도 있다고 한다.

두 번째는 소비자 및 투자자 보호 관점이다. 디지털 지갑에 저장된 직불, 신용카드를 사용하는 소비자는 소비자금융보호국(CFPB)를 통해 시행되는 전자자금이전법(Electronic Funds Transfers Act)에 의해 보호된다. 디지털 지갑 기업들이 제공하는 소비자 신용 상품은 자금이나 계좌 정보가 디지털 지갑에 저장되는지 여부와는 상관없이 소비자 신용으로 규제되는 것이다. 하지만 디지털자산 거래는 대부분 은행 상품이 아니며, 소비자 결제에도 사용되지 않기 때문에 소비자금융보호국 규제의 적용을 받지 않고 있다. 따라서 이러한 점은 향후에 추가적으로 논의가 계속 필요한 상황이다.

세 번째는 시스템 리스크 관련 사항이다. 국제결제은행(BIS)와 같은 국제 금융규제기관은 기존 전통 금융 산업에서의 중앙은행과 시중은행들에게 충분한 운영 탄력성을 보장하기 위해 최소자기자본 비율 같은 안전장치를 도입할 규제하고 있다.

프랭크 도드법은 미국 금융당국이 은행과 금융기관에 대한 기업부실이나 파산선고 권한을 가진 2008년 금융위기 이후 본격적으로 개정된 법이다. 기본적으로 금융기관과 지급시스템에 제도적으로 리스크 관리 관점에서 중요한 사항을 새로 지정하고 강화된 건전성 기준을 적용할 수 있도록 하고 있다. 하지만 이 법들이 디지털 지갑 제공자에게 적용될 수 있을지는 아직 확실하지 않다.

바이든 정부에서는 이 법률에 대한 개정논의가 진행되고 있지만 최근의 SVB 사태가 주요 논쟁사항이고 과거 프랭크 도드법이 놓쳤던 자산규모 1000억~2500억 달러 규모의 중견 은행에 대한 자본규제와 유동성 기준 강화, 은행 자기자본에 대한 스트레스 테스트를 강화하는 방침이 우선 고려 사항이기 때문이다.

II

움직이는
금융의 판

판이 바뀌었다. 적어도 최근 몇 년간 시스템이나 금융 시장의 판은 급격히 움직이는 형국이 분명하다. 누군가는 이제 과거와는 완전히 새로운 판이라고 얘기를 하기도 한다.

국제통화기금(IMF)은 2022년 4월, 글로벌 금융 안정성 보고서(Global Financial Stability Report)를 발표하며 글로벌 금융 시스템 및 시장에 대한 평가를 내렸다. 이 보고서는 결론적으로 최근 몇 년간 글로벌 금융 시스템은 굉장한 스트레스를 받고 있으며 회복력을 보이고 있지만 리스크는 커지고 있다고 밝히고 있다.

글로벌 금융 안정성 보고서는 현재 시장 상황에 초점을 맞추고 금융 안정성과 지속적인 시장 접근에 리스크를 초래할 수 있는 근원적이고 시스템적 문제점들에 대해 얘기하고 있다.

첫째는 러시아-우크라이나 전쟁이 금융 안정성에 미치는 영향성에 대한 분석이다. 이는 쉽게 이해할 수 있는 부분이다.

둘째는 중국에서의 부동산 부문의 지속적인 이슈와 코로나19 질병 이후 확산으로 금융 취약성이 높아지고 있는 현실이다.

셋째로는 핀테크(Fintech)의 급속한 성장으로 경제의 효율성과 경쟁력을 높이고 금융서비스에 대한 접근을 넓힐 수 있지만 이에 따른 규제의 준비 부족과 전통적인 금융 시스템과의 상호 연결성에 대한 이슈는 기존 금융 안정성에 영향을 미칠 수 있는 것으로 보고하고 있다.

특히 이러한 위험성을 설명하기 위해 IMF는 디지털은행(네오뱅크), 핀테크 회사, 분산형 금융(DeFi)의 세 가지 핀테크 유형에 대한 분석을 진행하며, 디파이의 경우 스테이블 암호화폐 발행과 중앙집권형 거래소 등 암호화폐 생태계의 요소에 규제가 집중되어야 한다고 밝히고 있다

또한 미국 금융안정위원회(FSB: Financial Stability Board) 2022년 5월에 발표한 설명에도, 이 암호화폐의 등장 이후에 급변하는 디지털자산 생태계가 전 세계에서 발생시키고 있는 각종 리스크에 대응하기 위해 효과적인 규제와 감독이 필요하다고 주장하고 있다. 그러면서도 동시에 실질적으로는 규제나 통제의 어려움을 있다고 느끼고 있는 것이다.

특히 규제 정책 입안자들은 암호화폐 생태계의 거시적, 지정학적 맥락과 새로운 생태계가 가지는 특이한 사항들을 고려해야 한다는 점을 이야기하고 있다.

첫째는 암호화폐와 분산금융은 이미 서방민주주의 국가와 공산국가로 양극화되어 있는 세계 정치적 맥락에서 매우 까다로운 주제이다. 이것은 디지털자산 중 어떤 부분을 감독 대상으로 해야 하는지, 혹은 규제 지역이 어디가 되어야 하는지 등을 여전히 구분하기 어렵다는 점이다. 또한, 이러한 규제 사항이나 규제입법에 대한 입장은 정치세력이나, 국가, 은행, 규제 기관 간에 입장차이에 따라 크게 다를 수밖에 없다.

두 번째는 국제적 시각의 차이다. 정책의 기조는 규제시행 대상 지역이 어디인지에 따라 다르며 개인 프라이버시 보호에 대한 태도와 입장, 규제를 하는 기관에 대한 신뢰 수준, 금융에 대한 접근성 또한 국가별로 상이하기 때문에 글로벌이 같이 통합되는 입장을 견지할 수 없다.

세 번째는 국경 없는 IT 기술의 특징이다. 프로토콜을 사용하기 위해서 필요한 조건은 인터넷 접속 뿐이다. 블록체인 기술을 통해 이해관계자들은 거의 모든 장소에서 작업할 수 있으며 프로토콜은 국경을 넘어 즉시 사용 가능하다.

네 번째는 분산형 기술의 고유의 특성에 대한 것이다. 블록체인 기술에서 발생하는 핵심 질문은 중앙집권화되었던 권한이 탈중앙화될 때 누구를 규제할 것인가에 대한 질문인 것이다. 참여자 간 약속인 프로그래밍 코드만으로 계약 실행을 결정할 때, 누구에게 책임 소재가 있는지에 대한 질문이 발생한다.

굿바이 레거시

다섯 번째는 글로벌 경쟁 측면이다. 급변하는 암호화폐 생태계의 맥락에서, 이러한 정책과 규제의 내용이 설혹 성장하는 산업에 대한 제약으로 작용하여 성장하는 글로벌 산업의 허브로 자리매김할 수 있는 기회를 놓치게 하는 우려를 범할 수 있다는 측면이다.

이런 여러 가지 이유로 실제 디지털자산과 새로운 금융 생태계 시장을 효과적으로 관리 감독하는 것이 어려울 수밖에 없다.

1

탈중앙화된 분산금융, DeFi의 시작

성장의 축, 분산금융(DeFi)의 등장

요새 유행어처럼 눈떠 보니 분산금융(DeFi, Decentralized Finance)[8]의 시대가 도래해 있는 느낌이다.

디지털자산이나 암호화폐를 둘러싼 세계는 2022년 내내 테라 루나 사태, FTX 거래소 사태로 우울했지만, 엄청난 양의 벤처 자본은 아직 초기 단계인 분산금융(DeFi) 산업에 아직 계속 몰리고 있다.

HashKey의 보고서에 따르면 2022년 상반기에만 VC는 수많은 DeFi 프로토콜을 포함하여 총 725개의 암호화 프로젝트에 140억 달러 이상을 투자했다고 밝히고 있다. 이는 분산금융(DeFi) 부문이 상당한 수의 신규 사용자층을 여전히 끌어들이고 있기 때문인데 통계적으로 보면 2022년 분

---

8) https://capital.hashkey.com/en/insights-and-research/2022-defi-ecosystem-landscape-report

산금융(DeFi) 사용자 증가율은 전기 대비 평균 44%였다.

이제 DeFi의 시가총액은 스페인권 대표은행인 Santander Bank보다 크며 다른 많은 Tier-1 은행의 시가총액에 접근할 태세이다. 이 보고서는 또한 현재 핀테크 분야에서 가장 빠르게 성장하는 400개 회사 중 약 25%가 실제로 암호화/블록체인 중심 기술 회사라고 밝히고 있다.

그중 이더리움(Ethereum)이 모든 분산금융 활동의 58%를 호스팅하는 지배적인 블록체인 기술이고 또한 분산금융(DeFi) 프로토콜이 DEX,[9] 대출, 자산관리, CDP,[10] 파생 상품, 보험 및 스테이킹 등 시장의 상위 6개 부문에서 총 82억 달러의 수수료를 생성하면서 스스로를 유기적 성장(Organic Growth)할 수 있는 능력을 이미 갖추고 있다고 분석하고 있다.

싱가포르 통화청(MAS)는, 2022년 5월 프로젝트 가디언(Project Guardian)에 따른 산업 파일럿 프로그램의 첫 번째 실시간 거래를 완료하였다고 발표하였다.

프로젝트 가디언은 도매 자금 시장의 분산금융(DeFi) 어플리케이션 연구, 자산의 토큰화 등의 경제적 잠재력과 부가가치 활용 사례를 탐구하

---

9) DEX(decentralized exchange) : 탈중앙화 거래소(전적으로 오픈소스 형식으로 운영되는 암호화폐 또는 블록체인 시장).
10) CDP : '고객 데이터 플랫폼(Customer Data Platform)'의 약자로, 다양한 채널과 여러 소스에서 수집된 데이터를 통합하고 관리, 활용할 수 있도록 하는 데이터베이스를 의미.

기 위한 국가의 이니셔티브로 싱가포르 부총리인 헹스위킷(Heng Swee Keat)에 의해 직접 발표되었다. 여기에는 금융서비스의 혁신적인 토큰화 사용 사례를 개발하기 위해, 싱가포르 금융 기관 및 핀테크 기업들과 함께 업계 파일럿을 수행하였다.

프로젝트 가디언은 동시에 금융 안정성과 무결성에 내용을 바탕으로 상호 운용, 신뢰 환경, 분산금융 프로토콜 등 주요 영역에서 사용 사례를 개발하고 시험하는 것을 목표로 하였다.

이 파일럿 프로그램에는 JP 모건, 올리버 와이만(Oliver Wyman), DBS 은행, SBI 홀딩스 등 글로벌 금융 기관들이 참여했다.

이 프로그램에서 토큰화된 싱가포르 국채, 일본 국채, 일본 엔(JPY), 싱가포르 달러(SGD)로 구성된 유동성 풀에 대해 외환 및 국채 거래를 수행하였다. 또한 토큰화된 JPY 및 SGD 예금과 관련된 실시간 교차 통화 거래(Cross Currency transaction)가 성공적으로 수행되었다.

파일럿 테스트어는 분산금융을 사용하여 금융 중개인 없이 스마트 컨트랙트를 사용하여 기업이 서로 직접적으로 금융 거래를 수행할 수 있는 것이 테스트 되었다. 이 파일럿 테스트에서는 토큰화된 자산의 교차 통화 거래가 참가자 간에 즉각적으로 거래, 청산 및 결제될 수 있음을 보여주었다.

이 파일럿은 여러가지 실용적이면서도 효과적인 결과물도 산출해 내었다. 이러한 파일럿을 통해 업계는 경제적 가치를 발굴하고, 잠재적인 리스크 관리 문제를 식별할 수 있었고 감독 관리 측면에서는 토큰화된 자산 거래의 규제 및 리스크 관리 시사점(예 : 규제 처리 및 제도적 분산금융 구조에 대한 적절한 거버넌스)들을 연구해 낼 수 있었다.

MAS(싱가포르 통화 감독청)의 최고 핀테크 책임자(Chief FinTech Officer)인 솝넨두 모한티(Sopnendu Mohanty)는 업계 참가자들이 이끄는 실시간 파일럿 테스트를 통해 적절한 규제하에 시장을 강력하게 변화시킬 잠재력을 확인했다고 밝혔다.

분산금융(DeFi) 성장의 배경

탈중앙화 금융이라고도 하는 분산금융은 중개기관, 거래소 또는 은행과 같은 중앙 금융 중개자에 의존하지 않고, 대신 블록체인에서 스마트 계약을 활용하는 블록체인 기반의 금융 형태이다.

이는 일반적으로 분산원장 기술(DLT)을 사용하여 금융상품, 서비스 등 활동을 제공하는 것을 의미한다. 때로는 분산금융(DeFi)는 중앙집권형 중개자의 개입이 제한되거나 전혀 없는 블록체인의 금융 어플리케이션(스마트 컨트랙트)를 가리킨다. 이때 블록체인의 스마트 콘트랙트 코드가 작동하면서 금융업무가 처리되는 방식이다.

이는 금융 중개자를 대신하여, 사용자 커뮤니티가 금융서비스의 유지와 성장에 관련된 결정을 내릴 수 있도록 소요권과 거버넌스를 분산시키는 것을 의미한다

분산금융(DeFi)을 통해 사람들은 타인들에게 자금을 빌리고(P2P lending), 파생 상품을 활용하여 자산의 가격 변동을 예측할 수 있다. 또한, 암호화폐를 거래하고, 위험에 대비하며, 저축과 같은 계정에서 이자를 수취할 수도 있다. 다시 말하자면 중앙화된 금융기관이 없는 환경에서의 금융거래인 것이다.[11]

분산금융의 지속적인 성장과 제품, 서비스, 활동의 핵심은 다양한 시장

11) 위키피디아.

참가자의 참여에서 기인한다. 시장 참가자에는 프로토콜[12]의 개발을 수행하는 기업, 투자자, 프로토콜을 사용하는 사용자가 포함된다.

다른 암호화 자산 시장과 마찬가지로, 분산금융 시장에서도 분산금융이 작동하는 소프트웨어를 만들고, 도입하는 주체가 존재한다. 해당 주체들은 자본조달과 암호화폐 자산공개(Crypto asset offerings)를 통해 개발 자금을 펀딩한다.

분산금융 프로토콜을 만드는 조직 형태와, 거기서 활동을 담당하는 조직의 형태는 다양할 수 있는데 주요 유형으로는 일반 기업체, 재단(Foundation), 탈중앙화 자율조직(DAO)가 포함된다.

분산금융의 주요 기능은 자동화되고 분산된 기록 보관과 암호화 생태계 내의 의사 결정으로 스마트 컨트랙트를 통해 모든 계약 및 거래 세부 정보가 네트워크에 기록되는 것을 의미한다.

요구사항의 변경이나 이익 분배와 같은 결정은 의결권을 가진 사용자에 의해 이루어지며, 분산금융은 모든 이용자에게 광범위한 접근을 제공한다.

이러한 분산금융은 기존적으로 블록체인의 기술의 발전이 기반이 되

....

12) 프로토콜이라는 용어는 스마트 컨트랙트를 통해 구현되며 블록체인 기반 기술을 사용하는 금융 자산(보조금, 토큰, 재무, 펀드 등 또는 서비스의 구성요소임, 혹은 모두가 합의된 규정으로 사회적 공정의 개념).

어 이루어졌다.

블록체인 기술의 등장으로 모든 사람이 이용할 수 있는 분산형 시스템에 가치를 기록하고, 신뢰할 수 있는 중앙화된 단일 주체의 필요 없이 암호화폐 자산의 거래 기록이 검증되는 분산원장 기술 기반의 디지털 인프라가 제공된 것이다.

또한 이후의 스마트 컨트랙트의 등장은 블록체인 기술이 금융 중개(Financial Intermediation) 방식을 바꾸는 것을 가능하게 만들었다. 스마트 컨트랙트는 특정 사전 조건이 충족될 때 거래가 실행될 수 있도록 하는 코드이며, 분산금융은 대출, 파생상품 거래, 암호화폐 자산 교환 등 금융 중개 업무를 위한 어플리케이션으로 사용된다.

여기서 기존 주권통화에 대응하는 스테이블 암호화폐의 개발 또한 중요한 요소로 작용되었는데, 스테이블 암호화폐는 분산금융에서 계좌 단위, 교환 매체, 가치 저장 단위로 사용되며 스테이블 암호화폐의 성장과 분산금융은 함께 발전해 왔다.

분산금융과 전통 금융서비스 비교

	전통 금융서비스	분산금융(DeFi)
접근성	지점(Branch) 의무적인 KYC/자금세탁방지 규정이 있음	월드와이드-웹 기반, 무허가(Permissionless)성과 익명성을 가짐
운영 방식	대부분 수동화 절차임	스마트 컨트랙트에 의해 자동화됨

사용 화폐	법정 통화로 표시된 금융 자산 사용	스테이블 암호화폐를 포함한 암호화폐 사용
기록 보관	중앙집중식 원장(플랫폼을 운영하는 단일 기관에 의해 인증됨)	분산 원장(다수 네트워크 참가자에 의해 인증됨)
의사결정	최고 경영진에 의해 결정됨	지분을 소유한 사용자의 투표로 결정됨
리스크	단일 기관에 집중됨	사용자들에게 분배됨

분산금융의 성장이 발생한 배경을 보자면 성장 요인은 매우 복합적이며, 참여를 증가시킨 요인 또한 여러 가지 메커니즘이 존재한다. 분산금융은 다양한 이해관계자의 기여에 의존하며, 각 이해관계자는 시스템이 작동하도록 하는 것에 중요한 역할을 수행한다. 이러한 분산금융의 이해관계자는 분산금융 프로토콜 작성자와 개발자, 프로토콜 개발 그룹 및 투자자, 프로토콜 사용자, 서비스 제공자, 블록체인 네트워크가 포함된다.

분산금융이 성장하게 된 주요 요인들은 여러 가지를 생각해 볼 수 있다. 일반적인 금융 시장과 중앙집권적인 금융 시장 참가자들은 다양한 수익의 가능성을 가진 대안 플랫폼으로 분산금융의 참가를 추진해 온 것과 블록체인 커뮤니티에서 자신들의 네트워크 확장을 위해 플랫폼에서의 분산금융 확산을 장려해 온 것이라는 서로 다른 입장이 있다.

분산금융(DeFi)의 관리되지 않는 리스크들

2021년 이후부터 초기 분산금융 프로토콜의 문제를 해결하기 위한 다양한 프로젝트가 시작되었다. 셀프 상환 및 무담보 대출과 같은 혁신 프로젝트에서 처음에는 큰 확장성을 보였으나, 중간에 스마트 컨트랙트 또는 프로토콜의 지속 불가능한 문제점의 발견으로 인해 실패하는 경우가 생기기도 했다. 일부 경우에 새로운 분산금융 프로토콜은 신뢰성이나 가치의 하락이 발생하기도 했다. 예를 들어 분산금융 대출의 문제점을 생각해 보면 다음과 같은 생각이 들 것이다.

① 예를 들어 분산금융 대출을 통해 금융적인 손실이나 피해가 소비자나 사용자에게 생길 경우, 규제를 통해서는 블록체인이나 스마트 컨트랙트의 계약 코드의 실행을 중단할 수 없다는 점이다. 또한 기술 자체를 규제하는 것은 혁신을 억제하는 결과를 야기시키기 때문에 책임 소재를 누구에게 물을지에 대한 의문이 생기는 것이다.

② 탈중앙화는 규제를 통해 책임을 물을 수 있는 사람을 식별하기 어렵게 만들어져 있는 것이 또한 현실이다. 규제 기관은 스마트 컨트랙트가 블록체인에 배포된 시점의 물리적인 위치를 확인할 수 있지만 미국에서는 스마트 컨트랙트를 배포하는 개발자의 가명 사용이 가능하고 이를 표현 자유의 한 형태로 보호하기 때문에 누가 배포했는지에 대한 실제적인 식별이 어렵다.

③ 분산금융은 사용자들에게 재정적인 책임이 발생하기 때문에, 스마트 컨트랙트에 대한 이해가 필요하다. 또한, 분산금융 부문에서의

해킹 수에서도 입증되었듯이 분산금융 솔루션 사용자들은 프로젝트의 배후에 있는 팀에 대한 조사를 진행해야 한다.

왜 분산금융에서 리스크는 생길 수밖에 없는가? 우선은 분산금융의 특성상 생기는 고유의 리스크 측면을 봐야 할 것 같다.

분산금융의 핵심은 거래 당사자 간의 (기존의) 중개자를 제거하여, 더 빠르고 저렴하며 효율적인 거래 실행을 가능하게 하도록 하는 것이 원래 취지이다. 전통적 금융기관에서의 중앙집권적인 기존의 중개자는 자본 및 유동성을 통제하고, 불법자금 세탁방지 보호 및 준수, 금융 제재 모니터링과 같은 리스크 관리자의 역할과 각종 손실로부터 보호를 제공하는 역할을 해 왔다.

따라서 더 이상 중개업자나 적절한 대체 메커니즘이 없는 분산금융 환경에서는 투자자와 시장의 리스크가 발생할 수밖에 없다. 분산금융 시장과 참가자들은 지금까지 기존 규제 프레임워크의 범위를 벗어나거나 일부 국가에서 규제를 준수하지 않고 운영되어 왔기 때문이다.

분산금융의 발전은 참여자들에게 혜택을 제공하지만, 산업의 성장에 따라 투자자와 시장에 리스크를 발생시킬 수 있는 것이다.

DeFi 1.0은 분산형 거래소(DEX), 분산형 자치 조직(DAO) 거버넌스, 대출 플랫폼, 결제 게이트웨이 등을 포함한 광범위한 금융 서비스로 구성되어 있다. 여기서 출발한 DeFi 2.0 프로젝트의 주요 기능 중 하나는 개선된 사용자 경험, 유동성 증가 및 빠른 블록체인 생성능력을 제공하는 능력이다. 주목할 만한 기능으로는 스테이킹[13]을 위한 ĐAO 커뮤니티, 빠른 스마트 계약 실행, 더 나은 확장성, 철저한 보안 및 유동성에 있다.

정보 비대칭 및 사기 리스크

분산금융은 상대적으로 정보의 공개 수준이 미약하다. 일반적으로 분산금융 프로젝트의 소매·개인 투자자들은 온라인 커뮤니티, 인플루언서, 소셜 미디어를 통해 유입되며, 이런 이유로 해당 채널을 통해 잘못된 정보와 부적절한 광고로 인한 피해가 발생할 수 있다.

때로는 분산금융의 상품과 시스템은 중요한 정보를 공개하지 못하는 경우가 존재한다. 블록체인의 데이터와 스마트 컨트랙트의 코드가 공개되어 있다고는 하나, 이 데이터와 코드를 이해하기 위해서는 기술적인 능력과 지식이 필요하다. 따라서 일부 분산금융에 대해서는 투자자들이 투자 결정을 내리기에 충분한 정보를 받지 못하거나, 전문 지식의 결여로 인해 투자자들에게 적합하지 않을 수 있다. 이러한 정보의 비대칭성을 통해 사기나 부정행위가 없더라도 손실이 발생할 수 있다.

---

13) 스테이킹은 자신이 보유한 암호화폐의 일정량을 지분(Stake)으로 고정하는 것으로, 암호화폐 보유자는 가격의 등락과 상관없이 암호화폐를 예치(지분 보유)하고 예치 기간 동안 일정 수준의 수익을 얻을 수 있음. 즉, 보유한 암호화폐 지분의 유동성을 묶어 두는 대신 블록체인 플랫폼의 운영 및 검증에 참여하고 이에 대한 보상으로 암호화폐를 받는 것. [네이버 지식백과] 스테이킹(시사상식사전, pmg 지식엔진연구소)

불법 활동 리스크

일반적인 산업에서는 자금 세탁 방지, 테러자금 조달 방지 등 대비책이 있지만, 분산금융에서는 해당 사항에 대한 조치가 없다. 따라서 또한 불법 행위자들은 익명성 강화 암호화폐(AEC), 믹싱(Mixing)[14]과 같은 기술을 사용하여 금융 거래의 세부 정보 파악을 방해하고 있다. 그 결과, 익명성을 가장하여 자금 세탁 방지, 테러자금 조달 방지 규제를 회피하고, 자금 세탁이 가능해지는 것이다.

기존 금융 시장에 대한 리스크 파급 효과

위에서는 자체적인 분산금융이 가지는 리스크를 얘기했지만 이런 리스크가 기존 금융기관과의 연계과정에서 또 다른 리스크를 발생시킨다. 아직까지는 분산금융과 기존 금융 기관과의 상호 연결성은 제한적이지만, 향후 지속적으로 증가할 것으로 보인다.

은행들은 분산금융 프로젝트에 대출과 투자를 진행해 왔으며, 사모펀드(PEF : Private Equity Fund) 또한 분산금융에 많은 투자를 하고 있다. 따라서 스테이블 암호화폐의 자산을 보유할 가능성이 있으며, 암호화 자산 거래 플랫폼과 관련한 금융거래를 맺고 있을 가능성이 있다.

....

14) 믹싱 : 암호화폐 거래내역을 뒤섞어 버림으로써, 어디에서 암호화폐를 받고 누구에게 암호화폐를 보내는지에 대한 정보를 알 수 없도록 숨기는 기술.

따라서 아직은 기존 금융기관들이 분산금융을 통해 기존의 지분이나 부채 관련 파생상품이나 합성상품을 만드는 것은, 분산금융 시장의 리스크에 노출될 수 있어 해당 사업과 운영에 리스크를 발생시킬 수 있는 소지가 얼마든지 있는 것이다.

이러한 고유의 리스크 속성을 기반으로 분산금융에서도 **시장 리스크**, **유동성 리스크, 보안 리스크**라는 전통적인 측면의 리스크들을 관리해야 하는 필요가 생기고 있다.

우선은 시장 리스크이다. 이는 암호화폐 마켓 변동성에 의한 취약성을 말한다.

변동성이 큰 암호화폐 자산가격은 분산금융 대출의 잦은 청산(Liquidation)으로 이어진다. 청산은 차입자가 담보요건을 유지하지 못할 때 발생하게 되는데, 암호화폐 가격이 급락하는 과정에서 대규모 청산이 발생하게 되었다.

2022년 1월, 암호화폐의 대규모 매도(Sell off)가 발생하며 플랫폼 간 청산이 2021년 5월 이후 최고 수준으로 급증하게 되었다. 당시에 자산 가치 500억 달러가 증발하게 되었다.

특히 시장 변동성이 높은 기간 동안 담보물 가치가 부족한 경우 청산 비용이 많이 발생할 수 있으며, 적시에 청산하지 않을 경우 거래 플랫폼의 지급 능력을 넘어서는 경우도 생기는 것이다.

다음으로는 유동성 리스크이다.

일반적으로 예금을 하는 경우 분산금융 대출 플랫폼에 유동성을 제공하며, 이를 통해 대출자들에게 예금을 대출해 줄 수 있도록 되어 있다. 대출이 가능한 총금액은 플랫폼의 예치 자산 또는 유동성의 총금액으로 결정된다. 기존 은행권의 예대율(Loan-to-Deposit)과 유사하게 활용률(Utilization Rate)은 특정 암호화폐 자산에 대한 유동성을 측정하는 지표이다.

활용률은 일반적으로 스테이블 암호화폐의 경우 높고, 변동성 자산의 경우 낮지만 시장이 급변하는 경우 두 자산 모두 100%에 근접하는 경우가 발생한다. 평균적으로 예금 중 절반은 10개 미만의 계좌에서 제공되며, 변동성이 큰 암호화폐 자산에 집중되어 있어 유동성이 과도하게 집중되어 있는 형태를 나타낸다.

과도한 집중현상으로 인해, 예금주들 중 어느 하나에서 예상치 못한 자금 인출이 생기면 플랫폼의 유동성 전체에 영향을 미칠 수 있다. 활용률의 급상승에서 나타나듯이 유동성의 고갈을 악화시킬 수 있으며, 극단적으로는 뱅크런과 유사하게 플랫폼에서 자금이 인출되는 현상이 나타나게 될 수 있다.

마지막으로는 보안 리스크이다. 이는 분산금융에 대한 사이버 공격을 말한다.

사이버 공격은 2021년 중반에 상당히 증가하였으며, 여전히 증가하는 추세를 보이고 있다. 이는 주로 디지털 지갑 암호, 코드의 취약성 및 개발자에 대한 스캠과 관련이 있다. 사이버 공격은 플랫폼에 지속적인 손실을 발생시킨다. 또한 암호 자산의 총가치에 악영향을 미치며, 추정치에 따르면 사이버 공격 이후 전체 가치의 30%는 회수되지 않거나 예금 인출로 사라지는 것으로 나타났다. 사이버 공격은 플랫폼의 이미지와 명성을 훼손시켜 예금자들이 자금을 인출하는 최악의 경우로 이어지기도 한다.

결론적으로 다양한 상품, 서비스 등 활동이 분산금융에 적용되며, 경우에 따라서는 기존의 증권 및 파생상품, 서비스 등과 겹치는 경우가 존재한다. 하지만 잠재적으로는 분산금융을 구성하는 사용자, 제공 상품, 시장 등 P2P(Peer-to-Peer) 특성으로 인해 기존 규제 프레임워크를 분산금융에 적용하는 것은 마땅하지 않다.

분산금융 시장의 성장, 유동성 및 사이버 리스크의 발생 소지는 분명 규제가 필요한 이유가 되지만 분산금융의 익명성, 거버넌스 기구의 부족 및 법적 불확실성은 규제에 대한 과거의 전통적인 접근 방식이 아닌 새로운 접근 방식을 요구한다.

전통적으로 은행의 자기자본 규제지침을 제공하는 국제결제은행(BIS)

산하의 바젤은행감독위원회(Basel Committee on Banking Supervision, 이하 BCBS)은 분산금융 환경에서도 글로벌 규제 표준를 제시하는 중요한 관점을 제공해 준다.

BCBS에서 제안한 첫 내용의 규제는 아래와 같이 분산금융의 발전을 이끈 암호화폐 생태계의 구성원에 초점을 맞추어야 한다고 주장하고 있다.

① 스테이블 암호화폐 발행자(기술 사양 및 사용 사례 정의)
② 중앙집중식 암호화폐 거래소와 암호화 지갑 서비스 제공자(암호화폐 시장과 금융 시스템의 연결)
③ 네트워크 관리자 및 시장 참가자(운영 및 안정성에 대한 중요 역할)

이러한 구성원들은 글로벌 표준을 통해 제공되는 국가 규제 프레임워크의 적용을 받게 될 것이며, 규제 당국이 분산금융의 리스크에 대해 파악하기 위한 효과적인 대상과 수단이 될 것이라고 분석하고 있다.

그럼에도 불구하고 글로벌 은행들에 대한 감독지침을 만들어 내는 국제결제은행(BIS)의 바젤감독위원회는 아직은 분산금융 시장에 대한 규제는 시기상조라고 분석하고 있다. 자칫하다가는 이러한 규제의 접근법은 기업의 분산금융 시장에 대한 참여를 제한하여 상호 연결성을 제한하고 산업의 성장 속도를 늦출 수도 있기 때문이라는 것이다.

2

탈중앙화 자율조직 – DAO의 시대

분산금융 시장 참가자들은 보다 탈중앙화된 구조와 시스템을 갖추기 위해 지속적으로 새로운 조직 구조에 대한 시도를 진행하고 있다.

그중 대표적인 탈중앙화 자율조직(이하 DAO)의 구성요소에 대해 정확한 정의는 아직 없지만 DAO는 대략적으로 중앙화된 관리조직이 없이 블록체인 기술로 프로그래밍화된 규칙(코드)를 통해 투명하게 공개된 자율적인 커뮤니티 조직을 의미한다.

DAO의 등장으로 인한 웹 3.0의 시대의 변화

일반적으로 기업체에서는 거버넌스, 운영, 규칙, 내규, 정책 등이 기업의 조직 문서에 명시되어 있는 반면, DAO는 스마트 컨트랙트 코드를 통한 거버넌스 형태로 운영을 자동화할 수 있도록 설계되어 있다. DAO의 구성원은 거래가 기록되는 블록체인 주소를 확인할 수 있으므로 DAO가 어떻게 운영되고 있는지 확인 가능하므로 운영의 투명성을 가지고 있으며, 거버넌스 토큰 보유자의 투표를 통해 의사결정을 내린다.

이러한 DAO에는 다양한 유형이 있으며, 각 유형은 서로 다른 목적을 위한 구성원에 의해 구성된다. 예시로, 프로토콜 DAO(프로토콜 구축 역할), 사회적 DAO(커뮤니티 구축 역할), 투자 DAO(자본을 모으는 역할), 소유 DAO(특정 자산을 소유하는 역할) 등으로 구분될 수 있다.

하지만 DAO는 일반적으로 법인으로 인식되지 않으므로, 기업구조(예 : 유한책임회사)와 동일한 법적 정의와 보호를 받을 수 없다. 또한 광범위한 커뮤니티 간의 투표 합의를 조정해야 하는 특정 때문에 신속한 결정을 내릴 능력이 부족하거나, 집중된 이해당사자들에게 투표권이 위임되는 경우가 발생할 수 있다.

기존의 금융 산업과 비교했을 때 자본금 조달에 있어서는 다음과 같은 차이점을 보인다. 기존의 금융 산업의 경우 일반적인 조직에서는 자본금을 조달하기 위해서는 부채나 지분(Equity)을 활용하며, 둘 다 기업에 대한 지분이나 대출금에 대한 이자를 지급한다.

이 과정에서 다른 중앙집권화된 제3자(예 : 투자은행, 인수업자 등)의 서비스에 의존하며 당연히 서비스에 대한 수수료를 지불한다.

분산금융의 투자자들은 벤처캐피탈 펀드나 사모펀드와 같은 기관투자자들로, 프로토콜의 개발 및 배포에 필요한 자금을 조달하는 역할을 수행한다. 또한 경우에 따라 벤처캐피탈리스트 등 개인투자자들은 분산금융의 상품과 서비스에 참여하고 투자함으로 프로토콜 활동에 핵심적인 역할을 수행하기도 한다.

분산금융 산업에서는 여전히 자금조달이 중앙집권화된 토큰 배포(Token distribution)를 통해 이루어지고 있지만, 최근 DAO를 통해 조달을 하려는 많은 시도가 이루어지고 있다. 위키피디아의 정의에 따르자면 탈중앙조직(DO)과 탈중앙화 자율조직(DAO)의 차이는 탈중앙화 자율조직(DAO)이 내부 자본을 가진다는 것이다.

분산금융 개발의 주요 조달원은 벤처캐피탈 회사와 투자자들이며 2021년, 암호화 프로젝트를 위한 벤처 기업 자금 중 25%가 분산금융과 관련되어 있었다. 이들은 일반적으로 투자 과정에서 토큰을 받을 수 있는 권리가 포함되어 있으며, 투자를 통해 분산금융의 성장을 촉진하고 벤처캐피탈의 입장에서는 프로토콜 출시 이후 아이디어 수익화가 가능하므로 단기적으로 이익을 취할 수 있다. 이외에도 서로 다른 거래소 또는 대출 시장 사이에 존재하는 단기 시장 거래 기회를 활용하는 것에 초점을 맞추고 있는 헤지펀드와 개인투자자들의 참여가 증대되고 있다.

웹 3.0은 와이드 웹의 차세대 버전을 나타내고 의미한다. 블록체인 기술과 암호화폐를 기반으로 구축되며, 더 큰 탈중앙화, 투명성, 공동 소유가 특징으로 나타난다.

웹 1.0은 읽기 전용(디렉토리), 웹 2.0은 읽기-쓰기(소셜 미디어), 웹 3.0은 읽기-쓰기-소유로 특징이 나타난다. 이런 특성을 가지고 있는 웹 3.0은 업무 환경을 변화시킬 것으로 보이며, 그 변화의 중심에는 탈중앙화 자율조직(이하 DAO)가 위치할 것으로 보인다.

DAO는 미디어 조직, 벤처캐피털, 펀딩 프로그램, 소셜 네트워크, 비디오 게임 등 다양한 분야에서 활용 및 운영되고 있다.

DAO, 일하는 방식도 달라지는 세상

DAO가 일하는 방식은 과거와 다르다. 인간 역사에서 노동의 정의가 달라지는 순간을 우리는 마주하고 있다.

우선 작업 장소, 시간 및 방법에 대한 자율성 강화가 되는 부분이다.

DAO가 확산됨에 따라, 고용주와 고정된 시간(주 40시간, 52시간 등)의 근무제를 가져가는 대신 몇 개의 DAO에 시간을 할당할 수 있다. 이는 크리에이터 경제(Creator economy)와도 유사한 성격을 띠고 있다. 브이로그, 블로그, 팟캐스트 등으로 채워진 크리에이터 경제는 유튜브(Youtube), 서브스택(SubStack),[15] 파트래온(Patreon)[16]과 같은 다양한 플랫폼에서 코칭, 컨설팅, 콘텐츠 수익화와 같은 다양한 프로젝트를 통해 수익을 얻을 수 있다.

DAO는 기존과 다른 차별화된 보상 구조를 가진다. DAO에 기여하는 대부분의 사람들은, 개별 작업 또는 바운티(Bounties)[17]에 참여할 수 있다. 참여자들은 워크 투 언(Work-to-earn, 이하 W2E) 방식으로 네이티브 토큰[18]이나 명목화폐[19]를 생성할 수 있다.

이 토큰은 거래소에서 다른 토큰이나 명목화폐(FIAT 통화)와 거래될 수 있으며 DAO에서 소유권을 나타내는 데 사용 가능하다. 해당 토큰은 블록체인 거래를 검증하는 데 사용되며, 당사자들은 이자에 해당하는 연간 수익률(APY)를 얻게 된다.

----

15) 서브스택 : 구독 뉴스레터를 위한 출판, 분석 및 디자인 인프라를 제공하는 온라인 플랫폼임.
16) 파트래온 : 크라우드 펀딩형 시스템을 활용하여 창작자 후원을 진행함.
17) 포상금이라고도 불리며, 탈중앙화 방식으로 기여하고 보상 받는 암호화폐.
18) 정상적인 작동을 유지하기 위해 블록체인 인프라에서 직접 발행한 토큰을 의미하며, 형평성을 실현하고 블록체인 시스템의 고정 기능을 구현하는 데 사용됨.
19) 정부에 의해 발행되고 규제되는 법정통화.

또한, 베트남, 필리핀 등에서는 돈 버는 게임이라고 알려진 플레이 투 언(Play-to-Earn, 이하 P2E) 모델이 등장하여 급성장 중이다. 국내에서도 사후 자율규제방식으로 일부 허용해야 한다는 의견들이 나오는 중이다.

예시로, 엑시 인피니티(Axie Infinity)는 게이머들이 엑시스(Axies)로 알려진 생명체를 수집하고, 번식시키고, 키워서 거래하는 토큰 기반의 비디오 게임이다. 게이머들은 엑시스를 게임 시장에서 판매할 수 있으며, 시간이 지남에 따라 토큰의 가격이 상승할 수 있다. 놀면서 돈 버는 세상이 온 것이다.

해당 모델의 다른 변형으로 런 투 언(Learn-to-Earn, 이하 L2E) 모델이라는 것도 있다. 예시로는 래빗홀(Rabbit Hole) 플랫폼이 있는데, 사용자가 웹 3.0과 암호화폐에 대해 배우고 그 과정에서 토큰을 얻도록 하는 프로젝트이다.

또 다른 예시로는 기사를 쓰거나, 예술 작품을 디자인하여 토큰과 교환하는 크리에이트 투 언(Create-to-Earn, 이하 C2E)과, 의견을 게시하거나 웹 3.0 소셜 미디어 응용 프로그램에 참여하여 토큰을 얻는 유스 투 언(Use-to-Earn, 이하 U2E) 방식이 존재한다.

작업 환경의 자유화라는 측면에서 DAO에서는 실제로 어디에서 일하든, 일하는 동안 어떤 모습을 하고 있는지에 대해 크게 중요하게 생각하지 않는다. 대부분의 DAO 참가자들은 1년 내내 사무실에서 일하는 것보다는, 원격으로 일을 하며 크립토복셀(Cryptovoxels)이나 샌드박스(The

Sandbox)와 같은 가상 공간에서 만나 프로젝트를 진행한다.

직원들이 사무실에 모두 모여서 일을 하고 상사의 지시를 받는 구조의 작업방식은 이제 DAO 근무 환경의 도래 이후에는 MZ 세대에게 맞지 않는 근무 방식이 될 수도 있다.

현재 DAO 트렌드는 아직 걸음마 단계이며, 사용자환경(UX), 보안, 확장성 및 규제 명확성과 같은 과제를 해결해야 한다. 그러나 현재의 인재 확보, 자본 조달 및 혁신의 속도를 비추어 보았을 때, 웹 3.0 환경은 가까운 미래에 주류로 채택될 가능성이 크다.

3

새로운 화폐의 시대, 디지털화폐 시대

　물물교환 시대의 곡물, 가축과 같은 재화를 교환하여 가치를 교환하여 경제활동을 하던 시절에 쓰였던 게 상품화폐였다. 중국 춘추전국 시대의 세계 최초의 금속화폐 시대를 거쳐, 서기 11세기경의 최초의 지폐를 공식 통화로 삼았던 신용화폐의 시대를 지나 2009년 P2P 기반의 비트 암호화폐의 등장 이후 이제 세계는 완전히 다른 화폐의 시대인 디지털화폐의 시대로 들어서고 있다.

　중앙은행 디지털화폐(CBDC : Central Bank Digital Currencies)는 해당 국가의 통화 당국에서 발행하는 디지털 토큰으로 자국 통화의 가치에 대응하는 화폐이다.

　자본시장연구원 정의에 따르자면 중앙은행 디지털화폐(CBDC)는 기존의 실물 화폐와 달리 가치가 전자적으로 저장되며 이용자 간 자금이체 기능을 통해 지급결제가 이루어지는 화폐를 말한다. 즉 중앙은행이 발행하는 법정통화로서 암호화폐와 달리 기존의 화폐와 동일한 교환비율이 적

용되어 가치변동의 위험이 없다. [20]

국제결제은행(BIS)는 향후 3년간 전 세계 인구의 20%가 CBDC를 사용할 것으로 전망하고 있다.

주요 국가들은 CBDC는 결제 시스템의 디지털화의 자연스러운 단계이며, 세계적으로 진행되는 상황들을 고려할 때 가까운 미래에 CBDC가 다른 통화들과 공존하게 될 것이라고 생각하고 연구를 진행하고 있다.

몇몇 주요한 금융기관에서 보는 CBDC의 관점을 소개하면 다음과 같다.

우선 세계경제포럼은 CBDC는 국가가 보증하는 무위험의 디지털자산

<hr />

20) https://www.kcmi.re.kr/publications/pub_detail_view?syear=2021&zcd=0020010
16&zno=1578&cno=5634

굿바이 레거시

이며 실물 현금의 단점을 보완할 수 있으며, 화폐 시스템 전반에 여러 이점을 제공할 수 있다고 보고 있다.

영국은행(Bank of England)는 CBDC를 암호화폐와는 구별하고 있으며, 중앙은행이 발행하는 화폐의 디지털 버전으로 정의하고 있다. 또 영국은행은 CBDC가 한 국가의 통화와 고정되기 때문에, 비트코인, 이더리움, XRP와 같이 민간에서 발행되는 화폐와 같은 변동성이 없을 것이라 설명하고 있다. 즉 영국의 디지털화폐 10파운드는 항상 10파운드 지폐와 같은 가치를 지니고 있다는 것이다.

연방준비제도이사회(FRB)는 CBDC를 도입한다면 민간 부문에서 이용할 수 있는 신용이나 유동성 위험이 없는 가장 안전한 디지털자산이 될 것이라 설명하고 있다.

유럽중앙은행(ECB)는 CBDC가 "국가가 보증하는 위험없는 형태의 화폐"라고 언급하였으며, 향후 27개 회원국이 디지털 유로를 도입할 예정이라고 언급했다. 유럽중앙은행은 디지털 유로가 매일 사용할 수 있는 쉽고 안전한 방법이 될 것이라 설명하고 있다. 이 새로운 옵션은 사람들에게 결제 방법에 대한 선택권을 제공하고, 금융 포용성을 증가시킬 것이라고 설명하고 있다.

미국의 싱크탱크인 애틀랜틱 카운슬(Atlantic Council) 또한 CBDC가 금융 포용성을 개선할 수 있다고 언급하고 있다.

국제통화기금(IMF)는 자연재해나 결제회사의 이슈로 현금을 사용할 수 없게 되는 경우 CBDC가 옵션을 제공할 수 있다고 설명하고 있으며, 금융 시스템의 탄력성 또한 높아질 수 있다고 보고 있다. 또 금융 사기나 범죄를 줄일 수 있는 점은 또 다른 주요 요소라고 보고 있다. 즉 현금은 본질적으로 추적할 수 없어, 범죄에 활용되기 쉽지만, 반면 CBDC는 자금 흐름의 투명성을 향상시킬 수 있다는 것이다.

즉 이렇듯이 대부분의 글로벌 금융기관이나 단체들은 암호화폐와는 달리 CBDC를 긍정적으로 보고 있다.

애틀랜틱 카운슬의 CBDC 트래커(Central Bank Digital Currency Tracker)에 따르면, 100개 이상의 국가가 CBDC를 연구하고 있는데 이중 서인도 제도의 바하마는 2020년에 샌드 달러라고 불리는 CBDC를 출시한 최초의 국가이다. 이후에도 아프리카의 나이지리아, 카리브해의 자메이카를 포함하여 이미 10개국에서 자체적으로 CBDC를 출시하였다.

바하마에서는 샌드 달러의 도입으로 인해 섬나라 특징인 군도 간의 거래의 효율성이 증가하였다고 한다. CBDC 트래커에 따르면, 자메이카는 잼 덱스(Jam DEX)를 출시하기 시작하여, 현금의 교환, 저장 및 처리에 대해 연간 700만 달러를 절약할 수 있을 것으로 전망하였다. 현재 G20 국가 중 19개국이 CBDC에 대한 연구를 진행하고 있다고 한다.

디지털 유로 시대의 준비

유럽 지역의 블록체인 기술 발전과 촉진을 위해 2018년에 유럽 블록체인 포럼(EU Blockchain Observatory and Forum)이 출범했다. 유럽 블록체인 포럼은 CBDC의 기본적 이해, 발행에 필요한 요소 및 관련 이니셔티브, 공개 테스트 및 실제 구현에 이르는 개요에 대한 보고서를 발표했다.

유럽 지역의 공동 통화로 유로가 최초로 도입이 된 이후 타겟(TARGET)[21]이라 불리는 실시간 결제 시스템이 1999년에 구축되었다. 이후 2008년에 타겟2(TARGET2)로 업그레이드되었으며, 단일 공유 플랫폼을 이용하여 빠르고 안전한 지불 체계를 마련해서 EU 역내의 결제 시스템의 근간을 이루었다.

....

21) Joint statement by the Council and the Commission on "stablecoins"

이후에 통화와 금융 시장의 통합으로 유럽중앙은행의 통화정책에 대한 지원이 가능한 결제 메커니즘을 위해 2018년에 좀 더 빠른 결제 시스템에 대한 수요를 위해 실시간 타겟 결제(TIPS : TARGET Instant Payment Settlement)를 도입하였다. 이를 통해 결제 시스템의 복잡성을 감소시키고 빠른 결제와 향상된 복원력, 기타 통화들의 결제 기능을 추가하였다.

이제는 유럽중앙은행의 CBDC 도입이 다음 단계로 업그레이드가 될 것으로 전망하고 있다.

2019년 유럽집행위원회(European Council)은 효율적인 비용 절감과 크로스보더(Cross Border) 결제에 대한 요구가 증가함에 따라 스테이블 암호화폐에 대한 필요성을 발표하면서 CBDC의 가능성에 대해서 얘기하기 시작했다.

이후 크리스틴 라가르드(Christine Lagarde) 유럽중앙은행 총재는 2020년 9월 독일 연방은행 회의에서 디지털 유로에 대한 필요성을 역설했다. 당시 연설에서 코로나19의 유행으로 디지털화, 전자상거래에 대한 요구가 증가하고 있으며, 기존 결제 시스템에 대한 신뢰를 유지하면서 디지털 전환의 위험을 관리하기 위해 국가 차원에서의 디지털 통화가 필요해진 추진 배경을 밝혔다.

이후 유럽중앙은행은 2020년 10월, 「디지털 유로에 대한 보고서」를 발표하였으며, 여기서 디지털 유로의 5가지 핵심 원칙이 정해졌다.

그 내용은 우선 디지털 유로는 ① 현재 유로와 동등하게 변환이 가능하며, ② 유로 시스템(Eurosystem)[22]에 의해 통제되어야 하며 ③ 유로존 국가에서는 동등한 조건으로 이용이 가능해야 하며, ④ 민간솔루션을 대체하지 않도록 특정 제3자를 통해 실행되며, ⑤ 최종소비자가 신뢰할 수 있는 솔루션을 유지해야 한다는 것이었다.

유럽중앙은행의 디지털 유로 프로그램 매니저인 에블린 위트록스는 최근 유럽경제사회위원회가 주최한 공청회에서 디지털 유로의 사용사례에 대한 내용을 일부 밝혔다.

① 개인 대 개인(P2P) : 개인 간의 지급 및 결제
② 소비자 대 기업(C2B) : 오프라인 상점(Physical Store) 또는 전자상거래를 통해 온라인으로 구매한 상품 또는 서비스에 대한 지급 및 결제
③ 사업 활동(B2B, B2P) : 기업 대 기업, 또는 기업 대 개인(예 : 임금)에 대한 지급 및 결제
④ 정부 활동(X2G, G2X) : 정부에 대한(예 : 세금) 및 정부에 의한(예 : 수당 및 보조금) 지급 및 결제
⑤ 자동화 활동(M2X) : 미리 정해진 조건에 따라 장치 및 소프트웨어에 의해 진행되는 완전 자동화된 지급 및 결제

....
22) Shaping the future - Challenges in the European payments market.

이러한 사용자 케이스(User case)에 대한 범위나 의견을 바탕으로 디지털 유로에 대한 준비 작업이 진행 중이며, 2023년 9월에 개발, 착수 예정이다.

조심스러운 글로벌 통화 패권국가, 미국의 CBDC

미국은 유럽에 비해서는 조금 더 조심스러운 편이다. 백악관 과학기술정책국(The Office of Science and Technology Policy, 이하 OSTP)는 바이든 대통령의 행정명령에 따라 잠재적인 미국 중앙은행 디지털화폐(CBDC) 시스템에 대한 정책 목표와 설계 옵션들을 제시하는 보고서를 2022년 9월에 발표하였다. 여기에는 미국의 복잡한 심정이 이 보고서에서 많이 드러나고 있다.

미국은 기본적으로 CBDC는 미국 달러의 디지털 형태일 것이며, 미국 정부는 CBDC 추진 여부를 결정하지 않았다고 밝히고 있다. 또한 CBDC는 효율적인 거래와 금융 시스템에 대한 접근성과 같은 이점이 있을 수 있지만, 금융 시스템과 안정성과 민감한 데이터 보호에 관련해서는 다양한 리스크를 초래할 수도 있다는 점을 밝히고 있다.

특히 이러한 효율성과 리스크 발생이라는 양 측면은 CBDC 시스템의 설계 및 배치 방법에 따라 크게 달라질 수 있기 때문에 바이든 행정부는 디지털자산의 책임 있는 개발 보장에 대한 행정명령의 일환으로 미국

CBDC의 연구 개발에 긴급성을 부여하고, 백악관 과학기술정책국(The Office of Science and Technology Policy, 이하 OSTP)에 미국 CBDC 시스템에 대한 보고서를 제출하도록 지시하였다.

이 기관에서 제시한 CBDC의 정책의 목표에는 궁극적으로는 소비자 투자자 및 기업을 위한 혜택 제공 및 위험 완화, 경제성장에 기여와 금융안정을 촉진 및 시스템 리스크 완화, 글로벌 금융 시스템과의 투명성, 연결성, 상호운용성과 국가안보 보호라는 많은 측면의 내용을 담고 있다. 사실 목표가 많다는 건 그만큼 생각할 고민도 많다는 것을 입증하는 셈이다.

조용한 움직임, 일본 CBDC

일본의 경우 일본 중앙은행은 2022년 3월 CBDC의 기능 및 설계 실험에 대한 보고서를 발표하면서 파일럿 단계를 완료하였으며, 피드백과 내용을 통해 추가 기능을 포함하여 2단계 실험을 진행할 예정이라고 한다. 또한, 현 시점에서 CBDC의 구체적인 발행 계획이 없으며 미래 결제 시스템에 대해 대비 차원에서 CBDC를 준비 중인 것으로 알려지고 있다.

파일럿 1단계에서는 일본은행의 이해관계자들과의 논의를 바탕으로 세 가지 CBDC 원장의 설계안을 발표하였다.

설계 1안은 중앙은행이 모든 이용자와 중개인의 잔액과 거래 내용을 기록하는 대장을 단독으로 관리하는, 계좌 기반 원장 시스템을 제시하고 있다. 여기서 CBDC의 결제는 사용자 간의 계좌 이체로 처리된다

설계 2안은 계좌 기반 원장 시스템으로, 중개인이 각 고객 이용자의 잔액과 거래 내용을 기록하는 장부를 관리하지만 중앙은행이 중개인의 잔액과 거래를 기록하는 장부를 관리하는 방안이다.

설계 3안은 토큰 기반 원장 시스템을 다루고 있다. 여기서는 두 가지의 토큰 기반 원장 시스템이 가능한데, 첫 번째는 발행 시 할당된 토큰 ID가 상환될 때까지 변경되지 않는 고정 가치 접근 방식이고, 두 번째는 토큰을 분할하거나 이전할 수 있는 유연한 가치 접근 방식이다.

위의 세 가지 설계안은 대장의 관리 위치와 데이터 모델(계좌 기반, 토큰 기반) 측면에서 차이가 있지만, 공통점은 중앙은행이 CBDC를 발행한다는 점이다. 또한, 결제 시스템하에서 중개인이 중앙은행과 사용자 사이에 위치한다는 점에서 모든 디자인에서 유사한 역할을 수행한다.

일본의 세 가지 설계안에서 원장 시스템은 단일 원장이 거래 참여자에 의해 공동으로 관리되는 분산 방식이 아니라, 여전히 중앙은행 또는 중개인이 모든 경우를 관리하는 중앙집중 방식을 취하고 있다는 점이 특징이다.

CBDC를 통한 금융 포용성의 확장

국제결제은행(BIS)은 CBDC를 금융 포용성을 촉진하기 위한 도구로 간주하고 있다. 금융 포용성이란 "개인 및 기업이 책임 있고 지속 가능한 방식으로 제공되는 금융거래, 지급, 저축, 신용 및 보험 등 필요한 금융 제품과 서비스에 접근할 수 있는 것을 의미하며 금융거래 계좌는 돈을 보관하고 거래를 가능하게 하므로 거래 계좌로의 접근은 넓은 금융 포용성을 위한 첫 번째 단계"라고 정의하고 있다.

그동안의 금융의 디지털화가 세계적으로 금융 포용성을 증가시키고 있는 상황에서도, 놀랍게도 아직 전 세계 인구 중에 17억 명의 사람들은 여전히 공식적인 금융 시스템 밖에 존재하고 있다. 낮은 레거시 금융 시스템의 커버리지, 금융상품이나 서비스의 사용능력 등의 장벽은 금융서비스 사용 취약 집단에 대한 금융서비스 접근을 제한하고 있다.

금융 포용성을 진행하기 위한 장애물 및 기존 레거시 정책은 다음과 같다.

기본적으로 금융 포용성에 대한 장애물은 국가마다 상이하지만, 공통적인 주제가 몇 가지 발견되었다.

우선은 지리적 장벽이다. 세계의 많은 국가는 광대한 영토 또는 많은 섬을 가지고 있다. 특히나 시골 지역 및 섬에 있는 가정과 기업의 경우 데이터 연결이 힘들거나, 금융 기관과 물리적으로 떨어져 있는 경우, 심지어는 전력 공급이 안 되는 지역에 사는 경우도 있는 것이다.

그리고 아직 많은 국가에서는 신분증이 널리 보급되지 않아 일부 개인은 거래 계좌를 위한 기본 고객확인절차(KYC) 요구사항을 충족하는 문서 또는 자격 증명이 부족한 경우가 여전히 존재한다.

또한 금융서비스 접근 취약 계층의 늘 존재한다는 사실이다. 많은 은행들은 연령, 성별, 지역 격차에 대해 인정하며 금융서비스를 제공하곤 한다. 일반적으로 소득이 낮은 개인은 거래 계좌에 대한 접근성이 낮은 편이나 개발도상국의 경우 경제선진국보다 이러한 격차가 더 크게 나타난다.

이러한 이유들로 전 세계 중앙은행들은 CBDC와 같은 새로운 형태의 화폐를 연구하고 있으며 2022년 기준, 국제결제은행(BIS)은 68개의 중앙은행이 CBDC의 연구나 개발 프로젝트를 진행 중이라고 밝히고 있다.

민간 부문에서 CBDC의 역할

성공적인 CBDC의 도입은 중앙은행만이 해결할 수는 없는 노릇이다. 주요 해결 과제 중에 하나는 CBDC 시스템에 대한 민간 부문 개입의 중요성이다. CBDC의 금융 포용성을 촉진하기 위해서라도 반드시 민간 부문의 참여는 필요하다.

일반 금융 기관들 입장에서는 어쨌든 중앙은행의 CBDC 프로젝트에 즉각적으로 참여하지 않을 수 있는 이유가 있다. CBDC 시스템에 연결하기 위해 필요한 IT 인프라가 비용적으로 당장 큰 부담이 되거나, CBDC 거래 수수료에 대한 중앙은행의 목표에 대한 생각이 일치하지 않을 수 있기 때문이다.

또한 일부 시중은행들은 CBDC 채택과 관련하여 '어얼리 어댑터' 중 하나가 되는 것보다 우선은 시장의 동향을 살피는 전략을 취할 수 있다. 즉 다양한 이유로 금융 기관들은 즉각적인 참여를 하지 않을 수 있는 것이다.

중앙은행의 입장에서 주요 관심사는 최종 사용자의 CBDC에 대한 사용에 대한 수용 여부이다. CBDC 지갑 설계 구조와 기능은 대중의 사용 의지에 영향을 미칠 수 있다. 지갑의 설계에서의 사용자 편의성, 예측 가능성, 인터페이스 등이 사용 여부의 중요한 고려요소가 될 것이기 때문이다.

또한 제시하는 보안 및 데이터 보호 조치를 통해 소비자 신뢰를 얻어야 한다는 과제를 해결해야 한다. 소비자 입장에서는 CBDC를 채택하게 될 경우 데이터에 대한 프라이버시를 고민하게 될 수도 있다. 금융 포용성을 비롯하여 CBDC의 장점은 거래의 디지털 기록을 생성한다는 점이다.

중앙은행의 과제는 디지털 기록의 보관 주체가 어디든 간에, 물리적으로 현금 사용이 누리는 것과 동일한 수준의 공공 신뢰를 달성하기 위해 정보를 안전하게 유지하는 것이 중요하다. ID와 거래기록 데이터를 분리하면 개인 정보 보호를 위한 더 나은 환경을 확보할 수 있으며 CBDC 사용에 대한 대중의 신뢰가 증대될 수 있다. 또한 데이터 사용에 대한 내부 방화벽 설정, 접근권한관리(Access Control) 적용, 내부 감사 수행 등을 통해 임의의 정보 요청 및 사용을 방지할 수 있다.

일부 국가의 프로젝트의 진행률이 높은 중앙은행들은 CBDC의 법적 및 규제의 의미를 바탕으로 새로운 법령이나 개정해야 할 기존 법령에 대한 내용을 준비 중이다. 크게 중앙은행법과 CBDC 생태계 참여자를 위한 법률 규정으로 나누어서 진행 중이다.

중앙은행법 개정의 주요 내용에는 CBDC 발행이 통화로서의 기능을 확대하는것을 담고 있다. 기본적으로 통화는 계좌 단위, 교환 매체, 가치의 저장 역할을 하므로 중앙은행들에게 CBDC는 법적으로 디지털 통화 시대의 새로운 교환의 매개체로 정의될 필요가 우선 있는 것이다.

생태계 참여자를 위한 법률 규정 부문에서는 다음과 같은 사항들이 고려되어야 할 것이다. 즉 CBDC의 도입은 어떤 유형의 기관이나 당사자가 중앙은행 계좌에 접근할 수 있는지를 검토해야 한다. 또한 CBDC 참가자에 대한 효과적인 감독을 위해 법률을 도입하거나 개정할 필요성이 있다. 강화되어야 할 규정에는 IT 요구사항, 보안 및 보호 조치, AML[23]/CFT 요구사항, 데이터 보호 규칙이 포함되어야 한다. 추가적으로 CBDC 지갑 제공업체에 대해서는 자격 기준, 기술 표준, 소비자 보호, 기록 보관 및

23) AML : 불법 자금 세탁 적발 및 예방을 위한 관리체계.

보고 등가 같은 의무에 대한 조항이 포함되어야 한다.

　결론적으로 CBDC의 도입은 많은 과제와 리스크를 내포하고 있으며 법과 규제의 변경이 상당히 필요할 수 있다. 그렇지만 많은 소비자들이 금융서비스를 가급적이면 많이 받게 하는 방법, 즉 각국 중앙은행은 CBDC를 발행하기 위한 다른 목표를 지니고 있지만 금융 포용성 확대는 하나의 가장 중요한 추진 요인이며, 장애물은 국가마다 확연하게 다르다.

CBDC에서 발생하는 리스크들

　각국이 진행하는 CBDC가 국가마다 구체적인 수준으로 전개되면서 동시에 우려되는 부분에 대한 이야기들도 나오고 있다.

　우선 가장 많이 우려되는 부분은 CBDC의 도입이 금융 안정성과 재정난 시 시스템 뱅크런[24] 가능성과 같은 위험을 야기할 수 있다는 사실이다. 즉 CBDC의 도입은 은행으로부터 자금 인출을 유발할 수 있다는 우려이다.

　은행 예금이 CBDC로 자유롭게 전환될 수 있다면 가계와 기업은 은행

----

24) 뱅크런 : 은행이 기업에 대출해 준 돈을 돌려받지 못한다거나, 주식 등의 투자 행위에서 손실을 입어 부실해지는 경우, 은행에 돈을 맡겨 두었던 예금주들이 한꺼번에 돈을 찾아가는 대규모 예금 인출 사태를 의미함.(위키백과)

예금의 형태로 화폐를 보유하는 것을 꺼려할 수 있고 대신 CBDC를 보유하는 것을 선호하게 될 수 있다는 가정이다. 이 경우 은행 예금을 CBDC로 대체하게 되면 시중은행 자금의 감소가 일어날 수 있는 소지가 있다는 것이다. 이는 다른 의미로 탈(脫)금융 중개화를 의미하고 또한 은행은 CBDC로 전환된 예금을 상업어음, 정기예금, 채권 및 자본과 같은 다른 유형의 자금으로의 대체를 시도할 수 있다.

이런 상황은 결국 ① 자금조달 비용 증가, ② 자금의 안정성 저하, ③ 은행이 보험에 가입하지 않은 예금자보다 더 많은 손실을 입게 되어 시장 안정성 저하로 이어진다는 가정이다.

자산 측면에서도 높은 자금 조달 비용으로 인해 은행은 수익성을 유지하기 위해 대출 금리와 거래 수수료를 인상하게 될 것이라는 점이다. 이 경우 중앙은행이 상업은행의 자금 부족을 해결하지 못한다면 은행의 신용 창출이 줄어들 것으로 보인다는 것이다.

CBDC를 실제로 해 봤더니… 생긴 문제들

코로나19 팬데믹은 분명 전 세계의 결제 행동 양식을 변화시켰으며, 비접촉식 카드 결제, 앱 결제 등 디지털 결제로 빠르게 전환이 일어난 계기가 되었다.

국제결제은행(BIS)은 이러한 변화에 대해 팬데믹 기간 동안 주목할 만한 변화는 CBDC에 대한 관심과 연구가 전 세계적으로 증가했다는 점이라고 밝히고 있다. 그중 대표적인 개발 내용은 선진국보다 중진국이나 개발도상국에서 나왔다.

① 2020년 4월, 중국 인민은행(PBOC)은 선전, 쑤저우, 청두, 슝안 및 베이징의 2022년 동계올림픽 사무소 지역에서 중국 위안화(e-CNY)의 파일럿 프로그램을 진행하였음.

② 2020년 10월, 바하마 중앙은행은 바하마 달러의 디지털 버전인 샌드 달러(Sand Dollar)를 출시함.

③ 2021년 3월, 동부 카리브 중앙은행(ECCB)은 동카리브 달러의 디지털 버전인 디캐시(DCash)의 공개 출시를 발표함.

④ 2021년 10월에는 나이지리아 중앙은행(CBN)이 e-나이라(e-Naira)를 출시함.

⑤ 자메이카 중앙은행(BOJ)는 2022년도 1분기에 잼덱스(Jam-Dex)를 출시하기 시작했다고 발표함.

이러한 CBDC 초기 사용국가들은 시행 이후 몇 가지 사실을 확인하였는데, 팬데믹으로 인해 현금 이외 수단으로의 갑작스러운 전환이 이루어졌지만 모든 소비자가 은행 계좌나 디지털 지갑에 액세스할 수 있는 것은 아니라는 점이었다.

해당 국가의 중앙은행들은 CBDC의 채택률이 낮은 것을 우려하고,

CBDC의 의무적 사용을 강제하는 배포를 하였다. 혹은 인터넷 접속이 없는 지역에서 작동할 수 있도록 하기 위해 오프라인에서 사용 가능하게 하는 방식을 도입하기도 하였다.

나이지리아 중앙은행이 했던 방식처럼 사용자 친화적인 지갑(나이지리아 CBDC의 경우 신분증이나 주소 없이 개인에게 금융 액세스를 제공하고 있음) 및 소비자 할인과 같은 인센티브가 사용되기도 하였다.

이런 제약에도 CBDC에 대한 전망이 긍정적인 이유는 디지털 기술과 휴대전화 사용이, 은행 계좌의 성장을 능가하고 있다는 점이다. CBDC는 휴대전화를 소유한 개인이면 누구나 현금을 보유, 거래하거나 물리적으로 은행에 방문하지 않고 금융서비스를 사용할 수 있다는 점이다.

각국의 중앙은행들은 다양한 이유로 CBDC를 연구하고 있지만, 당장은 국경을 초월한 결제 개선이 주요 동기로 언급되지 않는 상황으로 보인다. 물론 향후에는 잠재적인 국제통화결제망에서 사용될 것을 대부분 기대하고 있다.

2023년 초 다보스 포럼에서 국제결제통신망(SWIFT)의 하비에르 페레즈 타소 최고경영자(CEO)는 결제 시스템을 통합하기 위한 노력 없이는 각국이 각자 개발 중인 CBDC는 문제가 있다고 하면서 글로벌 상호운용성이 갖춰지지 않은 CBDC 개발에 대해 우려를 표시하기도 하였다. 물론 세계경제포럼(WEF) 등에서는 이러한 스테이블 코인과 CBDC를 위한 '범용 디지털 결제 네트워크(UDPN)'를 추진하는 노력도 기울이고 있다.

이런 시대가 오는 경우 전 세계 GDP의 약 2~5%의 자금이 과세를 피하기 위해 숨겨져 있으며, 약 5,000억 달러가 불법 마약 산업에 연관되어 있는 현 상황에서 분산원장을 사용하여 CBDC의 이동경로를 더 쉽게 추적하고 모니터링할 수 있게 될 것이다.

따라서 불법 활동에 대한 추적이 가능해지며, 각국 정부는 자국 통화로 표시된 시장에서 보다 훨씬 투명하게 자금경로 추적을 접근할 수 있다. 이러한 투명한 자금흐름 추적의 요소들은 개발도상국에서 특히 유용하며, 결국 CBDC의 존재는 현금에 대한 의존을 줄이고 범죄 활동 추적 능력을 향상시킬 수 있게 되는 데 기여할 것이다.

4

암호화폐 생태계의 진화와 금융 산업

아직 선진국 시장에서(법정화폐 시스템이 효과적으로 기능하는 시장에서) 암호화폐가 결제 부문에서 주 결제 채널로 사용될 가능성은 매우 낮은 것으로 보인다.

암호화폐의 변동성은 투기 목적으로는 인기가 있을 수 있지만, 교환 수단으로는 사용하기 힘든 현실이다. 하지만, 법정화폐가 제대로 기능하지 않는 지역에서는 시민들은 전통적으로 대안을 위해 달러를 사용하였으며, 암호화폐와 스테이블 암호화폐의 등장으로 새로운 대안이 추가되는 상황인 것이다. 그 이유를 정리하면 다음과 같다.

첫째, 인플레이션이 높은 국가에서 암호화폐는 전통적인 금융 시스템에 대한 대안을 제공할 수 있다.

암호화폐 옹호자들은 법정화폐 대비 장점 중 하나가 인플레이션에 대한 헷징을 제공하는 것이라 주장하고 있다. 법정화폐와는 달리 암호화폐는 공급량이 고정되어 있고, 꾸준히 감소하는 속도로 생산되고 있다. 암호화폐는 지난 몇 달 동안 비교적 안정적인 것으로 나타났지만, 산업의 여러 사건들로 가격이 급락하는 등 아직은 큰 변동성을 나타내고 있다. 암호화폐가 금과 같은 자산과 유사한 신뢰를 얻기에는 오랜 시간이 걸릴 것으로 보인다.

그러나 전 세계의 국가 중 아르헨티나, 터키 등 일부 인플레이션이 심각한 국가에서는 가격 상승으로 인해 구매력이 감소하고 있고, 암호화폐는 은행계좌나 물리적인 현금에 대한 접근이 필요하지 않기 때문에 달러보다 훨씬 쉽게 접근할 수 있으며, 시민들이 인플레이션으로부터 자금을 보호할 수 있는 수단을 제공할 수 있을 것으로 보인다.

둘째, 스테이블 코인은 변동성 없이 암호화폐의 이점을 제공할 수 있지만, 모든 스테이블 코인이 안전한 솔루션은 아니다.

개발도상국에서 암호화폐를 결제수단으로 사용하는 것에 대한 위험은, 가격이 법정화폐로 표시되기 때문에 외환 위험을 야기할 수 있다는 점이다. 스테이블 코인은 일반적으로 달러 또는 다른 주요 통화에 고정되기 때문에 이러한 위험을 회피할 수 있지만, 위험이 없는 것은 아니다.

스테이블 코인의 위험성의 상당 부분은 기반 자산에서 비롯되며, 2022년 테라(Terra) 사태의 예시에서 보듯이 루나의 수익률에 대한 신뢰가 무너지자, 런 사태가 발생했고, 현금화하려는 투자자들의 요구를 충족시키지 못하면서 관련 생태계에 대한 신뢰가 무너졌다. 이는 광범위한 평가절하로 이어져 결국 파산이 발생한 것이다.

스테이블 코인이 널리 사용될 수 있도록 충분한 신뢰를 얻기 위해서는 현금 및 유사한 자산을 기반으로 해야 하며, 대규모 상환을 받을 수 있도록 상당한 비율의 현금을 보유해야 한다. 유동성이 높은 자산이라도 대량 매도에 시간이 걸리고, 시장 움직임을 유발할 수 있기 때문에, 스테이블 코인의 규모가 커질수록 마진 콜이나 자금 조달 운영에 위험성이 발생할 수 있다.

셋째, 취약한 국가는 송금 비용을 낮추고 금융서비스에 대한 접근을 확대해야 한다.

많은 개발도상국은 인플레이션이나 자본통제와 같이 암호화폐나 스테이블 코인을 수용하게 되는 경제적인 특징들을 지니고 있다. 특히 금융기관이나 정부에 대한 불신을 가진 비은행권 인구들은 전통적인 기관 이외의 결제 방법을 찾는 경향이 있다. 이를 통해 현금 의존도를 줄이고 글로벌 시장에 대한 접근을 촉진하여 경제 발전으로 이어질 수 있다.

그러나, 개발도상국의 많은 시민들은 경제적으로 취약한 상황에 처해 있으며, 암호화폐의 변동성으로 인해 발생할 수 있는 손실에 대처하기가 사실상 어렵다.

글로벌 금융서비스 및 재무 분석 기업인 S&P 글로벌(S&P Global)은 최근 보고서에서 스테이블 코인 및 F2C(Fiat to Crypto)에 대해 분석하였다.

이는 법정화폐로 암호화폐를 구매하는 것이며 분산금융(DeFi)이 주류가 되기 위해서는, 전통적인 금융 산업과 안정적으로 연결하기 위해 다리 역할을 하는 디지털화폐가 필요하게 되는데, 이러한 역할을 수행하기 위해 다양한 스테이블 코인이 등장하였다. 이러한 민간 부문 이니셔티브는 궁극적으로 공공 부문의 중앙은행 디지털화폐(이하 CBDC)와 경쟁할 수 있는 부분이기도 하다.

대부분의 경우 CBDC는 초기 단계인 반면, 스테이블 코인은 이미 구현되어 있다. 그러나 최근 시장 동향을 보면, 모든 스테이블 코인이 동등하지 않고, 특정 유형은 약속된 안정성을 유지하기 힘들다는 것이 밝혀졌다.

또한 스테이블 코인은 점점 더 많은 규제 적용 검토를 받고 있는데 전통적인 자금세탁 방지 문제에서부터 스테이블 코인 런(run)과 같은 잠재적 금융안정성 침해사항에 대한 고려 사항에 이르기까지 다양하며, 정책에 대한 입장은 규제 당국마다 상이하다.

예시로, 중국에서는 스테이블 코인과 다른 암호화폐가 전면적으로 금지되어 있어, 중앙은행이 출시한 디지털 위안화(E-cny)에 초점을 맞추고 있는데 미국에선 규제에 대한 논의가 진행되고 있으며, 지금까지 유통된 스테이블 코인의 95% 이상이 미국 달러에 연동되어 있다.

영국 정부 또한 해당 분야의 입법을 우선시하고 있으며, 일본은 내년부터 은행과 다른 금융서비스 기관들이 스테이블 코인을 발행할 수 있도록 하고 있다. 스테이블 코인을 규제하는 것은 리스크를 줄일 수 있으며,

사용을 합법화하고 분산금융 어플리케이션의 채택을 가속화할 것이다. S&P 글로벌은 향후 12~24개월 이내에 더 많은 규제의 진전이 있을 것으로 예상하고 있으며, 스테이블 코인 발행인이 은행으로 규제될 수 있다고 전망하고 있다.

이는 스테이블 코인과 은행 예금이 비슷한 기능과 역할을 제공하는 것을 의미하며, 요청 시에 완전한 현금을 되찾을 수 있는 능력을 의미한다. 일부 스테이블 코인은 특정 법정 화폐에 비해 제한된 변동성을 나타낸다. 하지만 적시에 법정화폐로 다시 전환하는 데 영향을 미치는 준비금 정책 또는 운영 정책 리스크를 무시할 순 없다.

기업에서 발행하는 스테이블 코인은 기업 자체의 신용 리스크도 내포하고 있으며, 이는 스테이블 코인 가치 부여 시에 제한 요소가 될 수 있다.

S&P 글로벌은 명확한 규제 프레임워크를 통해 스테이블 코인에 대한 접근 방식을 수정하도록 이끌 수 있다고 밝히고 있다. 또한, 분산금융 어플리케이션의 사용 및 관련된 실질적인 증가는 경쟁 역학의 변화를 통해 신용에 영향을 미칠 수 있다고 얘기하고 있다.

F2C와 스테이블 코인의 미래

F2C(Fiat to Crypto) 수단은 현실 공간과 가상 공간 간의 통합성 부족으

로 인해 생기게 된 것이다. 가상 공간에서 거래를 하기 위해서는 가상 공간에서 사용할 수 있는 수단으로 전환해야 하는 필요성이 생긴 것이다. 물론 암호화폐가 이 역할을 수행하고 있지만, 극심한 변동성으로 인해 더 안정적인 수단이 요구되는 것이다.

이것이 F2C 수단이 등장하기 시작한 이유인 것이다. 본질적으로 이 수단은 디지털 공간에서 당사자 간에 변동성 없이 교환할 수 있는 안정적인 방법을 제공하기 위해 만들어진 것이다.

결국 F2C는 현실 공간과 디지털 공간 사이에 공통적인 통로가 되었으며, 일반적으로 사용자들이 디지털자산을 거래, 보유할 수 있도록 다양한 퍼블릭/프라이빗 블록체인으로 구축되고 있다

F2C는 결제, 송금, 거래, 대출 등 다양하게 사용되고 있으며, 분산금융의 이용에서 활용되고 있다.

예시로, 결제나 송금에서 F2C는 실제 거래 비용을 크게 줄이고 실행 속도를 높일 수 있다. 거래 및 결제에 사용되는 경우 당사자가 즉시 결제를 할 수 있도록 운용 시간을 연장할 수 있다. 또한, 대출에서 F2C는 더 높은 리스크를 수반하고 있지만, 은행 예금이나 기타 유사한 상품보다 대출 플랫폼에서 더 높은 수익률을 허용한다.

F2C의 분류

일반적으로 F2C에는 세 가지 유형이 있다

"Fiat to Crypto"는 현재 사용 중인 법정 화폐를 암호화폐 자산으로 교환할 수 있는 매개체로, 다른 암호화폐 자산들과 달리 큰 가격 변동성 없이 법정화폐로 교환될 수 있도록 설계된 자산을 의미한다. 현재 F2C 자산들은 결제, 송금, 거래, 대출 분야 등에서 사용 중이며 크게 스테이블 코인, 토큰화된 예금, CBDC(Central Bank Digital Currency) 등으로 구분할 수 있다.

첫 번째는 스테이블 코인이다. 스테이블 코인은 미국 달러와 같은 다른 자산에 가치가 고정된 암호화폐의 일종이다. 스테이블 암호화폐는 퍼블릭 또는 프라이빗 블록체인에서 생성되며 중앙관리형 방식과 탈중앙형 방식이 있다. 스테이블 코인에는 법정화폐 기반 스테이블 코인, 암호화 자산 기반 스테이블 코인, 알고리즘 기반 스테이블 코인 등 크게 3가지 종류가 있다. 보고서는 스테이블 코인이 암호화폐 생태계에서 현금과 동일하며 명목화폐와 암호화폐 사이에서 다리 역할을 한다. 한때 스테이블 코인의 시가총액은 지난 2022년 5월 테라 사태가 터지기 직전 1,860억 달러(약 250조)로 정점에 달했다.[25]

....

25) 코인데스크 코리아(http://www.coindeskkorea.com/news/articleView.html?idx-no=82198)

두 번째는 토큰화된 예금이다. 토큰화된 예금은 일반적으로 금융 기관에서 발행하는 F2C이다. 예시로, JPM 암호화폐가 있다. 이는 허가된 공유 원장 시스템을 사용하며 JP 모건의 고객이 공유 원장에서 거래할 수 있도록 하고 있다.

2022년 11월 2일, 싱가포르 금융관리국이 진행 중인 '프로젝트 가디언(Project Guardian)'의 일환으로, 미국 투자은행인 JP Morgan과 SBI Digital Asset Holdings 사이에 디파이(DeFi)를 활용한 최초의 외환(FX) 거래가 이루어졌다. 이 거래는 디파이를 활용한 첫 크로스보더 거래(cross-border transaction)이면서 은행이 최초로 발행한 토큰화된 예금(tokenized deposit)이 사용된 거래이다.

세 번째는 CBDC이다. CBDC는 중앙은행이 발행하는 법정화폐의 디지털 버전이며, 일반적으로 정부의 지원을 받고 있다. 다른 블록체인에 사용될 수 있는 경우 스테이블 코인이 수행하는 기능과 경쟁 관계에 놓이게 될 수도 있다.

F2C의 분류 및 특징

	분류	기반	프라이버시 보호	접근성	잠재적 제한사항
스테이블코인	법정화폐 기반 스테이블 코인	암호화폐 가치의 안정성을 보장하기 위한 고품질의 법정화폐	민간 주도	특정 퍼블릭 블록체인에서 사용	기반 자산의 품질 확인 및 감사
	암호화 자산 기반 스테이블 코인	일정 비율의 과잉 담보가 있는 암호화 자산	민간 주도	특정 퍼블릭 블록체인에서 사용	기반 자산의 변동성
	알고리즘 기반 스테이블 코인	무담보	민간 주도	특정 퍼블릭 블록체인에서 사용	런 상황 발생 시 변동성
토큰화된 예금		무담보, 규제된 금융기관에서 발행	민간 주도	특정 프라이빗 블록체인에서 사용	일부 블록체인에서 사용하기 위해서는 브릿지를 거쳐야 함
CBDC		정부 지원	공공 주도 (프라이버시 문제 발생 가능)	현재 일부 국가 사용 중	퍼블릭 및 프라이빗 블록체인과 호환되지 않을 수 있음

디지털자산 시대의 자금세탁 방지

은행 업무에서 글로벌 결제 과정에서 문제가 생기는 경우가 종종 있다. 결제 프로세스에서 막힌 부분을 확인하다 보면 트랜잭션의 많은 경우는

굿바이 레거시

OFAC의 심사를 통과하지 못하기 때문인 경우가 많다. OFAC(Office of Foreign Asset Control)은 미국 재무부 소속 해외자산통제국(OFAC)이다.

이 기관은 미국 패권으로 움직이고 있는 세계 자본의 흐름에서 막대한 영향력을 행사할 수 있는데, 실제로 러시아-우크라이나 전쟁 발발 시 OFAC 제재로 인해 러시아 기업들이 주요 거래소에서 상장 폐지가 되었다. 또한 미국 재무부가 지정하는 거래 지정인과 대테러 지원국, 거래금지 대상국 등을 지정할 수 있다.

이 기관이 2022년 8월 암호화폐 믹싱 서비스인 '토네이도 캐시' 사용을 금지시켰다. 암호화폐 믹싱은 거래 시 다른 거래 내역과 섞은 다음 시차를 두고 여러 디지털 지갑으로 쪼갰다가 다시 합치는 방식을 통해 오리지날 거래 내역을 추적하지 못하게 하는 기술이다.

토네이도 캐시는 이더리움 블록체인에서 작동하는 암호화폐 믹서이며, 출처 및 상대방을 난독화하여, 익명 거래가 무차별적으로 발생할 수 있다. 토네이도 캐시는 다양한 트랜잭션을 수신하고 혼합하여 개별 수신자에게 전송한다.

OFAC에 따르면 토네이도 캐시는 지난 2019년 출시된 이후 70억 달러(약 9조 1천억 원) 규모의 암호화폐를 처리했다. 여기에는 북한을 배후로 둔 해킹 그룹 '라자루스'가 탈취한 4억5천500만 달러(약 6천억 원) 규모 암호화폐도 포함돼 있다. 라자루스는 지난 2019년 OFAC의 특별 제재 대상으로 지정되기도 했다.

미국 재무부는 암호화폐를 세탁하는 믹서들과 이를 돕는 이들에 대한 조치를 지속적으로 추진할 것이라고 밝혔다. 또한, 암호화폐 산업에 종사하는 사람들이 국가 안보에 위험이 되는 불법 행위를 하는 것을 막기 위해 자금세탁 방지/테러자금조달 방지(AML/CFT) 의무를 준수할 것을 강조했다. 금번의 조치가 보여 주듯이, 믹서는 일반적으로 고위험군으로 간주되어야 하며, 믹서가 불법 자금을 세탁하는 데 사용되는 것을 방지하기 위해 적절한 통제가 있는 경우에만 거래를 처리해야 한다고 밝혔다.

디지털자산 거래의 규칙, 트래블룰

자금세탁방지국제기구(이하 FATF)는, 최근 FATF 표준안 이행 현황에 대한 보고서를 발표하면서 트래블룰에 중점을 두고, 가상자산(Virtual Asset, 이하 VA) 및 가상자산 서비스 제공자(Virtual Asset Service Provider, 이하 VASP)에 대한 대응상황을 밝혔다.

트래블룰은 한국에서도 2022년 3월 25일부터 시행되었는데 트래블룰이란 VASP가 100만 원 이상의 거래가 발생할 때 디지털자산 거래의 송신인과 수신인의 신원 정보를 파악해 금융당국에 보고해야 하는 법적인 의무다.

2022년 3월 조사에 따르면, 응답한 98개의 관할구역 중 42개(43%)의 관할구역이 VA 및 VASP에 라이센스 또는 등록제도를 도입하였다. 이는 2021년 39%에 비해 4% 증가한 수치이며 2022년 3월 조사에 따르면, FATF가 나누는 98개 관할구역 중 29개 구역에서 트레블룰 입법을 통과시켰다고 보고하였다.

이 중 11개 구역만이 시행 및 감독 조치를 시작한 것으로 보고되었다. 이는 2021년 대비 소폭 증가한 수치이다. 대부분은 2023년 말까지 관련 법령을 시행할 것으로 전망된다.

디지털증권이 되기 위한 조건

디지털증권에는 디지털화된 전통 증권과 일부 암호화 자산이 포함된다. 미국 증권거래위원회(SEC) 의장 게리 젠슬러(Gary Gensler)에 따르면, 그동안 미국에서 ICO[26]를 통해 대중에게 판매된 암호화 자산 중 상당수가 유가증권일 가능성이 높다고 밝히고 있다. 반면 유럽은 기존의 금융상품시장지침(MiFiD)에 따른 금융상품의 분류를 가지고 있으며, 암호화 자산 시장 규제안(MiCA)에 따라 MiFiD에서 다루지 않는 암호화 자산을 규제하고 있다.

....

26) ICO : 암호화폐 공개 또는 암호화폐 공개란 블록체인 기술을 기반으로 새로운 암호화폐를 만들기 위해 불특정 다수의 투자자들로부터 초기 개발 자금을 모금하는 과정을 의미.

많은 암호화 자산이 기존 증권과 유사하지 않다. 미국에서 SEC는 증권 여부를 판단하기 위해 하위 테스트(Howey Test)[27]를 사용한다. 암호화 자산이 디지털증권이 되기 위해서는 하위 테스트의 4가지 조건을 모두 충족해야 한다.

미국에서 제공되는 암호화 자산의 경우, 해당 프로젝트의 팀이 공동 기업을 구성하고, 관련 마케팅 자료가 경제적인 인센티브를 촉진하며, 암호화 자산의 소유자가 그러한 경제적 인센티브를 실현하기 위해 타인의 노력에 의존하는 경우 유가증권으로 간주될 수 있다는 가이드라인을 제시하고 있다.

사실상 많은 암호화폐 프로젝트가 VC 펀드로 자금을 조달한다. 하지만 개발 자금 조달을 위해 암호화 자산 ICO를 활용하는 경우, 제공되는 암호화 자산이 하위 테스트에 따른 증권의 정의를 충족하는 것이 어려운 것이 사실이다.

아직은 암호화 자산을 증권으로 분류하는 작업은 시간이 지남에 따라 변경될 수 있다는 것이 일반적인 가정이다. 왜냐하면 암호화 자산은 최초 발행 시에 증권으로 간주될 수 있지만 최초 판매 이후 암호화 자산이 명확하게 정의된 프로토콜을 통해서만 발행되고, 프로젝트가 공동 기업이 없는 완전한 분산형 조직에 의해 운영되는 경우, 해당 암호화 자산은

----

27) Howey Test는 거래가 '투자 계약'에 해당하는지 여부를 결정하기 위한 미국 대법원 판례를 참조함. 거래가 투자 계약으로 밝혀지면 증권으로 간주됨.

하위 테스트의 조건을 충족하지 못하게 되는 경우가 많기 때문이다.

최근 국내에서는 금융위의 STO[28] 전면 허용 등 증권형 토큰 발행을 위한 여러 가지 움직임이 있다. 증권형 토큰은 금융당국과 자본시장법의 적용을 받는 제도권 내의 토큰으로 투자가가 보유하는 동안 일정 수익을 배분 받는 수익형 증권에 한한다. ICO을 본격적으로 허용해 주기 전에 기존의 규제 체계 안에서 관리하는 것이 목적이며 부작용을 최소화하려는 정부의 의지로 보인다.

....
28) STO : 증권형 토큰 공모/토큰화된 IPO는 증권형 토큰으로 알려진 토큰화된 디지털 증권을 증권형 토큰 거래소에서 판매하는 공모 유형임.

5

글로벌 규제와 진흥, 양날의 칼

넓은 의미에서 암호화 자산은 암호로 보호되는 모든 리소스를 포함한다.

글로벌 규제기관들은 암호화 시장을 관리하기 위한 방안들의 입법화를 추진 중이며, 디지털화폐, 국제결제망(크로스보더) 거래, 글로벌 플랫폼 등 시장에 대한 공동 모니터링의 필요성이 대두되고 있다. G20의 금융안정위원회(Financial Stability Board)는 기존 금융 상품과 함께 각 유형의 가상자산 규제의 공통 표준에 대한 권장 사항을 개발하는 것을 목표로 하고 있다.

미국의 규제와 진흥

백악관은 2002년 3월, 바이든 대통령의 디지털자산의 책임 있는 개발 보장에 관한 행정명령(EO)에 따라, 디지털자산과 부문 최초의 포괄적인 프레임워크를 발표하고 이를 진행할 구체적인 전략 수행방침을 9월에 제시한 바가 있다.

디지털자산 시장은 최근 몇 년간 급격한 성장을 겪었으며, 미국 성인의 16%를 포함한 전 세계 수백만 명의 사람들이 디지털자산을 구입하는 상황으로 발전이 되었다. 한때 디지털자산의 시가총액은 지난해 3조 달러에 도달하였으나, 2022년 5월 스테이블 코인의 폭락과 그에 따른 영향으로 6천억 달러 이상의 펀드가 증발된 상황에서의 정부의 적극적인 개입 의지가 나타난 것이다.

2022년 9월에 발표된 디지털자산 규제 프레임워크에서는 6가지의 규제 프레임워크가 발표되었다.

① 소비자 및 투자자 보호, ② 금융 안정성 촉진, ③ 불법 금융 퇴치, ④ 글로벌 금융 시스템에서 미국의 리더십, ⑤ 금융 포용성, ⑥ 책임 있는 혁신 등 행정명령에 확인된 6가지 주요 우선순위를 발전시키기 위한 프레임워크와 정책 권고 사항을 개발하기 위한 협력을 미국 정부 기관과 관련 해외기관 간에 진행하고 있다.

이러한 행정명령에서 일관되게 보이는 사실은 미국 행정부의 의지는 결국 미국 디지털 달러 탐색이라고도 할 수 있다는 것이다. 즉 미국 디지털 달러는 상당한 혜택을 제공할 수 있는 잠재력을 지닌 통화라는 당연한 가정에서 출발한다. 이는 더 효율적이고, 빠른 국제 거래를 촉진하며, 환경적으로 지속가능한 결제 시스템을 가능하게 할 수 있고 또한, 금융 소비자들에게 광범위한 접근을 제공함으로써 금융 포용성과 형평성을 촉진할 수 있다는 점을 고려하고 있다.

미국 디지털 달러의 가능성을 인식하여 행정부는, 잠재적인 디지털 달러에 대한 연방 정부의 우선 순위를 반영하는 정책 목표를 개발하였고, 행정부는 연방준비제도가 지속적으로 디지털 달러 연구, 실험 및 평가를 할 것을 요청하였다.

이를 지원하기 위해 재무부는 기관 간 워킹 그룹을 이끌고 디지털 달러의 잠재적 영향을 고려하여 전문지식과 정보를 공유할 예정이다. 미국 연방준비제도는 또한 국가경제위원회(National Economic Council), 국가안전보장회의(National Security Council), 과학기술정책실(Office of Science and Technology Policy), 재무부와 정기적으로 협력하여 진행 상황을 공유하고, 디지털 달러와 결제 혁신에 대한 정보를 공유할 예정이다.

2022년 9월에는 디지털자산과 관련된 몇 가지 주요 행정부 보고서(**디지털자산 행정명령 구현**)가 발표되었는데 여기에는 미래의 화폐 및 결제 시스템 에 대한 내용이 포함되어 있다.

기술 혁신이 영향을 미칠 수 있는 정도, 미국의 금융 시스템, 결제 시스템의 현대화, 경제 성장, 금융 포용성 및 국가 안보에 대한 영향 등의 내용이 포함되었으며 CBDC를 발행하기 위해 추가적인 입법 변경이 필요한 것인지에 대한 내용과 미국 CBDC를 지원하는 데 필요한 기술 인프라,

역량 및 전문성을 평가하는 보고서가 포함되었다.

미국이 글로벌 금융 시스템과 경제적 경쟁력에서 미국의 리더십을 강화하기 위해 현재 글로벌 기관과 협력하고 있는 내용은 다음과 같다.

글로벌기관	디지털자산 영역에서의 주요활동
G7 디지털 결제 전문가 그룹(DPEG)	소매 CBDC에 대한 공유 정책을 수립하여, CBDC의 탐색 및 잠재적인 개발에서 관할 지역의 원칙을 수립하는 것으로 이어짐.
G20	① 기존 시스템 개선, ② 데이터 현지화로 인한 장애, ③ 거버넌스 프레임워크에 대한 마찰, ④ CBDC 설계의 국제적 차원 등 국경 간 결제와 관련된 문제와 마찰을 해결하기 위해 G20 로드맵에 대한 작업을 지속하고 있음.
금융안정위원회 (FSB)	디지털자산으로 인한 글로벌 금융 안정성과 관련된 리스크를 지속적으로 모니터링할 것임. 또한, 식별된 위험에 대한 대응 정책을 고려하고, 국제적인 협력을 촉진함. 2019년부터 금융안정위원회는 디지털자산에 대한 작업을 우선시하고 있으며, 관련 보고서를 수차례 발표함. 2020년에는 글로벌 스테이블 암호화폐 규제와 국경 간 결제 강화에 대한 로드맵 보고서를 발표하였으며, 2022년에는 암호화 자산의 금융 안정성에 대한 리스크 평가 보고서를 발표함.
자금세탁방지국제기구 (FATF) 및 에그몬트 그룹 (Egmont Group)	가상자산 서비스 제공자(VASP)에 대한 FATF 표준 구현을 위해 국가들을 지속적으로 지원할 것임. 미국 재무부는 FATF의 가상자산에 관한 워킹 그룹의 공동 의장을 맡고 있음. FATF는 AML/CFT와 관련된 국제 표준을 정하고 있으며, 200개 이상의 국가와 관할 지역에서 이를 이행하기로 약속함. 2018년, FATF는 관련 표준안을 가상자산과 VASP에 적용할 것을 발표하였으며, 국가와 민간 부문에서 이를 이행할 수 있도록 지원함. FATF 표준은 중앙은행이 발행하는 다른 형태의 법정 통화와 유사하게 CBDC에도 적용됨.

경제협력개발기구 (OECD)	디지털자산에 대한 모범 사례를 지원할 예정임. 또한, 암호화자산 부문에서 국제 조세 약관 개선에 대한 지원을 지속할 예정임.
국제통화기금 (IMF)	국제통화기금은 거시 금융 정책, 잠재적 파급 효과, 국제 통화 시스템에 초점을 맞추어 디지털자산의 사용으로 인해 발생하는 문제를 분석함. 또한, 국제통화기금은 정책적인 조언과 함께 디지털자산과 관련된 프레임워크 설계에 기술적 지원을 제공할 수 있음. 2017년 국제통화기금은 디지털자산의 증가에 대처하기 위한 전략 계획을 개발함.
세계은행 (The World Bank) 및 다자개발은행(MDB)[29]	미국은 금융 상품 및 서비스에 대한 보다 우수한 평가를 촉진하기 위해 다양한 MDB에 영향력을 행사할 예정임. 관련 분야에는 디지털자산에 대한 투자 및 대출 활동이 포함됨. 세계은행, 미주 개발 은행(Inter-American Development Bank), 아시아개발은행(Asian Development Bank)과 같은 MDB를 통해 미국은 디지털자산과 관련된 정책, 프로젝트 및 기타 개발을 구체화할 예정임. MDB는 회원국들이 대출 및 역량 개발 등의 활동을 통해 목표를 설정하고 달성하도록 지원하고 있으며, 안전하고 저렴한 금융서비스에 대한 접근을 촉진하기 위한 노력을 지원하고 있음.

EU의 규제

EU 지역의 가상자산에 대한 법적 프레임워크로는 27개 회원국 모두에 적용되는 유럽연합의 암호화폐 시장 규제안(MiCA)이 존재한다.

....

29) 다수의 차입국 또는 개도국과 다수의 재원공여국 또는 선진국이 가입자격의 제한 없이 참여해서 경제개발자금을 지원하는 은행.

암호화폐 시장 규제안은 현재 EU에서 규제되지 않는 모든 자산, 시장 및 서비스 제공업체를 대상으로 하는 기존 국가 프레임워크의 대체가 가능하다. 또한 EU 지역의 자금세탁방지규정(AML)에는 특정 암호화 자산의 이전을 규제하기 위한 법안이 포함되어 있다. 독일 연방 중앙 세무서(German Federal Central Tax Office)는 암호화폐를 세금 목적의 개인화폐로 취급하며, 독일 조세법에 따라 법정통화 또는 재산으로 취급되지 않는다.

이탈리아는 블록체인과 스마트 컨트랙트의 법적 정의를 도입하기 위한 법안[30]을 통과시켰으며, 현재 법률 시스템에는 암호화폐에 대한 일반적인 정의가 포함되어 있지는 않다.

영국이 암호화폐 산업 경쟁에 뛰어든 이유

영국은 금융서비스 부문이 2020년 기준 영국 GDP의 8.6%를 차지하는 대표적인 금융 산업 선진국가임에도 불구하고 암호화폐 산업에서 경쟁에 뒤처지고 있으며, 정책을 통해 이를 개선하고자 하는 노력을 최근 보이고 있다.

....

30) 독일 은행 산업 위원회(GBIC)는 민간용 소매 디지털화폐, 상업 및 저축은행용 도매 CBDC, 산업용 토큰의 요소로 구성된 디지털 생태계를 제안하였으며, 프랑스 중앙은행(Banque de France)는 2021년 12월 국제결제은행(BIS), 스위스 국립은행과 크로스보더 CBDC 테스트를 진행을 완료하였음.

현재는 총리가 된 리시 수낵(Rishi Sunak) 당시 재무부 장관은 "암호화 기술은 엄청난 잠재력을 가지고 있으며, 영국의 금융[31] 서비스 부문이 혁신의 선두에 서도록 하기 위해 해당 기술을 활용하고자 한다"라고 입장을 밝히었다. [32]

또한 영국과 경쟁국가인 프랑스에서 암호화폐 발행인과 서비스 제공업체들의 투명성, 자금세탁, 자본요건에 대한 기준을 충족하도록 하는 포괄적인 암호화 자산 규제 발표 등이 내용이 먼저 나왔는데, 이는 영국을 좀 더 서두르게 한 이유가 되었다.

아시아의 다양한 입장들

중국은 2021년 9월 금융 위기와 불법 거래에 대한 우려로 모든 암호화폐 거래의 불법화를 발표하였다. 대신 중국은 자체적인 블록체인 서비스 네트워크를 시작하면서 불법 거래 혐의자를 단속하고 해당 산업 경제 성

----

31) 영국의 하원의원이자 암호화폐 관련 영국 의회 부서장인 리사 카메룬(Lisa Cameron)은 최근 스위스 주크(Zug)시의 크립토밸리를 방문하였고 해당 방문을 통해 영국이 암호화폐 산업 경쟁에 뒤처져 있다는 확신을 하게 되었다고 밝혔음. 예시로 2013년, 영국의 규제 기관인 금융감독원(Financial Conduct Authority)는 암호화폐를 감독할 권한이 없다는 이유로 암호화폐 거래소인 비트스탬프(Bitstamp)의 등록을 취소하였으며, 이후 비트스탬프는 룩셈부르크에 입주하여 세계적인 암호화폐 거래소로 성장하게 된 계기가 되었음.

32) 「How DAOs Could Change the Way We Work」, 『Harvard Business Review』, 2022. 4. 7.

장에 집중할 것으로 보인다. 중국의 디지털화폐인 디지털 위안은 중국 내 도시 전역에서 디지털 결제 플랫폼이 시범 운영되고 있으며 시험 통화로 상품의 구매가 가능하다. 2021년 11월 기준 누적 거래액이 10조에 달한다.

일본의 암호화폐는 일본금융청(FCA)에서 규제하며 일본 암호화폐 거래소협회(JVCEA) 및 일본 STO협회(JSTOA)와의 협력을 진행하고 있다. 일본에서의 암호화폐는 합법이며, 지불서비스법(The Payment Services Act)에 따라 암호화 자산을 명목화폐로 표시하지 않으며, 타인에게 사용할 수 있는 지불 방법으로 정의하고 있다.

인도 정부는 최근 가상자산 거래 수익의 30%를 세금으로 부과했으며 금융 규제 당국은 전면 금지를 권고하였다. 인도 규제 당국의 권고안과는 별개로, 인도의 디지털화폐인 디지털 루피는 연내에 출시될 예정이며, 인도중앙은행(RBI)은 디지털 형태의 통화를 포함하도록 은행권의 정의를 수정하는 인도준비은행법의 개정을 준비 중이라 밝히고 있다.

암호화폐에 대한 국가별 입장

	규제 프레임워크	법정화폐/불법 여부	조세 목적의 분류	세금 관련 사항
미국	중앙 집중식, 프레임워크 없음	법정통화 아님	자산 (자본자산)	양도 소득으로 과세됨, 비율은 10~37%까지 다양함
캐나다	증권법에 의해 규제	법정통화 아님	물품/보안	암호화폐 이전으로 양도소득세 유치
영국	특정 규제, 프레임워크 없음	법정통화 아님	자산 (TF 보고서에서 "토큰"으로 분류)	양도소득으로 과세됨
일본	특정 규제, 프레임워크 없음	법정통화	"가상자산"으로 정의됨 (지급 서비스법에 따름)	기타 소득으로 분류된 소득, 비율은 5~45%임
싱가포르	관련 규제안 마련 진행 중	법정통화 아님	자본자산	주에는 양도소득세가 없으므로 세금이 없음
대한민국	특정 규제, 프레임워크 없음	법정통화 아님. 하지만 거래가 모니터링됨	정의되지 않음	세금 없음. 암호화폐는 화폐 혹은 금융자산으로 간주되지 않음
중국	존재함	법정통화 아님. 교환/거래는 금지됨	"자산"	재산 이전 소득으로 처리됨
유럽연합	존재함 ("가상자산 시장 규제안")	법정통화 (국가별 입장에 따라 차이 존재)	규제는 각각 특성을 가진 27개의 암호화 자산 정의를 포함함	국가에 따라 다름
스위스	존재함	법정통화 아님	자산	비과세(경우에 따라 과세 가능)

출처 : Bloomberg Tax, Cryptocurrencies and Other Digital Assets Take Center Stage in 2022—Part 2

굿바이 레거시

6

실리콘밸리가 아닌 크립토밸리의 시대로

크립토밸리(Crypto Valley)는 블록체인 기반의 암호화폐 사업이 활발히 진행되는 지역을 의미하는 단어로, 스위스의 금융 기술(핀테크) 부문의 지역 허브가 되어 있는 주크시와 해당 주를 일컫는 말이다. 2013년, 암호화 금융 기업인 모네타스(Monetas)의 이전을 계기로 주크시에서는 크립토밸리를 선언하였으며, 2017년 크립토밸리협회(Crypto Valley Association)의 출범 이후 대표적인 크립토밸리로 성장하였다.

주크(Zug)시는 스위스 중부 지역에 위치한 도시로, 인구 약 3만 명의 불과한 작은 도시이지만 글로벌 암호화폐 공개(ICO)가 대대적으로 이루어진 후 5년 만에 약 1,128여 개의 블록체인 기업을 유치했고, 6,000명 이상의 직원이 근무 중이다.

미국의 실리콘밸리처럼 스위스의 크립토밸리를 만들기 위해 스위스 정부는 법인세를 낮추고, 규제를 없애며, 창의적인 인재를 공급해 주는 비즈니스 친화적 환경을 조성해 왔으며 이로 인해 2013년부터 이더리움

재단을 비롯한 글로벌 블록체인 기업, 정보통신기업, 금융회사들이 몰려 들어 새로운 디지털 금융의 요람이자 블록체인 기반의 글로벌 혁신의 상 징으로 부상하였다.

세계적인 블록체인 기반의 디지털 스마트 혁신 도시인 주크시는 적극 적으로 민간의 의견을 수렴해 정책을 수립·집행하는 바텀업(bottom up) 방식으로 발전을 해 온 지역이다.

2021년 12월 기준, 크립토밸리의 주요 50여 개의 기업들의 시가총액은 6천100억 달러(한화 740조)를 기록하며, 2020년 같은 기간 대비 464%를 성장한 수치를 기록하였고 같은 시점에서 총 기업 수는 1,128개로 같은 기간 작년 대비 18% 증가하였다.

10억 달러 이상의 기업 가치를 가지는 유니콘 기업의 숫자가 2020년 8 개에서 2021년 말 14개로 증가하였는데, 특히 기업 가치가 1,000억 달러 (한화 118조 원) 이상인 헥토콘(Hectocorn) 스타트업 기업도 1개, 기업 가치가 100억 달러(한화 11조 원) 이상으로 평가받는 데카콘 기업 또한 3

굿바이 레거시

개를 배출하였다.

크립토밸리, 혁신(Innovation)의 역사

시작은 2013년, 비트코인 거래 중개 회사인 비트코인 스위스는 운영 본부를 주크시로 이전한 것이 계기가 되었다. 그전에도 주크시는 오랫동안 비즈니스 친화적인 분위기로 유명했으며 현재에도 상품 거래, 제약 및 금융 분야의 많은 회사가 위치하고 있는 지역이었다.

같은 해인 2013년, 비탈릭 부테린(Vitalik Buterin)이 공동창업자들과 함께 ICO(Initial Coin Offering)를 준비하며 이더리움 블록체인 플랫폼의 개발과 기술지원이 가능한 장소를 물색하던 중 기업 친화적인 도시인 주크시에 자리를 잡게 되었다. 이후 이더리움은 2015년에 출범하여 글로벌 블록체인 기술의 혁신을 일으킨 계기가 되었다.

이후 2016년 5월 3일, 주크시는 비트코인을 결제 수단으로 받아들일 것이라고 발표함으로써 세계의 주목을 받았다. 이후 주크시는 암호화폐 사업을 시작하고 블록체인 기반의 혁신적 기술회사들이 찾는 주요 장소가 되었다. 그러나 무엇보다 크립토밸리의 이름이 세상에 널리 알려지기 시작한 것은 세계적인 주목을 받은 다수의 혁신적인 기술을 실제 적용한 사례가 많이 나왔다는 사실이다.

예를 들어 2017년 11월부터 스위스 주크시는 30,000명의 시민에게 블록체인 기반 디지털 ID를 제공하여 페이스북, 구글 및 기타 빅테크 회사에서 제공하는 신원 관리 서비스에 대한 대안을 제공하였다. 사용자는 유포트(uPort) 앱과 온라인 포털을 통해 자신의 아이디에 등록할 수 있었고 각 신청자는 시청을 방문하여 주크시의 실거주자임을 확인 후 이더리움 블록체인에서 공개적으로 신원에 대한 증명이 가능하였다. 이후에 전자 신원(E-ID, Electronic Identity) 소유자는 모바일 앱을 사용하여 ID 정보를 제공할 수 있으며, 데이터의 진위 여부는 블록체인에서 디지털 서명을 확인하여 검증 가능하게 하였다.

모든 개인 데이터는 인터넷에 공개되지 않고, 주크시 데이터센터의 서버에 중앙 집중화 방식으로 저장되거나 개별 휴대전화에만 저장되고 암호화됨으로써 사용자들은 어느 정보를 누구에게 공개할 것인지에 대한 통제가 가능하게 된 것이다.

주크시에서는 2016년 7월부터 주민등록사무소에서는 최대 200스위스 프랑의(한화 26만 원) 비트코인 결제를 허용하고 있으며, 공공서비스에 대한 이용료를 암호화폐로 낼 수 있도록 허용하고 있다. 또한, 2017년 11월부터 주크시 상공회의소는 이더리움과 함께 제공되는 암호화폐인 이더의 결제를 허용하기 시작했다.

주크시는 2021년 2월부터 비트코인 스위스와의 파트너십을 통해 비트코인이나 이더와 같은 암호화폐로 세금을 납부할 수 있도록 허용하였고 이로 인해 주크시는 암호화폐로 세금을 납부할 수 있는 최초의 스위스 지역이 되었다. 납세자가 청구서를 암호화폐로 결제하기를 원하는 경우 세무 당국에 알릴 수 있으며, 필요한 QR코드를 발행 받아 세금을 납부하였다. 여기서 암호화폐를 사용한 세금 정산은 최대 청구 금액 100,000(1억 3천만 원)스위스프랑까지 적용되었다.

부동산거래의 경우 스위스 소재 블록체인 플랫폼인 블록키모(blockkimo)가 스위스 최초로 블록체인 부동산거래를 성사시켰는데 2020년, 스위스의 부동산 기업 브릭마크(BrickMark)는 취리히의 패션 마일(fashion mile)에 있는 건물을 1억 3천만 스위스프랑에 매입하였고 이는 블록체인에 기록된 가장 큰 거래액이다.

크립토밸리는 스위스가 기본적으로 가지는 분권화되고 시민이 통제하는 정치 시스템, 개인의 권리, 혁신 및 수백 년 된 기업가 정신, 중립성, 안정성 및 비즈니스 친화적인 환경, 그리고 새로운 세대의 분산 기술을 구축하기 위한 이상적인 환경으로 세계적 수준의 인프라 및 교육기관를 가지는 환경으로부터 출발하였고, 이러한 장점을 통해 크립토밸리의 명성을 이어 가고 있는 중이다.

크립토밸리 커뮤니티의 핀테크 인프라

스위스 정부의 핀테크 지원 프레임워크의 목표는 매년 수많은 핀테크 기업들이 필요한 지원을 받을 수 있게 함으로써 10년 이내에 세계에서 가장 강력한 핀테크 허브가 되는 것이다. 이를 위해 스위스 정부는 라이선스(License)가 필요 없는 혁신 아이템의 개발 및 홍보를 진행하고 핀테크 비즈니스 모델이 성장할 수 있도록 관련 규제를 탄력적으로 적용하기로 했다.

금융 산업 특히 은행업이 발달한 스위스에서의 기존 은행법은 은행이 고객 예금을 받고 보유하는 것만을 허용하고 있으며, 등록되지 않은 핀테크 기업은 이를 허용하지 않았다. 이를 수행하기 위해선 금융업(은행/증권) 라이선스가 필요했으며, 이로 인해 블록체인 기술 개발에 애로사항이 발생하였는데 이 법이 새롭게 개정되었다. 이는 융통성 있는 법률 개정으로 스위스 핀테크 기업의 활성화를 유도한 경우이다.

크립토밸리가 형성된 스위스에서는 새로운 암호화폐 이슈가 나올 때마다 금융당국이 이를 적극적으로 제도화하여 은행이 직접 암호화폐 사업을 할 수 있도록 하였다. 2018년 초 스위스 금융 시장감독청(FINMA)은 ICO, 스테이블 암호화폐 가이드라인 등의 발표를 통해 암호화폐를 종류별로 구분하고 법적 취급을 달리하여 기존 금융법의 저촉 여부와 쟁점 사안을 제시함으로써 기업들로 하여금 정확한 정책 지침의 방향을 제시하였다.

세계 최초로 합법화된 암호화폐 전문은행인 크립토뱅크(Crypto bank)도 2019년 스위스에서 처음으로 시작되었는데 스위스 크립토뱅크의 비즈니스 모델은 기존 상업은행과 투자은행을 결합한 형태와 유사하며 크립토 뱅킹의 수익 구조는 수수료에 초점이 맞춰져 있다.

금융 산업 명성의 명맥을 잇기 위한 노력으로 가장 앞선 금융의 형태를 만들어 가고 있는 스위스에는 스타트업인 시그넘(Sygnum), SEBA 크립토(SEBA Crypto)가 은행 라이선스(Full banking license)와 증권 딜러 라이선스를 동시에 취득한 이후 공식적인 은행업 라이선스를 보유한 5개의 크립토뱅크가 현재 서비스 제공 중이다.

예를 들어 스타트업에서 은행업을 허가받고 크립토뱅크가 된 경우에 해당하는 시그넘은행(Sygnum bank)은 스위스에서 은행 라이선스를 취득하고 2개월 뒤에 싱가포르에도 진출하여 CMS(Capital Markets Services) 라이선스 취득 후 사업 영역을 확대하고 있다. 라이선스 취득 전부터 싱가포르 최대 통신사인 Singtel 그룹의 자회사부터 투자를 받았고 Swisscom, Deutsche Borse Group과의 제휴를 통해 다양하고 확고한 기술기반의 사업 영역을 구축하고 있다.

유형	은행	대상 서비스
블록체인 스타트업	시그넘(Sygnum AG)과 세바 크립토	은행 및 증권 딜러 라이선스를 취득하며 크립토뱅크로 부상하였고 수탁, 대출, 투자, 토큰화 등 다양한 크립토 뱅킹 서비스를 제공함.
은행라이선스를 보유	본토벨(Vontobel), 팔콘(Falcon), 아랍(Arab)은행	스타트업과의 제휴를 통해 크립토 뱅킹 서비스를 확장함.

시그넘은행이 주력으로 하려는 서비스는 자산관리로, 암호화폐에 대한 투자 및 펀드상품을 제공하며 암호화폐의 수탁, 거래/환전, 토큰화, 자산관리, 대출 등 현재 6개의 서비스를 제공하고 있다. 각 서비스별로 제휴사의 도움을 받아 관리하며 시그넘은행이 플랫폼과 기본 은행서비스를 제공하는 형태로 운영되고 있다.

토큰화를 통한 중소기업 자금 조달을 도와주는 것뿐만 아니라 라이선스가 필요한 금융서비스를 제공하고 싶은 기업들에게 해당 상품을 대행해 주는 화이트 라벨(White-label) B2B banking 서비스도 제공한다.

일반적으로 예금과 대출은 크립토뱅크의 주요 서비스는 아니며 투자를 위한 기본 수단으로 사용하며 크립토뱅크의 주요 서비스인 수탁 서비스는 암호화폐 가상키의 안전한 보관을 목적으로 하며 국가 규제 및 사업 정책에 따라 예금 이자를 지급하기도 하고, 보관 수수료를 받기도 한다. 대출 부문에서는 아직 암호화폐를 직접 대출하는 사례는 없으며 암호화폐를 담보로 하는 대출(Crypto-based loan) 서비스가 대다수이다.

신탁투자와 자산운용은 현재 크립토뱅크들의 주력 서비스이며, 중소기업의 자금 조달을 목적으로 하는 증권형 토큰 발행 STO(Security Token Offering) 지원 업무도 제공 중이며 이는 기존의 IB 업무와 비슷한 형태로 토큰화(Tokenization)라고도 부른다.

주로 제공되는 암호화폐 투자 상품에는 기존 금융 상품과의 결합을 통한 포트폴리오 투자나 암호화폐 펀드 및 파생상품 등이 존재한다. 그 외에도 거래, 환전, 카드, 이체, ATM 인출 등의 금융 서비스를 제공한다. 거래 서비스로는 암호화폐의 실시간 매수/도를 할 수 있는 거래 플랫폼을 제공하거나 브로커 형태로 교환 서비스를 제공하는 것을 제공하며, 일부 환전 서비스도 지원한다.

스위스 크립토뱅크의 도입은 은행의 암호화폐 사업을 합법화한 것으로 평가되며 향후 다른 국가에서도 도입 가능성을 제시하고 있다.

크립토밸리를 중심으로 스위스는 지난 수년 동안 금융 분야를 중심으로 핀테크 및 블록체인 생태계가 발전하고 있다. 디지털화에 따른 혁신과 지속적 성장을 통해 스위스 경제는 금융 산업 본연의 경쟁력을 유지하면서 동시에 사회 및 경제 전 분야에서 상당한 성장 잠재력을 축적해 가는 중이다.

스위스금융시장감독청(FINMA)도 다른 기술을 가진 활동이라고 법을 다르게 적용하지 않을 것이라고 밝히고 있다. 즉 'same business, same rule'이라는 원론을 모든 종류의 신기술에도 적용할 것이라는 것이다.

이는 크립토밸리 커뮤니티에서는 스위스의 규제 체계가 기업에게 적합한 방식으로 이미 개방되어 있고 상대적으로 유연하다는 사실을 보여주는 것이다. 이는 왜 크립토밸리가 블록체인 혁신의 글로벌 허브로 왜 빠르게 부상할수 있게 되었는지를 설명해 주는 가장 중요한 이유이다.

III

이미 와 버린 세상

1

PG DAO, 거대한 반란의 시작
– 게임에 온 New Wave

서울 강남구 신사동의 한 사무실. 10명 가까운 청년들이 모여 있다. 사무실에 주위로 각자 책상에서 게임을 하기도 하고, 소파에 앉아 이야기도 한다. 사무실 한 켠에 있는 침대에서 수면을 취하는 청년도 있다. 이들은 2022년 초에 만들어진 PG DAO 멤버들이다. 프로게이머 다오(Pro Gamer DAO, 이하 PG DAO)가 이들의 이름이다.

PG DAO는 길드(Guild)로 불리던 게이머들의 upgrade된 조직을 말한다.

2021년 게임을 하는 전 세계 청년들에게 많이 이야기되었던 엑시 인피니티(Axie Infinity). 베트남에서 게임을 하는 20살 청년은 한 달 동안 핸드폰으로 게임만을 하여 월 평균 40만 원 정도 벌었다. 베트남 최저 월임금이 20만 원 수준이니, 게임만 하여 2배 가까운 월급을 받는 것이다. 한국과 베트남 최저임금 차이가 8배 차이가 나니, 한국의 경우라면 게임만 하여 월 360만 원을 버는 것과 같다. 그렇다면 이 게임에 투자했으면 얼마나 벌었을까? 2020년에 엑시 인피니티에 발행된 토큰이 2021년에

1,300배나 올랐다. 대박이 난 것이다.

왜 이들이 여기에 모여 있는 것일까?

필자가 보기에는 게임을 통해서도 대기업에 다니는 것보다 좋아하는 일을 하면서도 더 많이 벌 수 있고 앞으로도 그럴 수 있다고 믿고 있기 때문일 것이다. 이들은 각기 다른 배경을 가지고 있다. 그러나 게임을 좋아한다는 공통점은 있다. 어떤 친구는 길게는 20년 가깝게 게임을 하고 있다. 해외와 국내에서 각각 다른 학력과 경력을 가지고 있다.

왜 게임으로 기술이 모이는가?

왜 게임에 블록체인 기술이나 웹(Web) 3.0, 메타버스들이 활발히 적용되고 있는가? 결론적으로는 커뮤니티와 자금이 게임을 중심으로 흐르기 때문이라고 필자는 생각한다.

BTS는 현재 한국을 대표하는 가수들이자 K-뮤직의 시그니처이다. 우리는 BTS 덕분에 미국 빌보드 차트라는 용어에도 익숙해졌다. 이런 BTS 소속사 하이브가 2022년 11월 게임 분야로 사업을 확장한다고 발표했다. 종합 엔터테인먼트 회사로 도약하기 위해서는 반드시 게임이 필요하다는 입장이다.

방시혁 의장은 음악사업에서의 혁신을 이어 가는 데 게임이 연계되어야 한다고 믿고 있다. 하이브는 게임의 개발사이면서도 퍼블리싱까지도 함께하겠다고 말한다. 음악에 있어서 타협이 없었던 하이브가 게임에서도 최고의 완성도를 만들겠다는 의지이다. 하이브처럼 게임은 이제 종합 엔테인먼트의 필요충분조건이 된 것이다.

그렇다면 PG DAO 멤버들이 승부를 건 시장의 규모는 어떤가? 글로벌 게임 시장 규모는 2020년 기준으로 3,360억 달러 규모라고 한다. 한화로는 430조 원이 넘는 시장이다. 글로벌 반도체 시장규모 5,530억 달러의 60%를 차지하는 큰 규모이다. [33]

더구나 이러한 시장이 연평균 10%로 성장하고 있다고 한다. 연평균 10%라는 것은 고성장이라는 말과 같은 의미이다. 그렇다면 한국의 경우는 어떤가? 한국 또한 2021년 157억 달러 규모이다. 한화로는 20조 원이 넘는 규모이다. 그리고 연평균 10.2% 성장하고 있다. 역시 높은 성장을 하고 있는 매력적인 시장이다. 그 정도이니 승부를 걸 만한 것이다. 그래서 PG DAO 멤버들이 승부를 건 것은 올바른 판단으로 보인다.

한국은 글로벌 게임 시장에서 6.9%의 시장점유율을 가지고 있다. 이는 미국, 중국, 일본에 이어 4위이다. 물론 PC 기반의 게임에서는 중국, 미국에 이어 3위를 달리고 있다. 일본에서는 콘솔게임이 유행하고 있기 때문이다. 콘솔 게임(console game), 곧 게임기 게임은 게임기를 통해 게임을 하는 게임의 한 형태이다.

....
33) 2021년 11월, 세계반도체무역통계기구.

게임 생태계를 만드는 웹(Web) 3.0 시대 기술들

블록체인은 커뮤니티(Community) 간의 인증시스템이다. 블록체인 내에서는 커뮤니티가 서로의 사실 여부를 확인시켜 준다.

최근 들어 짝퉁 의류를 분별하는 데 라벨에 나노패턴을 인쇄하여 알게 하는 방법이 나왔다. 소비자가 의료만 보고 의류가 짝퉁이 아니라고 알기는 매우 어렵다. 이에 스마트폰만 있으면 짝퉁 의류를 분별하는 기술과 방법이 개발이 되었다. 옷에 법적으로 부착해야 하는 라벨을 반투명한 플라스틱으로 만들었다. 라벨에 스마트폰 불빛은 비추면 라벨에 숨겨져 있던 'OK'라고 정품이라는 의미의 글자가 나타난다.

간단하면서도 진품이라는 것을 쉽게 알 수 있는 방법이다. 라벨의 재질을 코팅이 가능하도록 개발한 것이 특징이다. 이렇게 진품을 알 수 있도록 라벨의 재질을 개발하듯, 블록체인이라는 기술은 진품 여부를 알 수 있는 방법을 제공할 수 있는 기술이다.

웹(Web) 3.0란 컴퓨터가 웹 이용자가 선호하는 검색 단어 등으로 개인 맞춤형으로 정보를 제공할 수 있는 지능형 웹 기술을 말한다. 지능화되고 개인화된 맞춤형 새로운 개념의 웹이다. 그래서 내가 좋아하는 기사나 유튜브가 내가 찾지도 않았는데 내 핸드폰에 도착해 있는 것이다. 너무 편리하고 좋다. 또한 웹 3.0은 웹 2.0의 핵심인 읽기와 쓰기를 넘어 '소유'의 개념이 더해진 개념이다.

전 세계 193개국(UN 기준)을 하나로 묶었던 www은 이제 단순히 버전 업이 아니라 사용자의 소유권까지도 인정하는 양방향 플랫폼으로 변화하고 있다. 웹 3.0 기술 덕분에 나는 나에게 최적화된 정보를 받아볼 수 있을 뿐만 아니라, 그 데이터를 내 것으로 소유할 수도 있다. 세계 곳곳에 흩어진 네트워크 참여자들은 블록체인 기술을 바탕으로 자료를 분산 저장한다. 그들은 스마트 컨트랙트(Smart Contract)를 통해 온전한 소유권도 주장할 수 있다. 웹 3.0는 게임 속에서도 아이템을 게이머가 소유하게 한다.

한국에서는 웹 3.0 블록체인을 기반으로 한 P2E(Play to Earn) 게임이 준비를 서두르고 있다. 재미 속에서만 존재하던 게임 아이템이 내가 게임을 하면서 사용했던 시간에 대해 보상을 받을 수 있게 된 것이다. 게임 개발사가 망해도 게이머는 지금 보유하고 있는 아이템이나 NFT(Non Fungible Token)를 현금화할 수 있다.

2022년 11월 한국의 통신회사와 A은행이 전략적 제휴를 하고 상호 투자하였다. 그리고 이를 다룬 기사가 IT/과학 세션에 소개되었다. 여기에 웹 3.0가 핵심으로 등장한다.

이 두 회사는 급변하는 ICT와 금융 산업 생태계에 선제 대응하기 위해 폭 넓은 협력을 추진하기로 결정한다. 이때 가장 먼저 진행하는 것이 웹 3.0 기반의 생태계 확장과 대중화 추진이다. 가장 레거시에 가까운 은행과 통신회사가 만나 탈중앙화를 특징으로 하는 미래 플랫폼의 새로운 진화를 이야기한다.

블록체인, NFT, DAO(탈중앙화 자율조직) 등을 웹 3.0 시대의 대표 사례로 선택했다. 이를 활용하여 새로운 서비스나 금융상품을 개발하고자 한다. 두 회사의 데이터와 마이데이터 서비스를 결합한 빅데이터를 생활 서비스의 출시에 활용하고자 한 것이다.

웹 3.0이 게임 이외에 생태계를 적극적으로 확장하는 사례도 있다. 이 사례는 2022년 카타르 월드컵에서도 그 흔적을 찾아볼 수 있다. 암호화폐 거래소인 크립토닷컴(Crypto.com)이 카타르 월드컵 공식 후원사로 참여한 것이다.

크립토닷컴의 본부는 스위스에 위치하고 있다. 사무실은 홍콩과 싱가포르에 위치해 있으며, 각종 스포츠에서 회사 홍보에 열심이다. 크립토닷컴은 위에서 말한 카타르 월드컵 후원 이외에도 2021년부터 F1의 공식 파트너 스폰서이기도 하다. 크립토닷컴은 이러한 홍보를 바탕으로 자사 NFT 마켓 플레이스에 파트너사의 NFT를 발행할 예정이다. 그리고 게임 등 다양한 분야의 글로벌 기업들과 협력하여 크립토닷컴 웹 3.0 생태계 확장을 추진하고 있다.

웹(Web) 3.0 시대로의 진화

웹 1.0은 세상에 처음 인터넷이 서비스됐던 1995년에서 2005년까지의 플랫폼이다. 그 당시에는 인터넷에 정보를 올리면 html을 통해 기본적인 정보를 읽어 오는 일방향 서비스였다. 웹 2.0 시대는 양방향 소통의 인터넷이 활성화된 플랫폼이다. 현재 가장 많이 사용되고 있는 서비스로 페이스북, 구글, 아마존 등 기업처럼 사용자도 인터넷에 참여하는 플랫폼이다.

웹 2.0 시대에서 플랫폼 참여자들은 서비스를 편하게 사용할 수는 있다. 하지만 플랫폼을 통해 생성되는 이득이나 데이터는 플랫폼 기업이 소유하게 된다. 한 예로 네이버에서의 커뮤니티 활동, 블로그 등에 올린 자료는 결국 네이버의 소유가 된다는 것이다.

이제 플랫폼 참여자들이 인터넷상에서 나의 데이터에 대한 소유권 등을 요구하기 시작했고, 이것이 웹 3.0의 시작이 된 것이다. 웹 1.0은 '리드(Read)', 웹 2.0은 '리드와 라이트(Read&Write)'였다면, 웹 3.0은 '리드, 라이트, 오너십(Read, Write, Ownership)'이라고 말할 수 있다.

웹 3.0의 대표적인 기업으로 브레이브(Brave), 스팀잇(Steemit), 아마존 웹 서비스 등이 있다. 가령, 브레이브 웹브라우저는 추적을 막는 광고 차단기가 브라우저 안에 내장되어 있다. 하지만 사용자가 광고를 시청하면 보상으로 BAT(Basic Attention Token)를 받게 된다. 블록체인 미디어 플랫폼 스팀잇은 사용자가 글을 올리고 호응이 있으면 스팀(Steem) 코인이

나온다. 즉, 웹 3.0은 참여와 보상을 내포한 인터넷 플랫폼인 것이다.

메타버스와 게임의 연결

메타버스는 가상의 공간이다. 이 공간에서 사람들은 현실과 같거나 다른 경험을 한다. 이 공간에서 사람들은 게임도 할 수 있다. 최근 들어 한국관광공사에서는 지역관광 테마를 메타버스에 소개하였다.

또한 각 지자체들도 메타버스로 지자체를 소개하거나 지자체 특산물을 홍보한다. 가령 춘천시는 2022년 9월 커피 축제를 준비하면서 세계 최초로 춘천 시내를 배경으로 메타버스를 준비했다. 이를 통해 온·오프라인을 함께 고객들이 커피 축제를 즐길 수 있도록 기획했다.

해외에서 메타버스는 어떻게 활용되고 있는가? 스페인의 경우 메타버스 도입으로 관광업을 업그레이드하고 있다. 관광업은 스페인에서 메타버스 관련 기술이 가장 활발하게 도입되고 있는 분야 중 하나다. 스페인의 대표 호텔 및 리조트 그룹인 리우(RIU) 사는 마드리드 스페인광장호텔 지점을 메타버스상에 구현했다. 가상 호텔 내에는 직원이 24시간 근무하고 있다. 이를 통해 숙박을 예약할 수 있으며 메타버스상에서 호텔 로비와 객실, 루프탑 등을 살펴볼 수 있다. 물론 호텔 내부 뿐만 아니라 주변 경관까지도 감상할 수 있다.

스페인의 신재생에너지 기업인 '이베르트롤라(Iberdrola)'는 2022년 6월 스페인 기업 중 처음으로 메타버스상에서 주주총회를 개최했다. 이 기업의 주주들은 주주총회 기간 중 해당 가상공간에 접속해 이베르트롤라 측에서 제공하는 각종 기업 정보를 실시간으로 확인할 수 있었다. 그리고 블록체인 기술을 통해 각종 안건에 대한 투표도 진행했다.

Netflix에서 볼 수 있는 영화에서도 메타버스와 유사한 생태계를 가지고 있다. 많은 가상공간을 활용하여 영화가 제작된다. 이런 영화 속의 게임의 캐릭터가 나오는 경우가 있다. 리그 오브 레전드(League of Legend, LOL) 게임에 나오는 '아케인'이 그런 사례이다.

리그 오브 레전드는 끝없이 이어지는 실시간 전투와 협동을 통한 팀플레이를 하는 온라인 게임의 하나이다. '아케인'은 이러한 리그 오브 레전드를 바탕으로 넷플릭스에서 방영된 애니메이션 TV 시리즈이다. 2021년 11월 7일 처음 공개된 이후 '아케인'은 대중의 인기를 바탕으로 개봉 일주일 만에 전 세계 52개국 탑 10위 차트에서 1위를 차지하는 화제작이 되었다.

그럼 게임은 메타버스와 어떻게 연결되고 있는가? 게임과 메타버스는 가상 세계를 구현한다는 공통점을 가지고 있다. 메타버스는 현실 세계를 부분적으로, 혹은 완전히 대체하는 가상 세계를 말한다. 현실에서는 적용하기 어렵지만 게임이나 일반인이 생각 속에서 그릴 수 있는 모습이다. 전쟁이나 우주를 눈앞에 보이게 해 주는 것이 바로 그런 예인 것이다.

메타버스란 용어는 닐 스티븐슨 작가의 1992년 소설 『스노우 크래시』에서 시작되었다고 한다. 소설의 주인공인 히로는 피자 배달원으로 일하고 있다. 하지만 메타버스 세계에선 세계 제일의 검객으로 활동한다. 히로에게 가상의 세계는 본인이 살고 싶어하는 공간인 것이다.

현실의 세계를 초월(meta)한 가상의 세계(universe)라는 의미에서 메타버스로 불렸다. 최근 들어서는 영화에서도 가상세계가 많이 등장한다. 전 세계적으로 가장 많은 수익을 낸 영화 매출 순위(2022년 3월 기준)에서 1위를 차지하고 있는 것이 '아바타'이다. 참고로 영화의 순위를 평가할 때 보통 미국은 총 수입을, 한국은 총 관객 수를 그 기준으로 한다.

'아바타'는 '터미네이터', '타이타닉'으로 유명한 제임스 카메론이 감독한 작품이다. 2009년 12월 17일에 개봉하였다. 2150년대 인류는 1kg당 무려 2,000만 달러 하는 귀중한 자원을 채취하기 위해 다른 행성 판도라를 개발하려 한다. 판도라는 거대 암석이 공중에 떠다니고 커다란 나무들이 밀림을 이루는 신비로운 행성이다. 여기 나오는 판도라가 가상세계이다. 행성 판도라에는 원주민인 나비족이 있다. 인류는 이들과 교류하기 위해 인간과 나비족의 DNA를 섞어 인간이 조종하는 분신인 '아바타(Avatar)'를 만들어 낸다. '아바타'는 하늘에서 내려온 자, 사용자의 분신을 의미한다.

주인공 제이크 설리는 전직 해병 출신으로 하반신마비 장애인이다. 형의 죽음으로 인해 설리가 대신 판도라로 파견되어 아바타를 조종하게 된다. 설리는 나비족 여전사 네이티리를 만나 나비족의 삶도 배우면서 네이티리와 사랑에 빠지게 된다.

또 다른 영화로는 디즈니에서 나온 '아쿠아맨(Aquaman)'이 있다. '아쿠아맨'에서는 수중이라는 가상세계가 주된 영화 배경이다. 영화 속에서 아쿠아맨은 고래와 이야기하고, 전투를 통해 승리를 하면서 왕위를 되찾게된다. 게임과 같은 구성을 가지고 있다.

게임의 한 종류 중에 RPG가 있다. 여기서 RPG는 'Role Playing Game'의 약자다. 즉, RPG에서는 게임이라는 가상세계에서 역할을 수행하면서게임을 진행한다. 거상M이라는 게임을 예로 들어 메타버스의 가상공간에 대한 이해를 넓혀 보자. 2023년 출시를 앞두고 있다.

출처 : RPG Republic IR 자료, 2022

거상M 게임은 게임 내에서 생산과 무역의 경제순환구조를 기반으로하고 있다. 게임 내에서는 각 지방의 특산품을 다른 곳에서 팔기 위해 전투도 한다. 이때 전투를 하고 특산품을 파는 지역이 가상 공간에 존재한다. 지금 한국에서 지자체의 메타버스와 거상M의 가상공간은 같은 개념이다.

물론 메타버스에서는 게임만 가능한 것이 아니다. 게임 내에서도 게임을 하면서 가상공간 내에서 제공되는 영화를 보거나 음악을 들을 수 있다. 다가올 메타버스 가상공간에서는 단순히 게임만 하거나 영화만 보는 현재보다는 동시에 복합적인 문화를 즐길 수 있을 것으로 기대된다.

대세가 된 블록체인 기반의 게임

현재 블록체인 기반의 게임이 대세이다. 그리고 블록체인의 현재 최대 수혜자가 게임인 것도 맞다. 블록체인 게임은 최근 3년 만에 기존 게임산업의 발전과정을 빠른 속도로 따라잡고 있다. 아래의 그림을 보면 전통적인 게임은 30년 정도의 시간을 가지고 발전해 온 것을 알 수 있다. 그런데 블록체인 게임은 탈중앙화라는 골드러시에 발맞추어 약 3년 동안에 현재의 발전을 이루었다. 단순히 시간을 줄였다는 의미보다는 이제 블록체인 기반의 게임이 장기적인 메가 트랜드로 자리잡을 가능성이 높다고 판단된다.

작은 돈이라도 돈을 번다는 사실은 사람들을 현혹한다. 재미로 시작한 게임을 통해 조금씩 용돈을 벌기 시작하면 용돈을 벌지 않는 게임보다는 용돈까지 주는 게임에 더 관심을 가지는 것은 어쩌면 당연한 일이 된다.

출처 : PG DAO 내부 자료

엑시 인피니티를 시작으로, 게이머뿐만 아니라 게임과 관련하여 투자 수익을 얻은 경험이 있는 많은 사람들이 블록체인 기반의 게임에 뛰어들었다. 전통적인 게임 회사는 단순히 게임 컨텐츠를 만드는 개발사의 역할에 불과했다. 이제는 상황이 바뀌었다.

블록체인 기반으로 메타버스 내에서 암호화폐의 생태계를 만드는 게임이 대세가 되고 있다. 이러한 현상에 부응할 수 있는 게임사만이 대형 게임사로서 살아남을 수 있을 것이다. 왜 블록체인 기반의 게임사만이 승자가 되는가? 소유권의 문제로 정리될 수 있다. 전통적인 시장에서 게임 아이템은 정확히 말해서 게임회사의 소유이다. 게임회사가 파산을 하거나 게임이 종료되면 기존 게임 아이템과 캐릭터는 사라지게 된다. 내가 시간과 돈을 써서 만들어 놓은 내 자산이 하루아침에 없어지는 것이다. 누가 이를 좋아할 것인가? 이러한 상황을 계속 바라만 봐야 할 것인가? 이를 해결할 수 있는 것이 블록체인 게임이다.

굿바이 레거시

블록체인 게임은 게이머 개인이 아이템을 소유할 수 있도록 인증시스템을 만든다. 블록체인을 통해 개인의 소유로 인정된 아이템은 이제 개인 간에 거래를 할 수 있게 한다. 거래가 된다는 것은 현금이 내 지갑으로 들어올 수 있다는 것이다. 현금화할 수 있는 가치가 존재한다는 것이다.

전통게임에서는 itemBay나 Itemmania에서 게임 아이템을 사고팔 수 있다. 하지만 게임사 운용이 중단되면 더 이상 그 아이템의 가치는 존재하지 않는다. 사용할 수 없게 된다는 것이다. 하지만 블록체인 기반의 게임에서는 게임사의 상황에 무관하게 OpenSea에서 자유롭게 소유권을 바탕으로 거래를 할 수 있다.

내가 돈 들이고 시간 들여 만든 아이템을 돈으로 바꿀 수 있는 것이다. 내 아이템을 산 게이머도 다시 이 아이템의 소유권을 바탕으로 매매를 할 수 있다. 이러한 소유권이 생태계를 만드는 것이다.

OpenSea는 2017년 뉴욕에 본사를 두고 만들어진 미국 온라인 대체 불가능 토큰 시장이다. 대체 불가능 토큰(Non-Fungible Token, NFT)이란 블록체인 기술을 이용해서 디지털자산의 소유주를 증명해 준다. 그림, 영상 등의 디지털 파일을 가리키는 주소를 제공하여 고유한 원본성 및 소유권을 나타내는 용도로 사용된다. OpenSea는 대체 불가능 토큰을 위한 세계 최초이자 최대 규모의 거래소이다.

이제는 대형 IT 기업도 게임 개발사와 같이 메타버스 개발에 집중하고 있다. 이는 매스 미디어 시장에서 게임 속의 메타버스에 쉽게 음악이나 영화 등을 접목할 수 있기 때문이다. 가령 마이크로소프트는 메타버스 개발을 위해 글로벌 게임사인 블리자드 인수를 추진하고 있다. 한국에서는 네이버가 제페토를 중심으로 메타버스를 개발하고 있다. 이렇듯 이제 자금과 인력을 보유한 대형 IT 기업까지도 메타버스에 적극적으로 참여하고 있다. 이러한 시장의 변화가 블록체인 기반의 게임과 메타버스의 생태계는 더 윤택하게 할 것이다.

게임 개발사(Developer)와 게임 퍼블리셔(Publisher)

PG DAO는 게임을 하는 게이머들의 모임이다. PG DAO에 대해 이야기하기 전에 게임의 생태계에 대해 이야기해 보자. 게임 생태계에는 게임 개발사(developer)와 게임 퍼블리셔(publisher)가 있다.

이들이 게임 자체를 개발하고 개발된 게임을 판매하고 유통하면서 게임의 생태계가 만들어지고 있다. 게임 개발사는 게임을 만드는 스튜디오이다. 저작권인 IP를 가지고 아티스트, 디자이너, 그리고 프로그래머인 엔지니어들이 게이머들이 즐길 수 있는 게임을 만든다. IP란 게임, 영화 등에 사용되는 지적 재산권(Intellectual Property)을 말한다.

아무리 블록체인 기반으로 돈을 버는 게임이라도 게임이 재미가 없으면 게임은 성공할 수 없다. 아름다운 캐릭터를 개발하고 디자인을 입혀 만들어 내야 한다. 이를 위해 사무실에서 젊은 청년들이 슬리퍼를 신고 밤늦게까지 작업을 한다.

개발사는 게임의 재미를 높이기 위해 머리를 싸매고 고민해야 한다. 그런데 블록체인 기술이 관심을 끌면서 은행이나 대형 IT 업체들이 프로그래머들을 대규모로 스카우트해 갔다. 그래서 게임 개발사들은 주요 프로그래밍 언어의 실무를 알고 있는 직원을 확보하는 것이 더욱 어려워졌다.

연봉이 상대적으로 높은 금융기관이나 대형 IT 업체보다 연봉이 낮은 게임 개발사에서 프로그래머들을 근무하도록 붙잡아 두는 것은 매우 어렵다. 게임회사 개발이사는 이러한 환경에서 정해진 시간 내에 게임을 만들어 내야 한다. 재미를 최대로 만들어야 하는 개발이사가 머리가 아플 정도로 어려운 현실이 바로 이것이다. 이제 게임은 블록체인 기술을 입혀야 한다. 그러면 더 많은 프로그래머와 엔지니어가 필요하다. 개발사가 더 많이 밤을 사무실에서 지내야 하지 않나 싶다.

게임 생태계의 다른 하나가 퍼블리셔이다. 퍼블리셔는 만들어진 게임을 배급하고 유통하는 회사를 말한다. 거상M의 경우라면 게임을 만드는 RPG Republic이라는 회사가 게임 개발사가 된다. 그리고 컴투스는 거상M을 마케팅하는 퍼블리셔가 된다.

이러한 생태계 구조는 영화에서도 볼 수 있다. 영화 생태계에서는 영화 제작사와 배급사가 있다. 영화 제작사는 말 그대로 영화를 만드는 회사이다. 영화의 시나리오를 중심으로 배우와 촬영하고 편집하는 등 영화 제작 업무를 총괄하는 회사가 영화 제작사이다.

영화 배급사는 제작사에서 만들어진 영화를 배급하고 유통하는 회사를 말한다. 제작된 영화를 언제 개봉시킬 것인지, 상영관 몇 개를 걸 것인지 등을 결정하게 된다. 영화가 얼마나 잘 만들어지는가는 영화 제작사가, 영화가 얼마만큼의 관객을 동원할 수 있는가는 영화 배급사의 역량에 따라 결정된다.

게임 개발사와 퍼블리셔 사이의 구조 이외에 실제 현실을 살펴보자. 게임 하나를 개발하는 데는 적게는 100억에서 많게는 500억 원 이상의 돈이 필요하다고들 한다. 더구나 게임이라는 것이 손익분기점을 넘기 전까지는 인건비와 같은 비용만 발생한다. 수익이 없다. 물론 게임이 성공을 거두게 되면 부가가치는 매우 크다.

게임 런칭을 앞두고 있는 상황을 생각해 보자. 개발기간 동안 대표이사는 자금을 끌어들이느라고 많은 고생을 한다. 그리고 최대한 게임이 게이머에게 재미와 관심을 갖도록 디자인 등에 추가적인 아웃소싱 비용을 사용하고 싶어 한다. 그런데 자금이 부족하다. 아웃소싱을 하는 비용도 이런데 회사 내부에 게이머들의 불만 등의 목소리에 대응하는 고객 서비스(Customer Service) 직원을 별도로 보유할 여유는 더욱 없다.

그러나 게임이 처음 시장에 나오게 되면 게임에 버그 등 많은 이슈가 존재한다. 게임에 진심인 게이머들은 게임사에 전화를 한다. 게임을 사랑하기 때문이다. 그러나 정작 게임사들은 전화도 받지 않는다. 정확히 말하면 전화를 받을 직원이 충분하지 않은 것이다.

게이머들은 기분이 나빠지고 게임의 재미를 잃기 시작한다. 싫어지는 이유는 매우 작은 이유에서 시작되고 이것이 끝이다. 내가 사랑해서 전화한 것인데, 무시당한다는 생각이 든다. 그러면 끝이다. 이렇게 되면 게이머들 사이에서도 이 게임에 대한 불만이 퍼지게 된다. 이것이 현실이다. 이를 구조적으로 해결해 주는 것이 PG DAO이다.

PG DAO 생태계

PG DAO는 2022년 11월 현재 13,000여 명의 게이머 커뮤니티를 보유하고 있다. 이들이 게임 제작사와 퍼블리셔의 현실적인 이런 문제를 해결할 수 있다. PG DAO가 게이머 커뮤니티 내에서 게이머들과 많은 대화를 나누고 있다. 여러 면에서 도움을 주면서 게임을 같이하는 영향력이 있는 친구이다.

그래서 새로 게임이 나오게 되면 PG DAO 가 자연스럽게 새로운 게임에 대해 Twitter나 Discord로 이를 공유한다. 게임을 하면서 게임 버그에 대해서도 이야기를 나눈다. 게이머들이 주로 이용하는 SNS는 카톡도 있지만, 주로는 Twitter나 Discord이다.

PG DAO는 다른 게이머들과 게임을 하면서 게임에서 발생하는 버그 등 재미를 떨어뜨리는 문제들을 정리한다. 그리고 정리된 문제점들을 게임 개발사에 전달한다. 게임 개발사가 보완이 필요한 내용들을 정리해서 게임 개발사에 전달하는 것이다. 게이머들이 게임에서 흥미를 잃을 수 있는 상황을 구조적으로 사전에 막아 준다. 게임 개발사 내부의 고객불만 접수 채널을 게임 외부에서 해 주는 것이다.

게이머에게는 새로운 게임을 알려 주고 게임의 문제점을 즉시 게임 개발사에게 알려 주는 좋은 친구 커뮤니티인 것이다. 게임 개발사에게는 게임 출시와 동시에 최소 13,000명이 동시에 접속해서 게임의 초기 흥행을 일으켜 주는 좋은 커뮤니티이다. 게임 퍼블리셔에게는 게임의 홍보를 해 주고 게임의 성공 가능성을 높여 주는 좋은 커뮤니티이다.

그래서 게임 개발사나 퍼블리셔는 돈을 써서라도 PG DAO 와 게임 생태계를 진행하고 싶어 한다. 그래서 마케팅 비용으로 PG DAO에게 인센티브를 제공한다. 그런데 PG DAO는 받은 인센티브를 100% 커뮤니티와 공유한다. 게임 사전등록(Whitelist) 해 주면서 게임사로부터 마케팅 명분으로 수익을 올린다. 이때 받은 수익의 100% 전부를 게이머에게 제공하는 것이다.

또한 PG DAO와 함께 게임 내 Land를 활성화한 커뮤니티는 누구나 기여도에 따라 추가 수익을 받을 수 있는 것이다. 커뮤니티 게이머 입장에서는 새롭게 나온 게임도 알려 주고, 자신의 이야기를 들어주고 돈도 준다. 게이머가 PG DAO 생태계에 남아 있을 충분한 동기가 존재한다. PG DAO가 존재하는 것은 이러한 생태계에서 돈을 벌 수 있기 때문이다.

PG DAO가 바라보는 게임 시장은?

PG DAO 멤버들은 가급적 외부 전문가들과 미팅을 많이 한다. 단순히 게임을 좋아해서 모인 동아리만은 아니다. Macro 경제와 코인에 대한 research, 그리고 게임에 대한 생태계에 대해 끊임없이 공부한다. 내부 리서치 콜도 정기적으로 한다. 주 1회, 그리고 모회사인 DSV의 주 2회 리서치콜에도 참가한다. 참고로 명확하게 하기 위해 PG DAO 멤버만이 리서치콜에 참여한다. 커뮤니티는 리서치콜에 참여하지는 않는다. 아래 자료는 내부적으로 공유하고 있는 2023년 1월의 Macro 경기에 대한 자료이다.

PG DAO를 만들어 낸 기반에는 DSV가 있다. 즉 PG DAO의 대주주는 DSV이다. 싱가포르 기반의 코인 venture capital이다. DSV는 코파운더들은 2017년부터 디파이 초기 모델들의 투자를 해 왔던 투자자들이다.

디파이(DeFi)란 탈중앙화 금융(Decentralized Finance)의 약자이다. 이때 디파이란 중앙화된 은행이 없는 암호화폐 생태계에서 자신이 가지고 있는 코인을 코인이 필요한 사람에게 직접 빌려주고 빌리는 플랫폼이라고 보면 된다.

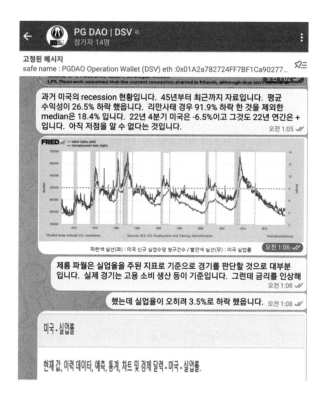

특히 Gamefi 영역에서 그 가능성을 보아 왔고, 엑시 인피니티(Axie infinity) 초기 투자를 진행하였다. 여기서 Gamefi란 게임을 중심으로 발행된 코인 생태계를 말한다. 생태계를 강조하기 때문에 이를 이해할 수 있는 research가 얼마나 중요한지 DSV는 알고 있다.

이런 배경에서 PG DAO도 코인 시장과 게임에 대한 research를 중요하게 생각한다. 최근 나온 research 보고서 중에 삼성증권의 뉴골드러시 (2022. 4) 보고서가 필자 및 PG DAO에게는 매우 실감 있게 다가왔다. 보고서 전체를 이끈 김 이사님과 여러 번 피자 미팅을 했다.

굿바이 레거시

김 이사님은 현재 IB 글로벌 에쿼티 senior analyst로 활동 중이다. 어릴 때부터 여러 게임을 많이 해서인지 게임을 소개하고 분석할 때 게이머들만이 알 수 있는 섬세함을 자신감 있게 표현한다. 이러한 미팅은 PG DAO 멤버들에게 체계적이고 전략적인 사고를 갖게 해 주고 있다. PG DAO는 2022년 한국에서 열린 Blockchain Week Busan에 패널로 참가해서 게임에 대해 발표도 했다.

시장에 공식적으로 진출한 지 6개월도 되지 않아 글로벌 게임 생태계에서 위치를 잡았다. 이런 행사를 통해 PG DAO는 전 세계 많은 게이머들과 네트워크를 넓히고 관계를 유지하고 있다. 이러한 네트워크 속에서 숨어 있는 작지만 중요한 게이머들의 이야기를 쌓아 가고 있다.

게임을 즐기는 PG DAO의 시장 확신

PG DAO는 이 네트워크 속에서 게이머들과 게임도 즐긴다.

다음 사진은 Discord에서 라이브로 열린 게임을 하고 있는 알림이다. 이렇게 PG DAO는 게이머들과 지속적으로 게임을 통해 네트워크를 가져가고 있다.

과거 2021년에는 P2E 관련하여 엑시 인피니티나 한국의 미르4 등에 대한 폭발적인 관심도 있었다. P2E(Play to Earn)는 '게임을 하면서 돈을 번

다'라는 개념이다. 게이머가 게임을 하며 획득한 아이템을 가상화폐나
NFT(대체 불가능 토큰)로 교환하고 판매해서 현금화할 수 있는 방식을
말한다.

코인 시장에 대한 우려도 존재한다. FTX라는 전 세계 3위의 코인 거래
소가 법정절차를 진행하고 있다. 코인 시장이 기존 레거시 시장의 2008
년 9월에 있었던 리만 사태를 겪고 있다고 한다. 이 글을 쓰고 있는 2022
년 말은 패닉 그 자체이다.

그리고 지금은 코인 및 NFT에 대한 과열논란과 이들 시장에 존재하고
있는 거래행태들에 대한 규제 움직임도 있다. 2022년 들어 거시경제는
누구도 예측할 수 없는 논쟁의 장이 되고, 2023년 시장이 언제 어떻게 될

지 모르는 변동성 높은 환경이 되고 있다. 오히려 2023년 상반기를 지나기도 전에 코인 시장은 다시금 겨울을 마치고 우리 옆에 다가와 있을 수 있다.

하지만 PG DAO의 결론은 명확하다. 블록체인 기반의 게임 시장, 그리고 게임을 하면서 돈을 벌 수 있다는 P2E 시장은 장기적인 메가 트렌드가 될 것이라는 것이다. 금리가 많이 오르고 코인 가격이 폭락하고 있다고 해도, 아직 시작에 불과한 P2E는 조만간 대작의 타이틀을 가지고 다양한 비즈니스 모델과 세련된 토코노믹스(Tokenomics, 토큰 경제)를 가진 성공 게임을 통해 등장할 것이다.

길드의 생태계

길드(Guild)에 대해 이야기하자. 게임에서의 길드는 온라인 게임 내에서 게이머들이 모여 만든 단체, 커뮤니티를 말한다. Guild를 이야기하려면 2021년 돈 버는 게임인 엑시 인피니티에 대해 이야기할 필요가 있다. 엑시 인피니티는 2018년 싱가포르에 위치한 베트남 스타트업 게임 스튜디오, 개발사인 Sky Mavis에서 개발한 블록체인 기반의 게임이다.

게임에서는 NFT 기반의 디지털 애완동물인 엑시를 번식, 사육하면서도 다른 게이머와 경쟁하며 목표 보상을 얻는다. 이때 얻는 보상이 코인이다. 작은 사랑의 묘약이라는 SLP(Smooth Love Potion) 코인이다. 초기 게임을 시작하려면 엑시가 3마리가 필요하다. 이 엑시가 NFT이다.

게임을 통해 베트남의 게이머는 베트남 최저임금의 2배 수준의 수익을 올렸다. 우리나라 월급과 비교하면 360만 원 수준이다. 적지 않은 금액이다. 단지 인터넷만 되고 핸드폰만 있으면 어디에서나 게임을 하면서 최저임금의 2배를 벌 수 있다. 게이머들에게는 매우 큰 참여의 유인을 제공한다.

그러나 초기 자본이 없거나 엑시가 없는 게이머들은 게임 자체를 할 수 없다. 하지만 시장에는 엑시를 보유하고 있지만 본인을 대신하여 게임을 해 줄 게이머가 없어서 추가수익을 올리지 못하는 사람도 있다. 그래서 엑시 인피니티에서 나온 개념이 스콜라십이다. 장학금을 의미하는 scholarship이다.

엑시가 없는 게이머에게 자신이 가지고 있는 코인인 SLP나 엑시를 빌려주고 게이머가 게임을 시작하게 한다. 게이머는 열심히 게임을 하게 되고 코인을 번다. 이렇게 벌어들인 코인인 SLP를 빌려준 사람과 나누게 된다. 물론 게임을 직접 한 게이머가 더 많이 갖게 되는데, 비중은 5:5, 6:4, 7:3 비중으로 나누게 된다.

길드(guild)는 원래 역사책에서나 볼 수 있는 단어다. 유럽 중세 9~10세기 즈음에 나타난 길드는 주로 도시에서 수공업자와 상인들이 자신들의 이익을 지키기 위해 결성한 조합의 형태였다. 도시 인구가 밀집되어 있지도 않았고, 상품의 이동에 많은 비용이 필요한 시기였다. 따라서 상공업은 도시의 좁은 시장에서 이루어졌다. 그래서 상공업에는 최소한의 질서가 필요했고, 이를 위해 시장의 독점권을 획득하는 방향으로 성장하기 시작했다. 물론 기술 발달로 숙련공의 가치가 대량생산 시대에서 인정받지 못하면서 사라지게 되었다.

동남아에서 스콜라십을 기반으로 P2E 게임 시장이 성장하기 시작하자, 게임사는 길드 시스템을 본격적으로 게임 안에 도입하기 시작했다. 게임사가 유저 단체를 결성하고 운영할 수 있는 시스템을 업데이트하면서 이 시스템의 명칭을 '길드'라고 지은 것이다.

게임에서의 길드는 온라인 게임 내에서 게이머들이 모여 만든 단체, 커뮤니티를 말한다. 많은 온라인 게임 속 커뮤니티 활동이 길드라는 이름으로 불리기 시작한 것이다. P2E 게임이 대세를 이루면서 한때 없어졌던 길드가 어느새 온라인 게임의 필수요소로 자리매김한다. 커뮤니티를 중시하는 RPG 형태의 게임에서 길드는 이제 더욱 필요충분조건이 되었다. 특히 성을 비롯한 방어시설의 가지고 게임을 하는 공성전 컨텐츠가 존재하는 게임에서는 반드시 필요하다.

왜 게이머는 길드에 가입하는가? 아마도 1차적인 이유는 다른 게이머들과 소통, 즉 커뮤니티가 필요하기 때문이다. 게임에 참여할 기회도 얻고 땅을 얻기 위해 게임할 때도 같이 전략을 수립하고 함께 공격과 방어를 할 수 있다. 결국 게임에서 승리할 확률을 올릴 수 있다. 더구나 게임에 승리하면 돈도 벌 수 있다.

장기적으로 이러한 길드가 전문화되어 진화하면 프로게이머 팀이 되는데, 이는 E-스포츠로 이어지게 된다. 프로게이머들이 모인 팀은 이러한 길드에서 진화한 것이 많다. 다만 길드와 프로게이머 팀은 약간 차이가 있다. 게임 속에서 길드는 즐기고자 하는 커뮤니티의 니즈에서 만들어졌다. 하지만 프로게이머는 프로팀에서의 감독의 위치에 있는 길드 마스터가 재능 있는 선수들과 연습 혹은 생활의 일부분을 지원하고 이후 벌어들인 상금을 나눠 가지는 금전적인 계약관계를 근본으로 하고 있다.

길드가 변화할 수밖에 없는 이유

2023년 게임 길드가 새롭게 변화해야 하는 두 가지 주제를 이유로 이야기하고자 한다. 길드가 보유하고 있는 자산의 효율적 운용이 필요하고 고사양이 필요해진 게임환경 변화이다.

먼저, 기존 길드에는 큰 단점이 있다. 모든 게임 길드들은 트레저리, 즉 NFT 등 자산 운영에 있어 매입 후 보유하는 단순한 관리 행태 보이고 있다는 것이다. 그래서 2022년처럼 자산의 가치가 하락하는 경우 이에 대한 대처를 적절하게 대처하지 못해 보유자산의 가치가 그저 하락하고야 마는 구조적 한계를 가지고 있다.

P2E 토큰은 게임 내에서 화폐의 역할을 수행한다. 게임 플레이를 통해 획득이 가능하며 게임 속에서 아이템 구매 등에 사용된다. 해당 토큰을 매도함으로써, P2E 게이머들은 수익을 올릴 수 있다. 돈을 벌 수 있다는 소문으로 많은 게이머와 스콜러들이 엑시 인피니티 생태계로 들어왔다. 그리고 수익을 올렸다. 그러나 이들은 수익을 올리자 즉시 보상 토큰인 SLP를 매각했다. 이 결과 코인은 시장에서 물량이 늘어나면서 지속적으로 가격이 하락하였다. 모든 P2E 테마 게임 토큰들도 이와 유사한 지속적인 하락을 경험했다.

이렇게 코인 가격이 하락하면 추가적으로 어떤 상황이 벌어질까? 소수의 유저를 제외하고는 충분한 수익을 얻지 못하는 게이머의 수가 증가하면서 게임에 참여하는 게이머가 급감하게 된다. 게이머가 급감하면 게이머의 생태계가 힘을 잃고 재미있게 즐기고자 하는 게임의 본래의 취지는 더욱 흐려지게 된다.

게임의 생태계가 힘을 잃게 되면 게임 내의 NFT 등 자산의 가치가 하락한다. 그러면 길드 입장에서는 자산을 처분하여 최대한 자산을 지키는 역할을 해야 한다. 그런데 길드는 NFT와 토큰을 길드의 자산을 넣어 두는 금고 지킴이만의 역할을 해 왔다. 이는 길드들이 매크로 시장에 대한 리스크 관리 능력과 자금 운용능력이 부족했기 때문이다. 만일 레거시의 자산관리를 접목시킨다면 단지 가치가 하락하는 것을 바라만 보던 것을 넘어서 더 좋은 수익을 올릴 수 있었을 것이다.

다음으로, 지금의 게임들은 고사양 환경을 요구한다. 기존 Gaming Guild의 주된 게이머가 플레이하지 못하는 고사양의 게임이 증가한 가장 큰 원인은 블록체인 게임의 발전으로 인해 게임 플레이 최소 사양이 높아진 것이다. 이로 인해 동남아를 기반으로 이루어지던 길드는 게이머들이 고사양의 게임 환경을 갖추지 못해 게임을 할 수 없게 되었다. 따라서 변하는 새로운 Gaming Guild 구조가 필요하다.

E-스포츠라는 새로운 스포츠

E-스포츠(E-sports) 산업에 대한 대중의 관심이 많이 늘어나고 있다. 언젠가부터 부의 상징이 된 이름이 있다. 바로 아랍에미리트의 왕자이자 기업가인 만수르이다. 만수르는 2008년 영구 프리미어리그 축구 구단인 맨시티를 인수하기도 했다. 이런 만수르의 재산은 알려진 것만 24조 원에서 35조 원에 이른다. 그런데 이런 만수르를 넘어서는 이가 바로 빈 살만이다. 빈 살만의 알려진 재산만 1,246~2,854조 원이라고 알려졌다.

2022년 기준으로 한국 나이로 37살인 빈 살만 사우디 왕세자가 즉위 이후 시행한 것이 사회와 문화 개방이다. 2022년 11월 한국을 방문했던 빈 살만 사우디 왕세자도 E-스포츠와 게임 산업에 많은 관심과 지원을 하고 있는 것으로도 유명하다. 이를 통해 왕세자는 사우디 젊은 층의 많은 지지를 받고 있는 것으로 나타났다. 그런데 이런 빈 살만 왕세자가 만들고자 하는 세계가 있다. 가상세계가 아닌 현실 세계이다.

서울시의 44배 규모인 네옴시티가 바로 그것이다. 여기에는 670조 원이 필요하다고 한다. 친환경 직선도시 '더 라인', 바다 위 첨단 산업 도시 '옥시곤', 그리고 친환경 산악 관광단지 '트로제나'로 만들어진다고 한다. 네옴시티가 완성되면 빈 살만이 그렸던 가상세계가 현실세계로 실현되는 것이다.

이때 네옴이라는 말은 새로운 미래를 의미한다고 한다. 그러면 빈 살만에게 새로운 미래란 무엇인가? 이는 기존의 석유에서 벗어난 새로운 장기적인 나라의 발전된 모습, 즉 새 시대를 말한다고 볼 수 있다. 더구나 이처럼 빈 살만이 네옴시티에 많은 관심을 집중하는 이유는 2032년이 사우디의 건국 100주년이 되기 때문이다. 이 시기에 맞추어 젊은이에게 새로운 미래를 제시하고자 하는 지도자로서의 비전인 것이다.

E-스포츠란 온라인에서 이루어지는 게임을 말한다. 가상세계에서 승부를 겨루는 대회를 말하며, 중계의 관전도 포함된다. E-스포츠에 대한 상대적 개념인 전통적 스포츠 시장은 축구, 농구, 미식축구, 야구, 하키 등이 주된 컨텐츠인 시장이다. 현재에도 많은 사람들이 전통적인 스포츠를 좋아한다. 주요 뉴스에도 스포츠 시간이 있을 정도로 전통적인 스포츠는 일반인의 생활에 깊이 스며들어 있다.

E-스포츠 시장은 디지털과 기술의 발달로 신체적 한계를 뛰어넘은 스포츠 게임이다. 이로 인해 긴박함과 다양한 경쟁구도를 만들어 매니아층을 형성하고 있다. 이러한 분위기는 시대를 이끌어 가는 청년층에서

더욱 부각되고 있다. 30대 중반 이하의 시청자가 대략 60%에 가깝다.

E-스포츠 중에서 인기가 많은 게임 중의 하나가 리그 오브 레전드 (League of Legend)이다. 리그 오브 레전드의 월드챔피언십 결승전 시청자 수 변화를 통해 전통적인 스포츠와의 인기를 비교해 볼 수 있다. 2021년 기준으로 MLB 월드 시리즈 7차전 시청자가 4천만 명 수준이었는데, 이에 비해 리그 오브 레전드 월드챔피언십 결승전 시청자는 4.3천만 명이었다. 거의 같은 시청자를 기록한 것이다. 그런데 2016년 리그 오브 레전드 월드챔피언십 결승전 시청자는 단지 1.4천만 명 수준이었다. 즉, 시청자들의 관심이 5년 사이에 급증한 것이다.

E-스포츠 시장은 전 세계적으로 2021년에도 14%의 고성장을 기록했다.[34] 2024년까지 약 16억 달러의 시장 규모를 달성할 것으로 예상되며, 관객 수는 매년 10% 이내로 성장할 것으로 기대된다.[35]

PG DAO의 실적

2021년 11월 싱가포르, 시드니, 한국의 멤버들이 DSV를 설립하였다. 이후 이들은 게임 시장에서 PG DAO라는 신규 사업을 시작하였다. 2022년 4월부터 실체가 보이기 시작한다. 가장 길게는 20년을 게임에 미쳐 있던

....
34) 출처 : SkyQuest Technology
35) 출처 : Newzoo

멤버부터, 대학을 졸업하고도 게임이 좋아서 함께하고 있는 멤버도 있다.

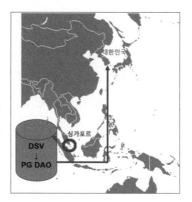

게임 생태계에 큰 역할을 하던 길드가 의미를 잃어 가면서 이를 대체할 2세대 길드, 즉 DAO를 만들기 시작한다. DSV 멤버 중 일부는 길드 중에 가장 좋은 성과를 보인 Avocado 길드의 투자자이다.

Avocado 길드는 싱가포르에 본부를 두고 있다. Avocado 길드는 블록체인 기반의 P2E(Play To Earn) 게이머에게 길드가 보유하고 있는 코인이나 대체 불가능 토큰(NFT) 등을 빌려주고, 이를 대가로 게임으로부터 얻은 수익의 일부를 수수료로 가져가는 스콜라십(Scholarship) 서비스를 제공한다. Avocado 길드는 2022년 초 기준으로 1만 명 이상의 스콜러(Scholar)를 확보 중이다. Avocado 길드는 엑시 인피니티와 리그 오브 킹덤즈, 타이탄 아레나 등 다양한 블록체인 게임을 지원하고 있다.

동시에 베트남, 필리핀, 태국 등 다양한 동남아 국가로 사업을 확장 중이다. 2021년 기준으로 Avocado 길드는 2,000억 원의 가치를 인정받고 있다. 그런데 이런 Avocado 길드가 가치를 더 이상 높이고 있지 못한다. 이는 앞에서 설명한 길드의 한계 때문이다.

DSV와 PG DAO는 Avocado 대표이사인 Breden과 자주 대화한다. 이들은 모두 게임 생태계를 성장시키는 공동의 목표를 가지고 있기 때문이다. 단순히 게임만을 좋아하는 게이머의 커뮤니티를 넘어 2세대 길드(Guild 2.0)인 DAO를 출범시키기 위함이다. 리서치를 강하게 하는 것도 PG DAO의 특징이다. 게임 생태계 중에 메인넷, 스마트 컨트랙트 등에 대한 리서치도 열심이다. 기술 기반의 블록체인, 웹 3.0, 메타버스 등에 대한 리서치 또한 열심이다.

Pro Gamer DAO의 LOK(League of Kingdoms)에서 활동의 경우를 보자. LOK는 블록체인 위에 게임의 경쟁을 살린 게임이다. 게임의 목표는 여러 과정을 거쳐 왕국을 점령하는 것이다. 게이머가 지배권을 놓고 싸우는 MMORPG(Massively Multi-player Online Role Playing Game) 전략 게임인 것이다. LOK에서는 NFT 기술을 통해 디지털자산을 완전히 소유하고 원활하게 거래할 수 있는 게임으로 설계되었다. 또한 투명한 투표로 의회 시스템을 통해 게임 거버넌스가 있다. DAO 구조를 갖추고 있는 것이다. LOK에서 PG DAO는 LOK Land NFT 가치 상승을 통해 수익을 얻는다.

Land NFT는 Land 위에서 게이머의 활동도에 따라 Land Level이 변화하게 게임에 반영되어 있다. 결국 Land Level이 상승하게 되면 Land의 Value는 급격히 상승하게 된다는 것이다. 따라서 PG DAO는 Land NFT 운영 전략을 수립하였으며, Land에서 발생하는 수익은 100% 게이머에게 보상으로 분배하여 Land로 게이머들을 오게 하여 게임을 하게 한다. 그 결과 NFT는 활성화된다.

Land NFT 의 dev point는 게이머의 활동에 의해 쌓이는 활동 지수로 볼 수 있다. 2022년 4월 이후 실제로 랜드의 dev point가 급격히 상승하여 NFT의 가치를 성장시켰다.

또한 게임에 참가한 게이머도 활성화되었다. 2022년 3월에 1,500명가량의 활동 게이머에서 11월 13,000명으로 게임 내 커뮤니티가 성장하였다. 이렇게 모인 게이머들은 게임에 현금을 사용하게 되는데 이것이 초기 게임 매출에 큰 기여를 하고 있다. 이는 PG DAO가 게임에게는 매출을, 게이머에게는 수익을, 본인에게는 Land NFT 가치 상승을 실현시킨 것이다.

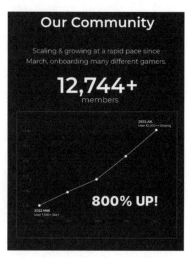

출처 : PG DAO 내부 자료

PG DAO는 가상세계에서 부동산인 Land NFT 가치를 올려 수익을 올리는 것을 최대 전략으로 삼고 있다.

맥도날드와 PG DAO

전 세계인이 사랑하는 '맥도날드'를 예시로 들어 PG DAO의 사업 모델을 이해해 보자. 1974년, 맥도날드의 창업자인 레이 크록은 오스틴에 있는 텍사스 대학의 경영대학원에서 강연 요청을 받았다. 강연 뒤 레이 크록은 학생들과 맥주를 마시며 질문을 하나 던진다.

"여러분이 보시기에 내가 무슨 사업을 하고 있다고 보이시나요?"

학생들은 당연히 햄버거를 파는 사업이라고 했다. 레이 크록은 자신은 부동사나 사업을 하는 사람이라고 했다. 맥도날드 하면 합리적인 가격에 맛있는 햄버거를 제공하는 햄버거 가게라는 이미지가 있다. 그것도 전 세계적으로 수많은 체인점을 가진 거대한 패스트푸드 판매 업체이다.

그러나 맥도날드가 실제로 추진하는 성장전략은 우리가 아는 것처럼 햄버거를 파는 사업이 아닌 부동산 사업이다. 맥도날드라는 회사는 전 세계 매장에 상대적으로 저가의 패스트푸드를 팔아서 지금과 같은 거대한 글로벌 기업이 된 것이 아니다. 그들의 전략은 입지나 부동산 조건 등을 따져서 사전에 좋은 자리에 프랜차이즈 지점을 만들고 장사를 시작하는 것이다. 그렇게 몇 년이 흐르게 되면 주변이 개발되면서 땅값이 오르게 되고 결과적으로 자산가치가 상승하게 된다.

이러한 맥도날드 전략 속에는 미국의 1956년 미국 전역을 연결하는 자동차전용도로인 주간전용도로(Interstate Highway) 시스템과 관련이 깊다. 고속도로를 운전하려면 중간중간에 기름도 넣고 식사도 해야 한다. 이러한 중간 위치에 맥도날드가 있었던 것이다.

자연스럽게 맥도날드라는 거대 기업이 탄생하게 되는 것이다. Off-line
에서 합리적인 햄버거라는 명분으로 사업을 하지만 실질은 부동산 사업
을 하는 것이 맥도날드이다. PG DAO도 On-line에서 P2E라는 명분으로
실질은 NFT 부동산 사업을 하는 것이다.

게임 생태계와 PG DAO

PG DAO가 게임 생태계에서 어떠한 활동을 하고 있는지 살펴보자. 게
이머에게 제공하는 PG DAO의 전략을 사례로 소개하면 다음과 같다. 게
이머들에게 전략을 소개하고 이들을 이끌어 가면서 win-win 하고 있는
것이다. 2022년 11월 13,000명이 PG DAO 커뮤니티에서 활동 중이다.
13,000명에서 지난 6개월 동안 크게 커뮤니티를 늘리고 있지는 않다. 게
임 시장이 좋지 않은 상황에서 현 수준의 인원으로 게임 생태계를 더 잘
살리고 더 나은 구조를 만들어 나가는 것이 바람직하다고 결정했기 때문
이다.

과거 게임 생태계에서의 90%가 게임 생태계에서 주로 돈에 연관되어
참여한 투기자 같은 사람들이라는 말이 있다. 자신에게 손해가 나거나
원하는 수준의 돈을 벌지 못하면 쉽게 불만을 쏟아 내는 사람들이라 한
다. 그러나 이들은 돈이 된다면 언제든지 커뮤니티에 참여하고 언제든지
커뮤니티에 해를 끼칠 수 있는 사람들이라고도 한다.

그래서 PG DAO는 2022년 지금은 내실을 기하면서 상승장을 기다리는 것이다. 과거의 아픈 경험을 다시 하고 싶지 않아서 양보다는 질이라는 전략을 채택한 것이다. 그런데 커뮤니티에서 더 중요한 것은 다른 길드와는 달리 PG DAO는 고사양의 게임 환경을 가지고 있고 전략에 익숙한 한국의 게이머들이 주된 커뮤니티 멤버라는 것이다. 현재는 60%가 한국인 게이머들이다.

앞에서 설명한 것처럼 길드에서는 커뮤니티 숫자가 매우 중요했다. 커뮤니티 숫자가 길드의 가치였다. 하지만 이제는 단순한 숫자로 평가되는 1세대 길드가 아니라 양과 질이 모두 고려된 가치를 인정받는 2세대 DAO의 시대가 온 것이다.

게임만을 열심히 플레이하거나, 승리하는 것이 목표가 될 수는 없다. 게임 생태계를 활성화하면서 좋아하는 것을 하면서 돈도 벌어야 한다. 돈도 벌면서 다른 커뮤니티를 도와야 한다. 다른 커뮤니티를 도우면서도 커뮤니티 내에서 세대 간 파트너십을 강화해야 한다.

1세대 블록체인 게임의 모델인 엑시 인피니티 기반으로 등장한 길드가 초기에는 급성장하였다. 그러나 추가 게임을 발굴하지 못하고 생태계가 활성화되지 못하자 한계를 보이고 있다. P2E 모델은 게임도 즐기면서 돈을 벌 수 있다는 매력도에 따라 게이머가 많아지기도 하지만 지속적으로 코인이 늘어나는 하이퍼 인플레이션에 따라 얻을 게 없으면 게이머가 사라지기도 한다. 초기 최저임금의 2배 가까운 수익을 내던 게이머들이 지속적으로 발행되는 코인으로 인해 코인의 가격이 하락하자 이 생태계에서 흥미를 잃고 있다. 이에 PG DAO는 게임 내 NFT에 다양한 유틸리티를 만들어 내는 전략을 수립하였다.

게임 내에서 게이머와 게임 개발사, 퍼블리셔 사이의 경제 선순환을 만들고 NFT의 가치를 상승시키는 전략은 성공하고 있고 게임을 고도화시키고 있다. PG DAO는 게임사와 게이머들의 생태계를 한 단계 성숙시키고 흥미를 유지하게 한다.

게임사에게는 Pay to win 기반으로 하는 게이머와 스콜러십 기반의 게이머를 동시에 공급하여 게임의 지속성과 게임 내 경제 안정에 기여한다. 또한 게임의 버그리포트, 업데이트 등 필요한 부분에 대해 feedback을 제공하여 게임사 CS(customer satisfaction, 고객만족) 기능을 DAO를 통해 포괄적으로 처리하고 있다. 더구나 단순히 게임만 하는 커뮤니티에 머물지 않는다. 리서치를 기반으로 한 최신 트렌드, 게임 생태계 전략 구성을 통해 게이머가 스스로 과금구조에 참여하여 함으로써 게임 개발사에게 지속적인 매출이 일어나게 한다. 게이머에게도 PG DAO는 집단지성을 이용한 게임전략과 게임내 소비전략을 수립하고 파트너로서의 역할을 하고 있다.

무신사와 PG DAO의 비즈니스 모델

PG DAO는 게임계의 무신사와 같이 커뮤니티 기반의 DAO의 비즈니스 모델을 추구한다.

무신사는 2022년 기준 한국 최대 규모의 편집샵이자 10번째 유니콘 기업이다. 의류뿐만 아니라 가방, 액세서리에 이어 전자기기나 생활용품 등 다양한 상품을 취급한다.

원래 무신사는 2003년 패션 인터넷 커뮤니티로 시작했다. 그러다가 커뮤니티가 활성화되고 숫자가 늘어나자 무신사는 웹 매거진으로 사업을 확대하였다. 그리고 무신사는 2009년 이커머스 사업을 시작했다. 온라인에서 무신사는 무지하게 신발 사진이 많은 곳으로도 유명해졌다. 이는 무신사의 태생이 커뮤니티 기반에서 기인한 것으로 판단된다.

무신사는 이제 커뮤니티를 기반으로 단순한 쇼핑몰을 넘어서서 패션 트렌드와 상품정보 등을 커뮤니티 친구처럼 제공한다. 이후 여성 전용 플랫폼인 우신사, 자체 PB 브랜드인 무신사 스탠다드, 패션특화 공유 오피스 무신사 스튜디오, 패션 문화 편집공간 무신사 테라스까지 오픈했다.

2019년에는 세쿼이어 캐피탈에서 2,000억 원의 투자를 유치하면서 2조

2,000억 원의 가치를 인정받고 유니콘 기업이 되었다.[36]

　무신사는 독점 마케팅으로도 유명하다. 인싸템으로 유명한 참이슬 한정판 백팩 총 500개가 5분 만에 판매 완료된 것 등이 그 예이다. 한정판 판매라는 것은 젊은 소비자들이 중시하는 가성비와 가치 있는 상품 투자 욕구를 정확히 파악하고 있는 것이다.

　이제 무신사는 패션의 동반성장을 추구하고 있다. 커뮤니티에서 시작해서 이제 커뮤니티의 동반성장을 추구하는 것이다. 이는 커뮤니티가 무신사의 시작이자 가치라는 것으로 해석된다.

PG DAO의 글로벌 커뮤니티 구축

　PG DAO는 세계 최초로 시도되는 DAO 모델이다. 이러한 시도와 성공 사례가 글로벌 BWB(Blockchain Week in Busan) 등에서 패널로 참가하여 토론하게 만든 것이다. 이제 PG DAO는 글로벌 커뮤니티 빌딩에 주력하고 있다.

　지속적인 게이머 성장의 도움을 주기 위해 활발히 활동하는 여러 언어

---

36)　세콰이어 캐피탈은 실리콘밸리 빅4 벤처캐피탈임. 세콰이어는 1972년에 설립되어 미국 캘리포니아 멘로파크에 본사가 있음. 구글, LinkedIn, 엔비디아, 오라클, 유튜브 등에 투자한, 성공적인 세계적 대형 벤처캐피탈 회사 중 하나임.

권의 커뮤니티 리더를 선정하는 방법 등으로 다국가로 운영체계를 확대하고 있다. 글로벌 커뮤니티에 운영과 발맞추어 Gaming Academy를 운영하고 있다. 게임의 생태계에서 점점 게임 아카데미와 코치의 필요성이 높아지기 때문이다.

한국인은 태생적으로 전략과 코칭에 능하다. 이에 전 세계 양궁, 쇼트트랙, 그리고 E-스포츠 코치가 대부분 한국인으로 구성되어 있다. 다양한 게이밍 길드와 게임 프로구단에 아카데미를 제공하고 성공 수당과 상금의 배분으로 수익 모델은 더욱 다양해질 것이다.

또한 전술적 접근으로도 게임의 박진감을 제공하고 있다. 미국의 전통스포츠 시장의 시청률이 점점 줄어들고 있다. 그 이유로는 박진감과 긴장감이 적고 젊은 연령층의 참여가 어렵기 때문이다. 하지만 승리를 목적으로 게임을 진행할 경우 매우 긴박하고 빠른 템포의 경기 진행이 가능하며 일반 시청자들도 손쉽게 플레이할 수 있는 장점이 있다. 게이머들의 참가를 유도하고 게이밍 문화에 목표점을 집어 준다면 PG DAO가 2022년 역성장 중인 게임 산업의 반등을 만들어 낼 key point가 될 것이다.

PG DAO는 전 세계적으로 게이머를 최적화하고 커뮤니티에게 게이머 경험을 공유하기 위해 관련 정보를 제공한다. 게이머의 게임 플레이 능력 향상을 통해 성장 가능한 NFT들의 가치 성장을 가속화하고자 함이다. 또한 다른 길드, 예를 들어 GuildFi와 Avocado Guild에 아카데미 시스템을 활용하여 동남아 유저들에 대한 교육과 가이드를 제공하고자 협업 체계를 이야기하고 있다.

PG DAO의 핵심 역량은?

PG DAO의 핵심 역량을 정리하면 자산투자, 커뮤니티, 그리고 거버넌스이다.

먼저 자산투자과 커뮤니티부터 살펴보자. 이는 B2B(Community) 구조로 게임 스튜디오에게서 상대적으로 낮은 가치로 자산을 매입한다. 게임 개발사는 이미 게임 생태계에서의 PG DAO의 역할을 분명하게 인식하고 있다.

게임 내에 게이머를 공급받을 수 있고 초기 홍보 및 관리가 가능하다는 것이다. 그래서 1세대 길드와 마찬가지로 2세대 PG DAO에게도 상대적으로 낮은 가격으로 NFT를 공급한다.

이제 게이머들도 2세대 길드인 PG DAO의 혜택을 알고 있다. 게임 공략 제안을 공유하면서 자연스럽게 게임에 함께한다. 게임사와의 직접적인 소통도 PG DAO가 해 주어 게임하면서 짜증이 나는 경우가 줄어든다. 그래서 게이머들도 PG DAO와 게임을 함께한다. 같은 게이머 친구이자 돈을 버는 파트너로서 말이다. 게이머에게도 자산과 관련한 혜택이 있다. 게이머가 직접 구매가 어려운 NFT자산을 길드가 참여하는 Guild

Round로 저렴하게 매입한 후 PG DAO는 그 NFT자산을 게이머들에게 리세일하는 전략도 가지고 있다.

게이머들도 PG DAO와 함께라면 NFT자산 투자 수익도 얻을 수 있는 것이다. 이제 B2C(Academy, Community to Gaming Guild) 글로벌전략을 추진하고 있다. 게임의 복잡성 증가에 따른 플레이 로직을 이해하는 데 어려움을 겪는 동남아 길드 및 게이머, 커뮤니티들에게 최적화된 육성 방법을 알려 준다.

게임에 대한 전략을 소개해 주고 게임 환경을 구성할 수 있도록 영상 매뉴얼을 제공한다. 이러한 커뮤니티 기반이 자산 가치를 올려 준다. 이때 PG DAO는 적극적이고 투명하게 자산을 관리하고 내용을 공유한다. 공시가 존재하지 않는 암호화폐에서는 획기적인 사고의 전환이다. Macro 변화에 대해 리서치를 바탕으로 전략을 수립하고 이에 맞추어 게임 내 자산을 적극적으로 매각한다.

그냥 금고에 넣고 기다리지만 않는다는 것이다. 또한 보유한 자산과 관련하여 보유 자산의 현황을 공개하여 투명하게 공유하고 있다. 커뮤니티 관리도 체계화했다. 게이머 관리를 게이머의 역할을 바탕으로 명확하게 구분한다. 관리자, 코어 게이머, 서포터로 역할을 크게 구분한다. 커뮤니티 내에 역할별 역량과 기여에 따른 구분인 것이다. 각 구분 내에서는 별도의 등급이 운영되고, 역할별 구분과 등급에 따라 보상은 달라진다.

굿바이 레거시

게이머를 위주로 커뮤니티를 형성한다. 아카데미, 채팅그룹, 음성채팅, 개인 방송 등 게이머의 경험을 공유할 수 있는 커뮤니티를 지향한다. 그리고 에어드랍이나 이벤트 등에서 얻은 수익과 혜택은 반드시 공유한다.

거버넌스(Governance)는 또 다른 핵심 역량이다. PG DAO에서 DAO란 무엇인가? DAO(Decentralized Autonomous Organization)란 기존의 중앙집중화된 조직이나 단체와 달리, 탈중앙 분산화된 자율적인 조직을 말한다.

개인(Peer)들이 모여 자율적으로 제안과 투표를 통해 결정하고 운영하는 조직인 것이다. '조직구조 내에서 수동적 활동을 통한 보상 수령'하는 구조에서 이제는 '거버넌스 형태의 의견 개진 및 결정, 실행, 결과에 따른 보상 분배'로 발전하고 있다. 초기 모바일 게임 시장에서는 생소한 개념으로 이를 받아들이지 않았던 분위기였다. 하지만 블록체인 내에서는 새로운 인프라와 콘텐츠가 등장함으로써 변화에 맞는 조직 형태가 필요하게 된 것이다.

PG DAO는 게임 생태계 및 암호화폐, Macro에 대해 리서치를 정기적으로 한다. 이러한 역량과 리서치를 바탕으로 투자하기 전에 반드시 게임사와의 인터뷰를 심도 있게 한다. DAO의 존속 및 확장을 저해하는 게임을 지양하기 위해 '온보딩 컨디션'이라는 내부 평가를 진행한다. 사전에 정해진 항목에 대한 평가를 활용하여 모든 항목에서 최소와 총점을 기준으로 평가하게 된다. 평가 기준 이상이어야 온보딩 조건에 부합한다.

이는 레거시에서의 투자 적격 심사와 같다. 적격 심사를 통과한 게임만이 진행 여부를 물을 수 있다. 투자의 진행 여부는 거버넌스를 통해 진행한다. 거버넌스는 DAO를 통해 게임 내 자산에 대한 투자와 판매 등에 대해 이루어진다. 민주적인 DAO 거버넌스이다.

이제 PG DAO는 자신의 이름처럼 Pro Gamer가 되어 가고 있다. 장기적으로 프로게임 구단을 창립할 것을 목표로도 가지고 있다. 이를 위해 재능 있는 게이머의 육성 및 지원 프로그램을 운영하는 것이다.

'웹 3.0 + Gaming Asset NFT 투자 + Research'의 웹 3.0 게임 전문 자산 운용사를 목표로도 가지고 있다. 한국의 E-스포츠 강국의 생태계를 살릴 수 있는 방향으로 성장할 것이다.

2

DSV의 시장을 바라보는 눈
– 가치 평가에 대한 New Wave

서울시 강남구 신사동, 한국인이면 누구나 아는 간장게장과 가로수거리로도 유명한 이 동네에서 이미 다가온 디지털 시대, 디지털자산에 투자하는 VC(Venture Capital) 분야에서 일하는 한 회사가 있다. DSV, 이 회사는 우리가 이미 국경 없는 새로운 디지털자산 시대에 이미 살고 있음을 알려 준다.

신사동 DAO 기업, DSV(Deuk Soteria Ventures)

PG(Pro Gamer) DAO를 함께 만들어 낸 DSV는 암호화폐에 투자하는 외국 Venture Capital이다.

PG DAO는 높은 경쟁력을 갖춘 블록체인 기반 게이머들의 커뮤니티가 주도하는 길드이다. 커뮤니티의 핵심인 숙련된 게이머들은 리서치와 스콜라십 그리고 높은 수준의 퍼포먼스를 위한 최적화를 위해 서로 유기적으로 소통한다. 길드원들은 이러한 다양한 유저들간의 시너지가 있는 게이머 생태계에서 각자 기여에 따른 인센티브를 받는다. DAO는 게임 플레이에 중점을 둔 최적화 시스템을 통해 Treasury를 운영하고 관리, 확장한다.

PG DAO에는 게임이라는 주제를 가지고 블록체인, 웹 3.0, 그리고 메타버스라는 변화를 재미있게 다루고 운영한다. 일이면서 놀이이고 취미가 되기도 한다.

그러면 이러한 PG DAO를 출시한 회사인 DSV가 어떤 생각을 가지고 있는지 알리는 것도 독자들에게 중요할 것이라는 결론에 다다랐다. PG DAO를 소개할 때에는 한 번의 구조로 짧은 시간에 내용을 마무리할 수 있었지만 DSV는 여러 번의 고민과정을 거칠 수 밖에 없었다. 그만큼 필자에게도 DSV를 소개하는 것은 매우 조심스럽고 어려운 일이었다.

하지만, 이 책이 독자들에게 주는 메시지가 젊은 CEO가 한 단계 성장, 변화하기 위한 방법을 제시하고, 이 젊은 CEO가 살아가는 사회에 보다 공정한 프로토콜이 자리를 잡아 가는 이야기를 하는 것이기 때문에 미래 투자 생태계에 대한 부분도 마지막까지 포기하지 않고 내용을 담았다.

DSV의 주주구성이나 이들이 투자회사를 운영하는 방법이 전부는 아니겠지만 기존에 암호화폐 투자자들이 가지고 있는 부정적인 이미지를 완전히 바꿀 수 있다는 생각이 확실하기 때문이다. 그래서 짧게나마 DSV에 대해 책의 주제에 맞게 소개하고자 한다.

신사동에 위치한 사무실에는 한국에 있는 DSV 주주들이 근무하고 있다. 한국인도 있고, 외국인도 있다. 암호화폐에서 사업을 계속해 온 주주들도 있고 전통적인 금융기관 출신도 있다. 암호화폐 시장이 13년 정도의 역사를 가지고 있기 때문에 대부분의 주주들은 젊다. 하지만 필자처럼 금융과 레거시 산업 영역에서 오랜 기간 경험을 가진 사람도 있다.

특히 회사 설립에 가장 큰 역할을 했던 최대주주 Mr. 정은 가족 사업을 가지고 있는 차세대 경영인이다. 필자가 처음 만난 것은 20년이 넘는다. 작은 경험이지만 당시 Mr. 정이 만들어 준 샌드위치가 아직도 생각이 난다. 간단하게 만들어 준 샌드위치에는 무언가 다른 맛이 있었고, 무언가 다른 느낌을 받았다. 그리고 지금까지 그 느낌을 공유하고 있다. 싱가포르와 시드니 그리고 한국에 있는 여러 주주들을 합의에 이르게 하고 각종 어려운 이슈에 적극적으로 나서서 해결하고 있다. DSV의 주주로서 Mr. 정의 기여는 정말 크다.

리서치와 투자운용을 담당하고 있는 메인 주주 Joshua, 게임과 거래소에 대한 암호화폐 시장의 살아 있는 역사와도 같은 Sean이 있다. 그리고 Jeremy, Daniel, Moses가 리서치나 회사 운영체계를 구축하는 데 너무 많은 시간과 경험을 공유하고 있다. 이분들의 노력이 보다 다른 DSV 실체를 만들어 가고 있다.

싱가포르에는 변호사 출신인 Sherwin이 회사의 메인 주주이다. 그리고 Keith, Dexter, Kelvin 등이 같이 일을 하고 있다. 시드니에는 Jonathan이 주주로 있으면서 신사동에 있는 직원들과 거의 매일 텔레컨퍼런스를 진행한다. 호주 Jonathan은 과거 전통 금융 산업에서 투자자 경력이 있으면서 지금은 암호화폐 시장에서 자신의 투자회사를 운용하고 있다.

2017년과 2021년까지 당시 암호화폐 시장에서 upside를 강조하였던 많은 사람들이 있었다. 그리고 이들은 시장이 무너지면서 갑자기 시장에서 사라졌다. 많은 투자자들이 이들로 인해 직간접적인 피해를 입었다. 물론 투자는 본인의 결정으로 하여야 하고 결과를 다른 사람에게 돌려서는 안 된다. 투자는 위험에 따라 다른 수익을 얻을 수 있는 것이기 때문이다. 투자의 리스크를 평가하는 정보는 이러한 생태계를 유지하는 매우 중요한 요인이다. 그리고 이러한 리스크 정보는 시장의 영향력이 있는 사람에 의해 전달된다.

그런데 이러한 새로운 암호화폐 시장 정보에 대해 제공했던 자료가 다르다는 것을 알게 된다면, 이러한 정보를 시장에 제공했던 사람들은 신속하게 시장의 정보를 수정해서 제공해야 한다고 생각한다. 그것이 정보제공자에게 시장이 보냈던 존경과 믿음이 지켜질 수 있고, 정보 제공자 본인도 그래야 본인의 시장에 대한 시각을 수정할 수 있게 된다. 그런데 이들은 시장이 하락하면서 이러한 최소한의 의무도 행하지 않고 시장에서 사라졌다. 말하지 않으니 그 이유는 잘 모르겠다.

이제 시장이 새롭게 돌아올 것이다. 이러면 이들은 만약 다시 돌아올 때 이런 비판에 대해 자신의 과거 행동들을 솔직하게 인정해야 한다. 만일 그들이 암호화폐 시장을 본심으로 사랑한다면 말이다. 그런데 DSV의 주주들은 최소한 이런 비판에서 자유롭다. 그들은 시장의 상승과 하락과 무관하게 늘 시장에 있었다. 변화하는 시장을 분석하고 생태계를 이야기한다.

암호화폐는 많은 논란이 있겠지만 필자가 보기에는 아직 초기 시장이다. 그리고 기술적인 평가나 거래 시장에서의 행위에 대한 객관성 확보 등은 아직 보완이 필요한 부분이다. 이러한 시장환경 속에서 DSV 주주들이 시장의 변화와 책임 있는 투자자로서 남아 있기 위해 선택한 방법이 리서치이다. 이들은 일주일에 최소 2회 정기적인 리서치콜을 한다. 물론 DSV가 만든 PG DAO도 별도 주 1회 리서치콜을 한다.

DSV 주주들은 각기 다른 나라에서 각기 다른 자신의 경력을 바탕으로 DSV라는 배에 승선했다. 승선하기까지 많은 생각을 했지만 암호화폐 시장의 생태계를 건전하게 발전시키고 Ver 2.0 암호화폐 투자회사를 만들어 보자는 생각에는 모두 동의한 것이다. 배는 출항하였다.

이제 배는 가라앉으면 안 된다. 그럼 또 다른 DSV가 나오기까지 발전이 멈출 수 있기 때문이다.

암호화폐의 가치 평가는?

본질적으로 DSV는 투자회사이다. 알다시피 투자는 결국 대상을 분석하는 과정과 결정, 운용하는 과정을 거친다. 생태계에 대한 숫자를 통한 분석을 반드시 필요하다. 그럼 암호화폐 투자회사가 어떤 정량적 기준으로 평가를 하는지를 살펴보는 것은 매우 중요하다. 하지만 회사가 중요하게 생각하는 지표를 공개하는 것에 민감할 수밖에 없다.

그럼에도 불구하고 암호화폐의 투자회사가 어떤 지표를 중시하는가는 매우 재미있는 주제이기도 하다. 필자가 한 강의에서 재무제표를 분석하는 주제로 이야기하는데, 어느 회사의 대표이사가 책에 나와 있는 지표 이외에 따로 보는 지표가 있는지 질문을 한 적이 있다. 매우 의미 있는 질문이다.

기존 책에서 나와 있는 재무비율이 과연 실무에서 투자나 대출을 받는 데 활용이 될까? 답은 결론적으로 제한적이다.

물론 기본적인 지표야 같이 검토가 되겠지만, 대출이나 투자를 하는 실무에서는 보다 정교한 비율들이 이용되고 있다. 그래서 투자나 대출을 통해 자금을 마련하고자 하는 사람들은 투자자의 입장에서 이런 정교한 지표들을 미리 분석해 보고 나서 투자자나 은행과 미팅을 시작할 필요가 있다. 어떤 지표는 우리 회사가 시장 평균보다 유리하고, 어떤 지표는 유리하지 못함을 미리 분석해야 한다.

그리고 나서 투자자가 우리 회사에 자금을 공급할 수 있도록 설득할 수 있는 논리를 만들어야 한다. 하지만, 투자자의 생각을 이해하지 못하고 자금이 필요한 이유만을 이야기하는 것은 아마추어 같은 접근방식이다. 이런 투자 생태계를 알고 있기 때문에 앞에서 말한 대표이사는 실제 이용되는 투자기준을 알고 싶어 했을 것이다. DSV도 마찬가지이다. 여러 암호화폐에 대한 가치 평가 방법이 있지만, 기존 경험으로 바탕으로 DSV만의 투자평가 지표들을 마련하였다. 아래의 표는 DSV가 현재 암호화폐에 대해 정량적으로 분석하는 기준이 되는 지표들 중의 일부이다.

MC/TVL	0.75
FDV/TVL	5.55

물론 이와 더불어 기술과 생태계에 대한 토론이 이어진다. 위 표를 보면 기존에 모르는 생소한 용어들이 나온다. 이 용어들을 어떻게 설명할까 고민도 많았다. 용어들을 위주로 자세히 소개할 까? 아니면 아예 생략할까? 필자는 이 중간을 선택하기로 했다.

PG DAO처럼 이야기로 블록체인이나 웹 3.0, 메타버스를 설명한 것처럼 암호화폐 투자기준도 비슷하게 재미있게 소개하고자 한다.

암호화폐의 가치 평가 방법은 아직 발전 중이다. 현금흐름을 기준으로 평가할 수 있는 암호화폐는 거래소처럼 수수료를 기반으로 현금흐름이 발생하는 경우이다. 아마도 전체 암호화폐의 10% 정도가 아닐까 싶다.

그러면 나머지 90%의 가치 평가는 어떻게 계산될까? 암호화폐의 가치 평가는 거래소에서 제공되는 가격을 바탕으로 다른 암호화폐와 상호 비교하는 방식이 많이 이용된다. 물론 해당 암호화폐에 대해서는 위의 표처럼 분석이 필요하다. 그리고 나서 비교가 가능한 암호화폐의 지표들과 비교하게 되는 것이다. 실무적으로도 DSV는 이 방법으로 암호화폐를 평가하고 있다.

디지털자산 시대에서 가치란?

여기서 궁금한 것이 있다. 가치 평가를 한다고 하는데, 가치란 무엇인가? 우리에게 가장 익숙한 전통적 자산은 주식, 채권, 부동산이라고 할 수 있다. 그리고 전 세계 부의 80% 이상이 이 세 자산군에 투자되어 있다고 한다. 하지만 이제는 암호화폐도 대체투자 대상으로 자리를 잡아 가고 있다. 투자가 된다는 것은 가치가 있다는 것이다. 가치란 용어가 가지고 있는 의미가 궁금하다.

또한 단순히 가치를 이야기하는 데 그치지 않고 실제 어떻게 계산되고 평가되는지 궁금하다. 특히 암호화폐의 가치는 기존의 자산들의 정의된 가치와는 다르지 않을까 궁금하다. 창업가치는 생태계에서 정의되는 철학과 문제해결의 결과를 담고 있다. 회사나 사업의 가치를 평가하는 경우, 가치는 소비자가 해결을 원하는 문제를 해결한 대가로 결정된다고 할 수 있다.

굿바이 레거시

최근 한 방송에서 사업 경험이 많은 연예인이 카페나 음식점을 창업하고 성공했던 경험을 나눈 적이 있다. 그 연예인은 창업에 대해 조언하던 중 카페를 사례로 들어 이야기하였다. 먼저 충고한 이야기는 메뉴를 많이 하지 말라는 것이었다. 고객을 많이 유치하기 위해서는 보다 많은 메뉴를 제공해야 한다고 생각하기 싶다. 그러나 메뉴를 많이 하면 종업원들이 배우기도 어렵고, 그래서 짜증나고, 그래서 금방 떠나 버린다. 그럼 손님에게 제공하는 커피의 맛이 일정하지도 않게 된다. 그러면 오히려 다양한 메뉴가 손님이 자주 오지 못하게 하는 원인이 될 수 있다. 그래서 자신 있는 메뉴 조금만 가지고 시작하라는 것이다. 이것이 가장 기본적인 창업의 시작이라는 것이다.

하지만 창업의 본질 철학은 다른 곳에 있다고 이야기한다. 손님이 와서 돈 내고 마시고 먹고 돌아갈 수 있는 가치를 메뉴와 함께 제공해야 한다는 것이다. 이런 가치를 풀 수 있어야 창업이 가능하다는 것이다. 인테리어나 커피 향 속에서 내가 느끼고 싶었던 분위기를 느낄 수 있을 때 고객은 이 카페의 가치를 인정하는 것이다. 이때 이런 가치는 손님이 지불하는 현금수익을 만들어 낸다.

결국 가치는 일정 기간 동안 손님들이 지불한 모든 현금흐름을 할인하여 계산한다. 이런 현금흐름에 기반한 가치 평가가 가장 일반적이고 합리적인 방법일 것이다. 사업을 현금을 기준으로 생각해 보면 사업이 현재 얼마의 현금을 가지고 있는 것과 가치가 같다고 느낀다는 것이다.

커뮤니티와 가치

하지만 조금만 대상과 생각을 바꾸어 볼 필요도 있다. 2000년대 이후 등장한 미술품, 귀금속, 고급와인 등은 정기적인 수익이 발생시키지 않는다. 그래도 가치가 있고 가격이 형성된다.

여기서의 가치는 현금흐름으로 평가되는 사례가 아닌 사회 문화적인 생태계에 연관되어 있다는 것을 알 수 있다. 같은 문화를 공유하는 사람들이 자신의 커뮤니티에서 느끼는 동질감이 가치의 시작일 수 있는 것이다. 따라서 미술품이나 고가의 와인들은 같은 문화를 공유하는 사회에서 인정되고 합의되는 수준에서 가치가 결정되는 것이 오히려 합리적일 수 있다. 암호화폐나 NFT 등도 정기적인 현금흐름이 명확하지 않을 수 있다. 그런데도 거래소를 통해 가격이 형성된다. 그렇다면 이들의 가격은 암호화폐나 NFT가 가지고 있는 생태계에서 인정되는 가치수준과 비슷할 것이다.

앞에서 말한 90%의 암호화폐 가격이 생태계에 대한 평가 가치일 것이다. 현금흐름이 불명확한 대상에 대한 가치 평가에는 어려움이 있음이 분명하다. 그래서 객관적인 가격을 발표하는 것은 매우 신중할 수밖에 없다. 이는 현재 증권회사가 수행하고 있는 암호화폐에 대한 리서치 현황을 보면 좀 더 이해가 쉽다. 현재 증권회사에서는 암호화폐 산업에 대한 리서치를 계속적으로 수행한다.

이는 대체자산으로서 암호화폐는 이미 가치를 가지고 있다는 것을 의미한다. 하지만 증권회사는 개별 암호화폐에 대한 가격 예측을 하지 않는다. 한다고 해도 공식적으로 발표하는 것에 대해서는 매우 신중하다. 이것이 암호화폐의 가격을 결정하고 분석해 내는 것이 얼마나 어려운지를 말해 준다.

이제 암호화폐의 가치 평가를 해 보자. 암호화폐는 대부분이 현금흐름을 기준으로 하기보다는 생태계에 연관되어 있다고 이야기했다. 암호화폐의 생태계는 어떤 특징이 있을까? 암호화폐의 생태계를 레거시의 주식이나 부동산에 비교하여 설명하기에는 자료가 아직은 부족하다. 그러나 암호화폐를 평가하기 위해서는 암호화폐의 생태계를 이해해야 한다.

암호화폐는 블록체인 위에서 생태계를 가지고 있다. 이러한 생태계는 네트워크를 통해 이루어진다. 암호화폐의 네트워크에는 탈중앙화된 금융이 있고, 암호화폐를 이용하는 암호화폐 투자자들이 있으며, 이를 통해 네트워크 안에서 거래가 이루어진다. 거래의 과정이 은행 창구나 증권사 홈트레이딩 시스템상에 있는게 아니라 네트워크상에 있는 것이다.

투자자가 있다는 것이 블록체인 내에 투자자의 지갑이 존재하는 것이며, 이는 네트워크 안에 인구(population)가 있다는 것이다. 탈중앙화이지만 금융 시스템도 존재한다. 중앙화된 은행 시스템은 없지만 암호화폐를 빌려주고 빌릴 수 있다. 거래가 존재한다는 것이 경제를 통해 생산이 이루어지고 있다는 것이다. GDP가 존재한다는 것이다. 네트워크에서 모든 거래는 실시간으로 이루어지며 참여자들은 생태계 내에서 블록체인의 암호화폐로 서로 거래할 수 있다. 살아 움직이는 생태계가 네트워크를 중심으로 이루어지는 것이다.

그래서 암호화폐의 가치는 네트워크의 가치로 평가되며, 그래서 인구와 금융, GDP를 가진 국가단위로 생각하고 평가할 수 있다는 것이다.

주식과 암호화폐의 가치 평가 차이

그럼 주식과 암호화폐의 가치 평가 배경에 대해 이야기해 보자. 세계 최초 주식회사인 네덜란드 동인도회사의 주식 거래는 1602년에 시작되었다.

이후 주식 가치 평가가 필요해졌고, 지금부터 무려 300년 전에 평가가 시작되었다. 그러나 가상자산은 시장에 나온 지 이제 13년이다. 따라서 아직 데이터도 부족하고 평가모델들도 발전 중이다. 현재 가상자산에 대한 가치 평가는 고전경제학, 화폐경제학 등 다양한 분야에서 아이디어를 가져오고 있고 방법론들이 연구되고 있다.

이 이야기는 개별 암호화폐에 대한 평가 방법이 아직은 완전하지 않고 보완적인 방법이 필요하다는 것을 의미한다.

암호화폐 하면 생각나는 것이 FOMO가 아닐까 싶다. 'Fear of missing out'이라는 말이다. 다른 사람들이 느끼는 재미나 기회에 나만 소외되었다는 두려움이다. 남들은 다 하는데 나만 안 하고 있는 것일까? 지금이라도 뛰어들어야 하는 것인가? 물론 암호화폐를 이해하고 투자 판단이 내려지면 투자하면 된다. 이때 모두에게 공통된 질문이 떠오를 것이다. 과연 암호화폐란 것은 투자할 수 있는 대상인가, 도대체 적절한 가치는 얼마인가 하는 질문에 대한 답변과 판단이 필요한 것이다.

어떻게 암호화폐를 평가할 것인가?[37]

화폐수량설을 통한 암호화폐 평가

암호화폐 평가에는 현재 화폐수량설이 가장 많이 인용된다. 화폐 금융론에 등장하는 화폐수량설(Quantity theory of money, QTM)은 물가 수준이 화폐의 수량에 비례한다는 이론이다.

> $MV = PQ$
> M은 통화량, V는 화폐유통속도, P는 가격 수준, Y는 생산량
> 단, 유통속도와 생산량은 일정해야 함.

....

37) 암호화폐에 대한 평가는 『가상자산 밸류에이션에 대한 고찰』, 『코빗 리서치』, 2022. 1.'의 내용을 참고하고 작성하였음.

즉, 화폐수량설에서 화폐유통속도는 일정하다고 가정되며, 생산량 (GDP)은 다른 변수들에 의해 결정되어 있으므로, 통화량은 가격 수준과 동일한 방향으로 움직이게 된다는 것이다. 예를 들어, 통화량이 두 배 늘었다면 화폐수량설은 물가 수준도 두 배 오를 것이라고 예측한다. 화폐수량설은 1517년 폴란드의 수학자 니콜라우스 코페르니쿠스에 의해 고안되었다. 이후 1963년 경제학자 밀턴 프리드먼 등에 의해 지지되면서 이후 고전파 경제학에 있어서 화폐수량설은 중심적인 위치를 차지했다.

화폐수량설을 통해 비트코인의 가치를 평가해 보자.

먼저, 비트코인의 가치총액(M)과 유통속도(V)의 곱은 비트코인의 거래액(P × Q)과 같다고 볼 수 있다. 여기서 비트코인의 유통속도는 연간 비트코인 하나가 거래되는 횟수로 볼 수도 있다. 만일 유통속도가 15라고 가정하자. 그리고 비트코인의 연간 거래액이 16조 달러이라고 하자. 그러면 비트코인 연간 거래액 16조 달러를 비트코인 유통속도 15로 나누면 비트코인 가치총액 M이 계산된다.

가치총액 = 16조 달러 / 15 = 1.067조 달러

만일 비트코인 최대 유통 수가 2,100만 개라면 비트코인 하나의 가격은 50,810달러가 되는 것이다.

1,067조 달러 / 2,100만 개 = 50,810달러

실제 이 분석 보고서가 나온 2022년 1월 비트코인의 가격은 한화로 56백만 원 수준이었다. 당시 미 달러 환율이 1,040.67원임을 고려하면, 계산상 비트코인 가격은 53백만 원 수준이다. 위 분석에서 나온 비트코인 개당 가격과 유사한 수준이었다.

이 방법은 간단하게 비트코인의 가격을 계산할 수 있다. 그런데 이 화폐수량설의 가장 큰 단점은 비트코인의 유통속도에 있다. 어떻게 유통속도를 측정해야 하는지도 애매하다는 것이다.

앞에서는 비트코인 유통속도를 연간 비트코인의 거래 횟수로 가정하고 계산하였다. 그러나 비트코인의 유통속도는 비트코인의 시장 상황에 따라 크게 변동하게 된다. 그렇기 때문에 화폐수량설에서 유통속도가 일정하다는 가정이 비현실적이기 때문이다. 물론 비트코인의 거래기록이 블록체인에 모두 남아 있기 때문에 시간을 기준으로 실시간으로 측정이 가능하기는 하다. 하지만 측정을 해서 분석을 해도 유통속도가 일정하다는 가정을 충족하기에는 부족하다. 유통속도의 이슈에도 불구하고 화폐수량설은 국가 단위로 가치 단위를 평가해야 하는 암호화폐 가치 평가에 가장 많이 이용되고 있다.

원가접근법을 통한 암호화폐 평가

또 다른 하나가 원가접근법이다. 원가접근법은 가장 오랫동안 사용되어 온 가치 평가 방법이다. 아담 스미스의 생산비용이론에 근거한다. 모든 재화는 생산원가가 있으며 그 재화의 적정 가격은 궁극적으로는 원가로 수렴한다는 이론이다.

만일 어느 재화의 시장 가격이 원가 이상이 되면 이익을 추구하는 생산자들의 참여가 증가하게 되고, 이로 인해 공급량 증가, 그리고 가격이 하락하는 것이다. 이때 시장 가격은 결국 원가 수준으로 떨어지게 된다는 것이다. 반대로 원가 이하에서는 손실이 발생하면 생산자들이 더 이상 생산을 하지 않게 되고, 이로 인해 공급량도 감소하고 가격은 상승하게 된다. 이 시장가격도 결국은 원가 수준으로 돌아오게 된다는 것이다.

2009년 10월 최초 비트코인과 미 달러(USD)의 교환 비율이 1,309.03BTC = 1.00달러이었다.

이때 이 비율은 그 당시 비트코인 채굴에 필요한 전기료를 기준으로 계산되었다고 한다. 비트코인 창시자 사토시 나카모토도 2010년 비트코인을 상품(commodity)으로 분류하고, 모든 commodity의 가격은 원가로 수렴한다고 말한 바 있다. 이후 비트코인 채굴기, 전기료, 채굴 난이도 등을 총괄한 원가접근법을 이용하여 비트코인 적정 가격을 산정하는 논문이 등장하였다.

현금흐름을 통한 암호화폐 평가

마지막으로 현금흐름을 기준으로 할인을 하는 방법도 이용될 수 있다.

암호화폐 거래소 등이 주로 대상이다. 암호화폐 거래소에서 발생하는 순수수료를 기준으로 하여 할인을 하여 본질가치를 계산한다. 이 방법의 대상은 현금흐름이 추정이 되어야 가능하다. 그래서 전체 암호화폐 가치 평가에 있어서 약 10% 정도만이 대상이 될 것으로 보인다.

디지털자산 벤처캐피탈, DSV에서의 가치 평가(Valuation)

투자는 결국 대상을 분석하여 투자를 결정하며, 이후 결정할 때 영향을 미친 주요 변수를 중심으로 운용하고 사전에 예측했던 내용과의 차이를 조정하는 과정을 거친다. 코인투자를 결정하는 과정도 투자업계의 관행이 있다.

그런데 DSV는 기존 투자결정 과정에 리서치라는 정량적이고 체계적인 내용을 구축하기 위해 지속적인 노력을 기울이고 있다. 이는 보다 좋은 결과를 얻을 수 있는 확률을 올릴 수 있기도 하지만 예측에 차이가 있는 경우 사전에 예측하고 판단했던 여러 원인을 사후적이라도 보완할 수 있는 장점이 있기 때문이다. 물론 이를 위한 리서치 시간과 인력 등의 비용을 불가피하다.

그럼 기존에 코인 투자가 이루어지는 일반적인 과정을 살펴보자.[38]

----

38) 이 내용을 여러 코인 투자자의 의견 및 카이로스 박종한 대표님의 『10년 후 100배 오를 암호화폐에 투자하라』라는 자료도 참고하여 소개함.

일반적으로 암호화폐의 가치를 평가할 때 중요한 것은 크게 '코인 프로젝트의 기술적 완성도와 커뮤니티의 활성화 정도'이다. 커뮤니티의 활성화 정도라는 것은 코인의 가치를 인정하는 집단이 형성되어 있다는 것이고 이들이 얼마나 있고 얼마나 적극적으로 많이 생태계에 참여하고 있는가를 말한다. 일반적으로는 단순하게 커뮤니티의 숫자가 가치를 결정할 때 영향을 미치게 된다. PG DAO가 형성한 13,000명의 커뮤니티가 이러한 숫자가 된다. 물론 PG DAO는 이러한 양적인 숫자보다 질적인 숫자를 중심으로 전략을 변화해 나가고 있다는 있다.

프로젝트의 기술적 완성도라는 것은 프로젝트의 목적 및 이를 달성할 수 있는 방법, 참여한 팀 멤버, 토큰 이코노미 등을 기준으로 판단하게 된다.

이번 책에서는 코인 자체에 대한 내용은 다루고 있지 않기 때문에 위 내용을 전부 설명하는 것은 다음에 기회가 있을 때 다루기로 한다.

이제 DSV라는 실제 벤처캐피탈 회사가 내부적으로 평가하는 디지털자산 가치 평가 방법을 이야기해 보자. 앞에서도 이야기했지만 이를 이해하기 위해서는 몇 가지 용어 정의를 먼저 해야 한다. FDV, MC, TVL이 그것이다.

FDV(Fully Diluted Valuation, 완전 희석 시가총액)

재단이 암호화폐를 발행하고 암호화폐가 상장이 된다면 상장가격을 알 수 있다. 그리고 토큰을 발행할 때 백서를 통해 토큰의 총 발행 예정수량이 공시된다. 백서에 의해 공시된 토큰이 발행될 예정이고 이를 알고도 현재 거래소에서 암호화폐의 가격이 있다면, 이 가격으로 암호화폐의 인플레이션이 반영된, 발행 예정인 총 수량을 기준으로 한 잠재적 시가총액을 계산할 수 있다.

이 개념이 FDV(Fully Diluted Valuation, 완전 희석 시가총액)인 것이다. FDV는 생태계에 백서에서 공시한 모든 암호화폐가 활용되는 이론적인 미래 가치를 의미한다.

완전 희석 시가총액 = 현재 토큰 가격 × 공시된 총 토큰 수

참고로 생태계의 가치가 있는 경우라도 화폐가 늘어나게 되면 인플레이션이 발생하게 된다. 암호화폐도 화폐이다. 추가적인 새로운 암호화폐의 발행은 이론적으로는 기존 암호화폐의 가치를 낮추게 된다. 암호화폐가 시기별로 시장에 발행되면서 암호화폐 생태계에서 암호화폐의 인플레이션이 발생한다. 암호화폐의 숫자가 늘어나면서 가치가 하락하는 것이다.

이를 막기 위해 암호화폐 생태계에는 소각 등 대응전략들이 병행된다. 늘어난 암호화폐만큼 생태계에서 거래 시에 암호화폐를 재단 등이 사들여 없애 버리는 것이다.

비트코인 평가 사례

비트코인(Bitcoin)을 통해 FDV 계산을 해 보자.

가령 현재 약 1,890만 비트코인이 존재하지만, 이론적으로는 최대 2,100만 비트코인을 채굴할 수 있다. 비트코인의 가격은 2022년 11월 말 현재 16,500달러이다. 따라서 완전히 희석된 가치는 약 3,465억 달러가 된다. 참고로 2022년 46,657달러로 시작된 비트코인 가격을 비교해 보면 2022년 11월에 비트코인 가격이 많이 하락했음을 알 수 있다.

2,100만 비트코인 수 × 16,500달러 = 3,465억 달러

궁극적으로 이 FDV는 2,100만 비트 암호화폐가 모두 현재 유통되고 있다면 비트 암호화폐의 시가총액이 어떻게 될지 알려 준다.

암호화폐의 FDV는 현재 시점의 평가된 암호화폐 가격이 기준으로 생태계에 암호화폐가 전부 발행되는 경우의 암호화폐 전체의 가치를 말하는 것이다. FDV는 아마도 레거시에서 현재 시점의 주식 수를 기준으로 가치를 평가하는 방식과는 큰 차이가 있음을 알 수 있다.

MC(Market Cap, 시가총액)

레거시에서는 미래 완전희석 시장가치(FDV)보다는 현재의 시가총액

(MC, Market Cap)이 중요하다. 레거시에서 높은 시가총액은 회사가 지금 시점에서 주식 시장에서 더 높은 평가를 받고 있다는 것을 의미한다.

암호화폐에서도 같은 논리를 적용할 수 있다. 암호화폐 시장에서 시가총액은 평가하는 시점에서 발행된 암호화폐 수와 암호화폐 가격을 곱하여 계산한다. 즉, 시가총액은 현재 유통 중인 모든 암호화폐 수에 암호화폐당 암호화폐 가격을 곱하여 계산된다.

시가총액 = 현재 토큰 가격 × 현재 시점에서 유통되고 있는 총 토큰 수

다만, 시점별 총 발행 암호화폐 개수가 아닌 유통되고 있는 암호화폐만을 대상으로 하기 때문에, MC는 특정 시점의 암호화 자산의 총 순가치라고도 해석된다. 현재가치는 지금의 암호화폐에 대한 투자자들의 인기도를 평가하는 데 도움이 된다. 이때 인기도라는 곳은 투자자의 관심이고 이는 암호화폐 가격으로 나타난다.

TVL(Total Value Locked, 총 예치금액)

DSV에서의 투자 의사결정을 이해하기 위해서는 FDV, MC 이외에 TVL이라는 개념을 이해할 필요가 있다. TVL(Total Value Locked, 총 예치금액)은 디파이(DeFi) 프로젝트를 먼저 이해하는 것이 필요하다. 암호화폐에서 TVL은 블록체인의 스마트 컨트랙트(Smart Contract)에 의해 락업(일정 기간 동안 암호화폐를 묶어 놓는 것)된 총 자산을 뜻한다. 다시 말

해, TVL은 디파이 체인 안에 얼마나 많은 돈이 예치되어 있는지를 측정한 지표이다.

디파이란 탈중앙화 금융(Decentralized Finance)의 약자이다. 은행과 같은 금융 중개자 없는 블록체인 안에서는 스마트 컨트랙트(Smart Contract)를 활용하여 금융을 움직인다. 이 경우 은행을 대신하려면 누군가는 돈을 빌려주고 누군가는 돈을 빌리는 행위가 필요하다. 디파이에서는 이러한 행위가 블록체인 기반에서 이루어진다. 디파이는 은행을 방문할 필요가 없게 하고, 송금이나 결제 등이 은행 수수료 없이 이루어지게 한다. 여기서 누군가는 암호화폐를 맡기게 된다. 이때 단순히 암호화폐를 맡기기만 해도 돈을 벌 수 있다. 이는 은행에서 요구불 계좌에서는 돈을 아무 때나 출금할 수 있지만, 적금 계좌에서는 일정 기간 돈을 출금하지 않는다(락업, lockup)는 조건으로 상대적으로 높은 금리를 약속 받는 것과 같다.

TVL(Total Value Locked)은 발행된 암호화폐 중에서 얼마만큼의 암호화폐가 해당 프로젝트에 맡겨져 있는지를 나타낸다. 암호화폐를 맡긴다는 것은 단순하게 보면 시장에서 유통 가능한 암호화폐의 수가 줄어든다는 것을 말한다. 그러면 당연히 암호화폐의 공급이 줄어들어 암호화폐 가격은 올라가게 된다.

TVL은 투자자들 사이에서 널리 사용되는 지표 중 하나로, 2021년 블록체인 업계에 디파이 열풍이 시작되며 중요한 지표로 자리 잡았다. TVL이 높다는 것은 투자자가 이 프로젝트의 경제적 가치에 대해 높은 수준의 신뢰를 가지고 매수하였으며, 매수한 암호화폐를 맡기고 있음을 나타낸다. 하지만 수요 및 다른 시장 내외적인 요건도 고려해야 하므로 TVL 증가가 무조건 암호화폐 가격을 상승시킨다고는 볼 수 없다.

TVL과 지표 비율

TVL을 지표로 삼아 투자할 때는 절대적인 TVL의 총액뿐만 아니라, TVL 대비 MC(시가총액), FDV(완전 희석 시가총액)의 비율도 중요하게 살펴보아야 한다.

가격이 결정되는 단순한 수요 및 공급 법칙에서 보았을 때, TVL의 증가와 시가총액 대비 높은 TVL 비율은 시장에 공급되는 암호화폐의 인플레이션 압력을 줄여 줌으로써 가격 상승에 도움이 될 수 있다.

암호화폐 평가 사례

다음 표는 실제로 DSV가 리서치를 하는 경우 조사되고 평가에 이용되는 보고서의 일부이다. 다음 표를 통해 한 프로젝트의 평가를 해 보자.

Price, 즉 가격이란 거래소에서 매일 거래되는 가격을 말한다.

Project Overview

Price	$2.19
Market Cap	$298 M
FDV	$2.19 B
TVL	$395 M
MC/TVL	0.75
FDV/TVL	5.55

현재 암호화폐의 가격은 2.19달러이다. 약 2,850원이다.

MC(Market Cap)란 현재 유통되는 암호화폐 수에 현재 암호화폐 가격을 곱한 암호화폐의 현재가치 이다.

- MC는 달러 기준으로 2.98억 달러이다.
- 원화로 약 3,874억 원이다.
- 암호화폐 시장에서 이 암호화폐가 묶여 있지 않은 현재 시점의 총 암호화폐의 가격이 약 3억 달러 수준인 것이다.

FDV(Fully Diluted Valuation)는 현재 암호화폐의 시가에 백서에 공시된 총 암호화폐량을 곱하여 계산된 완전 희석 시가총액을 의미한다.

- FDV는 현재 시점으로 21.9억 달러이다.
- 백서에 표시된 암호화폐의 현재 가치 합계가 22억 달러 수준이라는 것이다.

- 원화로 2.85조 원 수준이다.

TVL(Total Value Locked, 총 예치금액)은 발행된 암호화폐 중에서 거래되지 않고 네트워크에 맡겨진 암호화폐의 가치를 말한다.

- TVL은 현재 시점으로 3.95억 달러이다.
- 원화로 5, 135억 원 수준이다.

MC/TVL이 1 미만이다.

- 현재 맡겨진 암호화폐의 가치 대비 시장 가격이 0.75 수준이다.

FDV/TVL이 5.55이다.

- 맡겨진 암호화폐 대비 FDV가 5배 이상으로 평가되고 있다는 것이다.

하지만 앞에서 설명하였듯이 암호화폐는 상대가격을 통해 가치를 평가하는 것이 일반적이다. 즉, 이들 주요 변수들을 다른 여러 블록체인 기반의 프로젝트들과 한 번 더 비교하고 비율 분석하면서 평가하고 투자를 하게 된다.

이와 같이 상대성을 강조하는 암호화폐의 가치 평가 방법은 기존 레거시에서도 비슷한 사례를 찾아볼 수 있다. 레거시에서도 PBR, PER라고 하

는 기업의 재무비율을 분석하고 나면 다른 기업과 비교하여 적정성 여부
를 평가한다. 이러한 절차와 방법이 암호화폐 평가에서도 비슷하다고 생
각하면 된다.

3

암호화폐의 생태계와 철학

PG DAO를 앞에서 소개하면서 P2E와 길드에 대해 이야기를 나누었다. 초기 1,300배 가치가 오르면서 뜨겁게 관심을 가지던 P2E 암호화폐는 2022년 들어 가치가 하락했다. 그러면서 암호화폐에 대한 투자 관심도 떨어지고, 생태계의 문제점도 드러나게 되었다. 그러면서도 우리 사회는 또다른 기술과 생태계를 가진 암호화폐가 우리에게 궁극적으로 다가올 것을 기대한다.

다가올 세상은 레거시인 법정화폐와 암호화폐가 암호화폐가 공존할 가능성이 높아지고 있다. 그러면 암호화폐의 사용되는 생태계에 대한 이해는 다가올 미래를 이해하는 데 도움이 많이 될 것이다.

한국은 인터넷이나 금융 시장이 잘 발전되어 있어 암호화폐가 있건 없건 간에 크게 우리 삶이 불편하지 않다. 그러나 동남아 한 나라처럼 전체 인구의 2%만이 은행 계좌를 가지고 있는 나라의 국민들은 인터넷만 사용이 가능할 뿐 한국과 같은 금융서비스를 받을 수는 없는 경우도 많다. 은행에서 돈을 빌리기도 어렵고 환전에도 비싼 수수료를 내야 한다.

그럼 인터넷만 가능한 사회에서 한국과 같은 금융서비스를 받을 수 있는 방법은 없는가? 이러한 생태계를 처음 고민한 기업들 중에 페이스북이 있다. 페이스북은 이때 어떤 철학을 가지고 있었던 것일까? 2019년 6월 18일, 페이스북은 리브라 암호화폐 발행을 공식적으로 발표했다.

리브라에는 28개 회사가 파트너로 참여했다. 마스터 및 비자 카드, 우버, 페이팔 등이다. 페이스북은 실제로 2019년 5월 스위스 제네바 상업등기소(Geneva Commercial Register)에 새로운 핀테크 기업을 등록하기까지 했다.

페이스북이 주도하는 리브라는 블록체인 기반의 암호화폐로 통해 계좌가 없는 세계 약 17억 명의 인구가 추가 비용 없이 페이스북 메신저 등을 통해 즉석에서 돈을 송금하거나 결제할 수 있는 서비스를 제공하고자 했다. 페이스북의 리브라 프로젝트가 성공한다면 신용카드를 뛰어넘는 네트워크 우위를 확보할 수 있게 되는 것이었다.

이런 생각은 다른 생각과 기득권을 가진 레거시에 의해 도전을 받았다. 미 달러가 기축통화로서의 위치가 흔들려서는 안 된다는 이유와 동시에 암호화폐가 마약 거래 등에 사용된 소재가 많다는 것, 기존의 레거시 금융 시스템에 비해 개인 정보 보호 및 투자자 보호가 부족하다는 것 등이 그 이유이다.

결국 2019년 7월 마크 저커버그 페이스북 대표이사는 레거시의 우려가 불식될 때까지 리브라 출시를 연기하겠다고 발표했다. 그러다가 그러나 2021년 4월 가상화폐 '리브라'를 '디엠'으로 이름을 바꿔 출시를 다시 시도했다. 그리고 2021년 10월 페이스북은 회사 이름을 '메타(Meta)'로 바꾸었다. 메타란 '저 너머(beyond)'를 의미하는 그리스어이다.

마크 저커버그는 가상 세계에서 사람들이 게임하고, 일하고, 소통할 수 있는 온라인 세계인 메타버스를 구축할 계획을 발표하면서 새로운 이름을 발표한 것이다. 가상 세계가 직장, 놀이, 콘서트에서 친구 및 가족과의 사교에 이르기까지 거의 모든 것에 활용되리라는 기대감이 있었다. 하지만 이번에도 공격적으로 가상화폐 프로젝트를 진행하던 메타는 레거시의 반대를 떨쳐 내지 못했다. 메타버스와 가상화폐를 연결하는 저커버그의 미래 구상에도 타격을 받게 되었다.

이렇듯 금융서비스의 생태계 혜택을 확대하려는 노력은 아직 큰 열매를 맺지 못하고 있다. 하지만 이러한 노력은 최소의 거래비용으로 금융서비스를 가능한 많이 누리게 할 수 있는 기술 발전에 큰 기여를 하고 있다. 그리고 조만간 이러한 노력의 결과가 조금씩 가시화될 것으로 기대한다.

IV

변하는 것과
변하지 않는 것

1

변화에 대한 단편

우리는 금융과 관련된 레거시가 사라져 가고 또 새로운 변화와 융·복합되는 것을 앞 장에서 살펴보았다. 그리고 새롭게 다가오는 변화의 물결 중 이미 와 버린 최첨단의 사례를 PG DAO와 DSV 투자로 살펴보았다. 이 장에서는 변화하는 금융세계에서 과연 변하지 않는 것은 무엇인지에 대한 이야기를 해 보고자 한다.

돈을 벌었다는 사실을 가장 극명하게 표현해 주는 두 단어가 있다. 재산과 이익이 바로 그것이다. 금융에 기본이 되는 돈, 회계, 가치 평가에서 특정 시점의 상태인 재산과 일정 기간 동안의 변동인 이익은 약방의 감초처럼 사용되는 기본 요소이다. 여기서는 재산과 이익이 어떻게 기업의 성장과정에서 확장, 응용, 변화하는 의미로 다가오는지에 대한 이야기를 하고자 한다.

변화의 어원

　인류의 삶의 역사에서 변화의 본질은 무엇인가? 큰 시간 주기의 변화로는 약 1억 년 전 백악기에 기후 변화로 인한 산소 부족 상태를 극복하기 위한 진화론적 대응들이 있었다. 공룡은 몸집을 키워 몸속에 산소주머니를 만들어서 이로 대응했다. 복식호흡을 통한 심호흡으로 산소 흡수의 효율성을 높인 포유류가 나타난 것도 이때라고 한다. 포유류인 고래는 복식호흡을 위한 척추구조로 인해 좌우로 헤엄치는 다른 물고기와 달리 상하로 헤엄친다.

　이러한 우주론적 환경 변화에 적응하기 위한 무수한 큰 시간 주기의 변화도 있고, 인류의 과학 지식의 발전과 같이 환경 변화에 대응하기 위한 인간세상의 제도 및 기술도 무수한 작은 시간 주기의 변화들을 계속하고 있다.

　변화의 어원과 관련된 가장 오래된 문헌은 『주역』 「계사전」이다. 내려오는 인류의 지혜를 공자가 글로 남긴 『주역』에 관련된 10가지 글 중 하나이다. 이 문헌에 의하면 '변'은 음에서 양으로 팽창하면서 바뀌는 힘을 말하고, '화'는 양에서 음으로 수축하면서 바뀌는 것이라고 한다.

　『주역』은 별들의 운행이나 계절의 변화와 같은 우주 변화를 음양의 조합으로 형상화하여 변화 원리를 추론하고, 이를 인간 세상의 변화에 대응하는 교훈으로 삼고자 하는 문헌이다.

사람들은 『주역』을 만학의 제왕이라고도 한다. 『주역』과 연관된 다른 사례로는 도서관의 어원이 있다. 『주역』의 개론에 '하도'라는 그림과 '낙서'라는 글이 있다. 하도에서의 '도' 자와 낙서에서의 '서' 자를 따서 지은 이름이 도서관이다. 이처럼 도서관 이름의 의미는 책이라는 매개체를 이용하여 만학의 제왕인 『주역』에 담겨 있는 우주 변화 원리에 대한 인류의 지혜를 선대와 후대가 소통하라는 뜻이 담겨 있다고 본다.

필자는 동서양의 음양우주론이 담겨 있는 두 개의 그림을 소개하려고 한다.

만 원 지폐에 나와 있는 천상열차분야지도

동양의 음양우주론을 대표하는 그림으로는 우리가 매일 보는 1만 원짜리 지폐 뒷면에 나와 있는 '천상열차분야지도'가 있다. 천상열차분야지도는 태종 이방원이 대동강에서 발견한 석판이라는 설도 있고, 조선의 건국 후 태조 이성계가 정권의 명분을 쌓기 위한 일환으로 오래전부터 전해 오는 천문도를 완성한 것이라는 설도 있다.

이 천문도는 모래알 개수보다 많다는 별의 모습을 축약하여 1차 상징으로 나타낸 것이다. 4계절 우주 입체지도이다. 또한 천체를 4분면으로 나누어 1분면을 7개의 영역으로 나누어, 결과적으로 천체를 28개의 영역으로 나누었다. 그리고 중요 별 약 1,500개를 별 밝기 수준에 따라 별의 크기를 5단계로 나누어 그린 것이다.

우주 별자리를 한 번 더 축약하면, 정 가운데에 북극성을 두고 주위 사분면에 4개의 북두칠성 별자리를 둔 그림도 있다. 별의 개수는 29개이다. 우리가 명절에 즐겨하는 윷놀이에서 윷판의 점의 개수도 똑같은 29개이다.

약 1,500개 별자리인 천상열차분야지도를 축약하여 상징하면 북극성을 가운데 두고 북두칠성 4개를 4분면에 배치한 도형이 된다. 이를 본뜬 것으로는 북 현무, 남 주작, 좌 청룡, 우 백호의 사신도와 윷판이 있다.

세종대왕이 한글을 창제할 때 자음과 모음의 개수를 28자로 한 것도 우주 변화 원리를 담기 위함이었다. 소리를 음양우주 변화 원리에 따라 창제했다는 것은 『훈민정음 해례본』에 잘 설명되어 있다.

전화번호를 외우고 다니는 나라는 전 세계 중에 우리나라뿐이라는 말을 들은 적이 있다. 일반적으로 사람의 뇌는 2초 안에 소리 내는 단어를 익숙하게 외운다고 한다. 2초 안에 8개 또는 11개 숫자를 소리로 발음할 수 있는 언어는 한글이 유일하다고 한다. 디지털 시대에 가장 알맞은 언어이다.

이처럼 천상열차분야지도를 통한 음양우주론은 세종 시대의 찬란한 과학문명과 같이한다. 이것은 아직도 변하지 않고 적어도 600년을 우리와 같이하고 있다. 그것도 가장 많이 사용하는 신용화폐의 변하지 않는 내용으로 말이다.

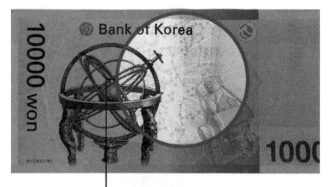

천상열차분야지도 (天象列次分野之圖)

－조선시대 천문도
－국보 제228호
－국립고궁박물관 소장

출처 : IBK 기업은행

우주를 상징한 것이 우리나라 태극기이다. 가운데에 음양이 조화로운 태극 문양이 있고, 사분면에 하늘, 땅, 물, 불이 있다. 우주 만물의 변화 기본을 음양, 태극 문양으로 표시하고 음양 2진법의 변화 원리로 건, 곤, 감, 이 즉, 하늘, 땅, 물, 불을 표시하였다.

또 다른 표현으로는 태양계의 수, 화, 목, 금, 토 5행성으로 음양의 변화를 설명하고 있다. 인간 세상의 철학으로 인의예지신으로 기술되었다. 눈에 보이는 건물로는 흥인문, 돈의문, 숭례문, 홍지문, 보신각이 명명되었다. 미술로는 근정전의 일월오봉병이 해, 달, 수, 화, 목, 금, 토, 우주를 담고 있다. 음양우주론을 태극기로 상징하고, 철학으로 승화시키고, 건축물과 예술뿐만 아니라 놀이 문화에까지 확장한 것은 경이로움 그 자체이다.

닐스 보어의 태극 문장의 영원성

서양 과학사에서 필자에게 강하게 다가온 것은 라이프니츠의 이진법과 닐스 보어의 태극 문장이다. 라이프니츠는 이진법 연구에서 『주역』으로부터 영감을 받았음을 본인 논문에서 직접 밝히고 있다. 0과 1로 구성된 이진법은 디지털 언어에서 효율적인 정보 전달기술의 실현으로 현대 과학 발전의 기초를 다졌다.

닐스 보어는 양자역학의 탄생에 기여한 학자이다. 양자역학은 눈에 보이지 않는 원자 전자 소립자 등 극미세 세계의 물리현상을 다루는 과학 분야이다. 닐스 보어는 뉴턴의 고전물리학에서 서로 대립적인 개념인 파동과 입자가 양자물리학적인 세계를 이해하는 데 상호 보완적인 역할을 한다는 상보성의 원리를 제창한 바 있다. 이러한 학문적인 업적으로 귀족 작위를 받았으며, 아래 그림과 같은 개인 문장을 만들었다. 이는 상보성의 원리에 대한 영감을 태극 문양에서 받았음을 시사한다.

동양과 서양의 구분 없이 인류는 음양 우주 변화 원리로 아주 큰 우주를 해석하고, 보이지 않는 아주 작은 것의 변화 원리를 연구하는 데에 이용해 왔다. 음양을 기본으로 동서양이 서로 소통하면서 크고 작은 보이지 않는 것들에 대한 원리를 탐구하고, 그 결과가 인간 세상의 변화의 원인으로 작용하는 모습은 경이롭다.

금융과 IT가 급변하고 있다. 화폐도 아날로그 법정화폐에서 디지털화폐로 변하고 있다. 이러한 급격한 변화 속에서도 음양이라는 바뀌지 않는 것이 분명히 있다.

천상열차분야지도와 닐스 보어의 문장(출처 : 위키피디아)

숫자로 느끼는 변화의 원인

인류는 살아오면서 많은 변화를 거듭하였다. 하지만 우리 세대처럼 빠른 변화를 경험하는 세대도 드물 것이다. 필자는 타자로 타이핑하고 등사기를 이용해서 결산서 또는 감사보고서를 만들고, 계산기로 숫자의 합계의 정확성을 확인하는 세상을 경험한 마지막 세대이다.

필자가 회계법인에 입사한 80년대 후반에는 결산 때면 고객 회사의 회계팀과 회계법인 회계사들이 여관방을 잡고 밤을 새면서 결산 작업 및 확인 작업을 했었다. 지금은 웬만한 작업은 엑셀 프로그램이나 회계전산 프로그램이 짧은 시간에 사람이 하던 일을 대신한다. 물론 이 정도는 핸드폰, 자율주행차, 로봇, 인공지능이 느끼게 하는 변화에 비하면 아주 일부분일 것이다.

우리 세대의 변화의 가장 큰 원인은 기술의 진보와 과학이다. 현대 과학은 자연에서 일어나는 우주 변화원리의 비밀을 모두 알아낼 기세이다. 그것은 천체 운행과 같은 거시세계의 변화원리를 해석한 아인슈타인의 상대성원리에서부터 미시세계의 변화 원리를 풀어낸 양자역학까지 그 경계를 가리지 않고 있다.

필자는 회계나 가치 평가와 같은 숫자와 관련된 직업에 종사하는 이유로 다양한 산업에서 과학의 변화를 접할 수 있는 기회를 얻었다. 그런 와중에 서울대 박영준 교수님의 반도체 관련 유튜브 강의를 만났다. 평소에 필자가 존경하는 분이라 강의에서 반도체 관련 전자기학 지식도 얻었지만, 부가적으로 두 가지 사실이 인상적이었다.

하나는 트랜지스터에서 한 단계 진화한 모스펫(MOSFET, 금속 산화막 반도체 전계효과 트랜지스트) 개발에 강대원 박사님이 크게 기여하였다는 점이다. 우리나라가 반도체 산업이 강한 이유에 대한 필연적인 인과관계를 이해하는 데 도움이 되었다. 뿐만 아니라 미국의 실리콘밸리의 어원이 반도체 칩 설계 회사들이 실리콘밸리에 많이 입주한 데서 나왔다는 것을 알게 되었다.

필자에게 더 강한 인상을 준 것은 반도체 판매 단가의 변화였다. 반도체는 전자기학을 이용하여 정보를 보관, 전달하는 작용을 하는데 그 정보량의 기본 단위는 바이트(bite)이다. 모스펫 개발 이후 초기의 1바이트당 판매 단가는 약 100,000원이었으나 현재는 0.00000000000006원 정도이다. 몇 배가 싸진 건가? 0의 개수가 무려 19개나 된다. 만, 억, 조, 경 각각 0의 개수를 4개씩 하더라도 16개이니 0을 3개 더하면 1000경 배 싸진 거다. 과학혁명이 생산요소의 가격혁명을 가져왔다. 필자는 이 가격혁명이 이번 변화의 기본 원인이라고 생각한다.

숫자는 변화를 이해하는 데 참 쉬운 언어이다. 우리 사회는 숫자를 얘기하는 것이 너무 이해타산이 빠르다, 또는 일이 잘되기보다는 본인의 이익에만 관심이 있다며 안 좋은 쪽으로 이해하는 경우가 많다. 이는 유교 문화가 미친 영향도 있고 급속한 경제성장으로 부의 형성에 대한 신뢰가 부족한 영향도 있을 것이다.

그러나 숫자는 소통을 가장 효율적으로 할 수 있고, 숫자가 밑받침되는 소통이 쌓이면 신뢰가 형성된다고 본다. 그래서 필자는 변화를 이해하기 위해서 금융 관련 숫자의 기본인 돈, 회계, 가치 평가에 대해서 간단히 분석해 보고자 한다.

그리고 더 근원적인 기본을 이해하기 위해 숫자를 상태인 재산과 변동인 이익으로 구분하고, 이것을 음양우주론의 음과 양으로 비유해 보겠다. 돈의 규모의 변화 또는 돈을 바라보는 입장의 차이에 따라 음과 양인 재산과 이익의 활용 및 변화에 대하여 짚어 보고자 한다.

2

숫자의 크기가 가지는 의미

우리는 금융과 관련된 변화에 대해 얘기하고 있다. 문명이라 함은 인류가 언어로 서로 소통하고 협동하며 주위 환경에 대응하며 생존하기 위해 에너지 사용의 효율을 높이는 쪽으로 경제활동을 해 왔다. 그 활동 이면에는 언제나 돈의 흐름이 있다.

돈, 즉 화폐는 실물의 흐름과 더불어 다수의 사람들이 많이 이용하면서, 보관 및 이동에 유리한 형태인 조개, 금, 은, 동 등을 이용하기도 했다. 지금은 정부가 발행한 지폐가 널리 이용되고 있고, 금융 결제수단의 발달로 돈을 소지하지 않고도 돈의 이동이 자유로운 시대가 되었다.

화폐의 기능은 당연히 경제활동의 편리성 제공과 경제활동의 안전성 제공이다. 화폐가 없는 세상은 상상할 수 없으며, 화폐는 사람 몸의 피와 같은 기능을 한다는 것을 부정할 이는 없을 것이다.

느낄 수 있는 돈의 규모에 따라 달리 보이는 세상

학생 때는 용돈이나 세뱃돈이 주 수입원이다. 느낄 수 있는 돈의 규모는 몇만 원이고, 기껏해야 몇백만 원 정도일 것이다. 이제 막 직장생활을 시작하고 월급에 의존해 신혼 살림을 위한 주거를 준비하는 사회초년생의 경우를 생각해 보자. 몇 억 규모의 돈은 실감이 날 것이다.

스타트업 벤처회사 창업자를 생각해 보자. 벤처캐피탈 회사로부터 투자도 유치했고 직원 월급이나 연구개발비 등을 지불했을 것이다. 벤처 창업자에게는 몇십억 규모의 자금이 피부에 와닿을 것이다. 상장법인의 대표이사나 대주주의 경우 그 단위가 더 증가할 것이다. 회사의 시가총액, 자산, 매출 등 몇백억, 몇천억 크게는 몇조 이상 규모의 자금 또는 숫자에 대해 자주 보고, 받고, 늘 의사결정에 직면할 것이다.

나이, 재산, 경험과 조직에서의 위치에 따라 각자 느낄 자금의 규모는 다르다. 본인이 직접 지출과 수입에 대한 의사결정을 하는 숫자에 대해서는 그 숫자가 만들어지는 과정과 성격까지 잘 파악한다. 어느 금액 단위에서도 그것이 자신의 자산 부채라면, 금액 크기 순으로 줄 돈, 받을 돈 각각 5개 항목 정도는 왜 발생했는지, 돌려받을 수는 있는 돈인지, 언제 상환해야 할지 등 그 스토리까지 정확히 파악할 것이다.

하지만 숫자의 단위가 1천억 원을 넘어가는 경우, 하부 조직을 담당하고 있는 본부장이 전사적인 의사결정권을 보유한 대표이사가 관심 있는

5개의 숫자와, 그 숫자의 성격을 명확하게 알고 있지 못하는 것을 종종 발견한다. 그 숫자가 어떻게 태어났는지, 법률상 권리 의무가 명확한지에 대한 이해도가 대표이사보다 낮은 편이 일반적이다.

본인이 담당하는 조직 차원의 숫자는 눈에 잘 들어오지만, 전사 차원의 큰 금액이나 본인의 성과와 무관한 다른 조직 또는 하위 부서의 관심이 낮은 돈에는 익숙하지 않다. 서로 느끼는 자금의 규모의 차이 때문에 동일한 경제사건에 대하여 서로 이해도가 다를 수 있다. 이로 인해 소통이 안 되거나 오해가 발생하는 경우도 종종 발생한다. 또한 재산의 크기에 따라 얻을 수 있는 정보량의 차이로 경제주체 간의 정보의 비대칭이 생기기도 한다.

화폐단위가 더 큰 숫자를 살펴보자. 우리나라 국민소득은 약 2,000조이다. 정부예산은 약 600조이다. 정부 예산의 의미는 동업을 할 때 공통비라고 볼 수도 있다. 국민들이 동업을 하고 공통 경비를 충당하기 위하여 각자 소득의 약 30%를 세금으로 부담했다는 의미가 숫자의 크기 때문에 잘 와닿지 않는다.

미국의 국민소득은 약 2경이고 중국은 미국의 약 70%인 약 1경 4천조이다. 최근에 양국 간의 갈등이 많다는 뉴스는 자주 접하지만, 그 돈의 크기 때문에 어떠한 메커니즘을 통해 우리 생업에 영향을 미치는지 잘 느끼지 못하는 경우가 많다.

주식 시장의 시가총액은 대략 우리나라 2,000조, 미국 4~5경이라고 한다. 전 세계적으로 주식 시장 시가총액은 그 나라의 GDP 수준과 유사하다고도 한다. 기초자산을 대상으로 확장되는 선물 시장, 옵션 시장, 에너지 시장, 원자재 시장, 전 세계 토지의 전체가격 등을 고려한다면 광의의 시장 시가총액의 크기는 더 증가할 것이다. 이제는 가상화폐 시장의 전체 시가총액도 약 2,000조에서 등락하고 있지만, 상당한 추세로 증가 기미를 보이고 있다.

필자는 대부분의 시간을 고객을 만나 대화를 나누는 데 쓴다. 이때 만나는 사람의 입장이나 익숙한 돈의 규모를 고려하려고 노력한다. 가끔씩은 소통의 효과를 높이기 위해 돈의 규모를 바꾸기도 하고, 입장 전환을 이용하기도 한다.

상평통보의 문양과 화폐의 목적

화폐 문양 중 필자가 가장 좋아하는 문양은 상평통보이다. 상평통보의 문양을 보면 가운데에 네모난 구멍이 나 있고, 전체적인 모습은 동그랗다. 줄로 꿰어 보관하기 쉽고, 가지고 다니기에 용이한 편리성과, 금속에 구멍을 뚫어 복제를 어렵게 하는 안전성이라는 상충되는 목적이 동전 문양에 잘 담겨 있다. 또한 동양 철학의 기본을 이루는 음양우주론을 담고 있다. '하늘은 둥글고 땅은 방정하다'는 뜻의 천원지방을 새긴 것이다.

출처 : 위키피디아

　무언가를 할 수 있는 에너지의 축적을 돈의 축적이라고 볼 수 있다. 우리는 상식적으로 이것을 재산이라고 한다. 개인의 재산의 변화는 이해하기 쉽다. 한 시점의 재산이 1억이라면 매년 수입과 지출의 변동을 더하고 빼면 내가 가지고 있는 부의 현재가 파악된다. 인생을 설계한다면 40대에 얼마의 재산을 모아야 자녀 결혼 자금과, 노후자금을 커버할 수 있을지 머릿속으로 대략 주판을 튕겨 짐작해 볼 수 있다. 하지만 자금을 투자하고 노동을 투자하여 무언가를 만들어 판매하는 기업체의 재산 축적과정은 조금 복잡하다.

　자본주의의 꽃이라고 하는 주식회사를 통해 돈의 축적 과정을 살펴보자.

3

지난 10년간의 변화를 겪은 기업운영 사례

홍길동은 2015년에 자본금 3억 원을 투자하여 떡갈비 주식회사를 설립했다. 함박스테이크보다 맛있는 떡갈비 레시피를 개발함으로써 한식의 세계화를 이루는 것이 회사 설립목적이다.

사업 개시를 위해 매장 하나를 보증금 2억 원, 월세 1백만 원에 임차하였다. 그리고 가게 인테리어에 2억 원이 소요되었다. 투자비 4억 원 중에서 3억은 자본금으로 충당하고, 모자란 돈은 청년창업자금 프로그램을 이용하여 1억 원을 중소기업진흥공단으로부터 빌렸다. 홍길동은 간단한 사업계획도 세워 보았다. 떡갈비 판매가격은 1만 원으로 정했고, 고정비는 직원 3명의 월 인건비 1천만 원과 임대료 1백만 원과 청년창업자금 연 2.4%의 월 이자 20만 원을 포함하여 월 1,120만 원으로 잡았다. 변동비는 재료비, 전기, 가스비 등을 포함하여 판매단가 1만 원의 50%인 5천 원으로 잡았다. 고정비까지 커버하려면 월 떡갈비 2,240개는 팔아야 했고, 월 8,800,000원, 연간 105,600,000원의 순이익을 내려면 월 4,000개를 팔아야 했다. 전문용어로 2,240개를 손익분기점(break-even point)이라고 한다.

간단히 사업계획을 요약하면 다음과 같다.

떡갈비 주식회사 설립 시 사업계획

	월 손익	연 손익
매출(PQ) 10,000원 × 2,240개	= 22,400,000원	268,800,000원
변동비(VC) 5,000원 × 2,240개	= 11,200,000원	134,400,000원
고정비(FC)	= 11,200,000원	134,400,000원
순이익	= 0원	0원
매출(PQ) 10,000원 × 4,000개	= 40,000,000원	480,000,000원
변동비(VC) 5,000원 × 4,000개	= 20,000,000원	240,000,000원
고정비(FC)	= 11,200,000원	134,400,000원
순이익	= 8,800,000원	105,600,000원

홍길동은 이러한 간단한 사업계획을 중소기업진흥공단에서 운영하는 청년창업사관학교에서 배웠다. 하지만 가장 중요한 것은 떡갈비 매출이었다. 홍길동은 주식회사를 설립하기 전부터 떡갈비 블로그 및 유튜브 활동으로 사업만 시작하면 자주 이용하겠다는 팔로워를 상당히 확보한 상태였다.

사업 1차년도에는 변동비와 고정비만 커버하여 손해만 보지 않으면 2차년도부터는 이익도 내고 3차년도부터는 연간 순이익을 2억 원 이상씩 획득 가능할 것이라는 자신감으로 사업을 시작하였다. 실제 사업운영 결과는 기대 이상이었다.

사업 2년 차인 2016년에 2억 원 순이익을 달성하였고, 2017년에는 순이익 2억 이상을 실현할 것으로 예상하게 되었다. 영업점도 2개를 추가하기로 하였다.

세계음식박람회에서 K-음식 한류의 대표로 떡갈비가 수상하는 영예도 얻었다. 영어로 만든 떡갈비 제작비법, 한국전통 떡갈비 문화와 한국의 다른 음식들과 떡갈비의 조화를 소개한 유튜브의 구독자가 K-음식 한류 붐을 타고 세계적으로 증가하였다.

시리즈A 투자유치

2018년에는 사업 초기이지만 떡갈비 주식회사의 성장 가능성과 세계화 가능성을 인정해 준 중기청 지원 문화벤처펀드 한 곳으로부터 20억 투자도 받았다. 20억 투자의 대가로 떡갈비 주식회사의 지분 20%를 주었다. 이제 홍길동의 지분율은 80%이다. 펀드운영사 사장님으로부터 축하를 받았다. "지분 20%에 20억 투자를 받으셨으니, 떡갈비 주식회사의 기업 가치는 100억인 셈입니다." 창업 3년이 갓 지난 시점에 기업 가치 100억을 달성했으니, 미래가 기대된다는 것이다.

투자를 받은 이후 미래 성장계획의 일환으로 세계음식문화박람회와 라스베가스에서 매년 열리는 소비자가전전시회(CES)에 다녀왔다.

여행 이후 긴 생각을 통해 떡갈비 주식회사의 미래 핵심전략을 우리 역사 전체의 지혜가 담겨 있는 전통 음식을 맛을 살리는 것과, 우리 음식의 세계화를 위한 제작과정의 표준화 및 푸드테크 로봇을 포함한 정보통신 과학과의 만남으로 정했다.

이러한 전략의 실행과정의 일환으로 고유한 맛의 비법과 제작과정 표준화 및 과학화와 관련된 특허도 등록하였다. 투자 받은 20억을 바탕으로 국내 점포 5개, 해외 점포 1곳을 늘리는 계획도 순조롭게 진행 중이다. SNS를 통한 고객과의 소통도 그 증가율이 가속도를 내기 시작했다. 또한 운이 좋게 정부 산하의 한 공공기관이 주최하는 기술특례상장 컨설팅을 받을 수 있는 기업에 선정되었다.

시리즈B 투자유치

컨설팅 이후 2019년부터는 본격적으로 기술특례상장을 준비하기 시작했다. 거래소에서 요구하는 기술평가등급을 받기 위한 준비이다. 이를 위해 인재도 영입하였다. 미래융합 본부장과 재무담당 본부장이다. 미래융합 본부장은 음식제작과정 표준화와 협동로봇 이용과 같은 정보통신 과학과의 융합을 담당하였다. 또 한국 고유의 전통 맛을 찾으면 엔돌핀이 솟는다는 기술연구 본부장, 영업점 관리와 SNS를 통한 고객 소통을 담당하는 영업홍보 본부장도 있다. 이제 믿을 수 있는 본부장 4명으로 홍길동은 든든하다.

전사적으로 떡갈비의 미래비전과 기술특례상장 계획이 담긴 사업계획을 기초로 추가 투자유치(시리즈B)에도 돌입했다. 그 결과 지분 20%에 100억 유치에 성공했다. 이제 기업 가치는 500억이고, 주주 구성은 홍길동 64%, 시리즈A 투자자 16%, 시리즈B 투자자 20%이다.

코스닥에 기술특례상장 성공

2020년 봄, 드디어 떡갈비 주식회사는 기술특례상장에 성공하였다. 상장 후 공모가 기준 시가총액은 1,500억 원이다. 신주 공모 방식 상장이었고, 공모자금으로 회사에 유입된 공모자금은 300억 원이다. 2019년 매출은 300억 원을 달성하였고, 당기순이익은 60억 원을 달성하였다. 2019년 말 기준 총자산은 400억 원이고, 차입금 100억 원을 포함한 총부채는 250억 원이며, 순자산은 200억 원이다. 상장을 통한 공모자금을 합치면 이제 회사의 순자산은 500억 원이다.

공모가 기준 시가총액 1,500억 원을 기준으로 2019년 당기순이익으로 계산한 회사의 PER(시가총액/당기순이익)는 25배이고, 공모금액까지 포함한 회사의 순자산 500억 원으로 계산한 PBR(시가총액/순자산)은 3배이다.

상장 후 홍길동의 지분율은 51.2%이다. 상장의 비결은 음식 맛의 비법인 원천기술과 미래 성장 가능성이었다. 미래 성장 가능성은 로봇의 이용, 푸드테크 과학기술과의 만남, SNS라는 온라인 세상에서 이뤄지는 고객과의 소통이었다. 관련 기술 특허 획득으로 기술특례상장 요건인 신용평가등급도 받을 수 있었다.

음식 맛에 대한 홍길동의 열정도 있었지만 운이 좋았던 것 같다. 장 맛과 육수 등 맛에 대한 기본적인 영감을 준 아내와 자축하였다.

상장 이후, 위기는 늘 온다

시간도 빠르게 흘러 2022년 말이다. 떡갈비의 시가총액은 5,000억 원에 육박하고 있다. 상장 이후 미래성장성과 온라인상에서 활동이용객 (MAU, Monthly Activity User, 월별 활동한 이용자를 의미) 수의 증가 및 그 증가율의 점진적 상승으로 시가총액은 3천억 원에 이르렀으나, 코로나19 사태의 영향으로 시가총액이 상장 시점의 시가총액을 하회하는 1천억으로 낮아진 적도 있다.

회사의 상장 이후 사업 확장을 위한 과감한 투자로 상장 후 1년이 지난 시점에서는 자금 사정도 어려워지고 있었다. 이 무렵 회사의 시가총액이

1,200억 원 정도였을 때, 안정적인 고객성장률과, 떡갈비 고객과의 사업상 시너지를 낼 수 있는 업종의 회사를 소유한 PEF 한 곳으로부터 M&A 제안을 받은 적도 있다. 홍길동의 지분 전체를 1천억 원에 인수하겠다는 제안이었다. 또한 M&A 이후 홍길동에게 전문경영인으로서 회사 경영을 요청했다.

다른 조건으로는 선택사항으로 회사 매각대금 1천억 원 중 200억 원을 펀드에 후순위 투자를 해 주기를 요청했다. PEF가 떡갈비를 재매각하여 투자금을 회수할 때, PEF의 수익률이 IRR 기준 20%까지는 원금 및 수익에 대해서 펀드 지분율대로 20%만 배당하지만, 홍길동이 경영을 잘하여 IRR 기준 20% 초과 수익을 낸다면 초과수익에 대해 50%를 배당하겠다는 내용의 거래 구조였다.

홍길동은 제안을 거절하였다. 한국 고유의 맛을 세계로 알리고, 세계 음식문화를 자유롭게 교류하는 문화의 장을 만들겠다는 꿈이 있었기 때문이다.

2022년 상반기에는 재무담당 임원과 상의해서 전환우선주(CPS) 300억과 전환사채(CB) 200억 원, 총 500억 원의 투자를 유치하였다. 홍길동은 대주주지분율이 낮아질 수 있지만 기업경영에 가장 중요한 것이 자금이라는 것을 잘 알고 있었기 때문에 과감한 결정을 내렸다.

2022년 하반기부터 전 세계적인 고금리 시대가 열리면서 자금 시장이 경색되는 것을 보고, 적절하 타이밍을 잡는다는 것이 얼마나 중요하고 어려운지 알게 되었다. 이제는 고객, 회사 구성원, 다음 세대와의 소통하는 철학도 필요하고, 회사 경영에서도 초심으로 되돌아가는 것이었다.

시총 1조 클럽과 글로벌화의 기회

회사의 경영전략을 임원들에게 요청하고, 회사의 재도약을 위한 세미나를 통해 전략을 수립하였다. 우리 회사의 핵심가치인 맛의 본질은 무엇인지, 세계 지역별, 문화별 음식의 변화과정, 과학적 영양분석을 통한 상품 개발전략은 기술연구 본부장이 담당하였다. 메타버스와 디지털트윈 시대에 맞는 고객과의 소통전략 및 가상세계와 현실세계를 오가면서 고객들이 요리하는 방법을 배우고, 경쟁도 하고, 결과물을 NFT로 남기고, 음식을 즐기는 소통전략은 영업홍보 본부장과 미래융합 본부장이 맡기로 했다.

기업 가치 증가로 인한 이익이 직원들에게 돌아갈 수 있는 종업원지주제 도입, 다음 세대와 사업 경험을 공유할 수 있는 기업형벤처캐피탈(CVC) 설립방안, 투명한 기업 경영에 대한 주주와의 소통 전략, ESG 보고서 발간 등은 재무담당 본부장의 몫이다. 회사의 성장뿐만 아니라 우리 맛의 세계화와 세계의 맛과 융합이라는, 창업 초기의 꿈을 실현하기 위함이다.

기업경영 의사결정의 순간마다 변화를 배운다

홍길동은 드라마처럼 지나온 8년을 돌이켜 보았다. 본인은 어떻게 변하였는지, 회사는 어떻게 변하였는지, 되돌아본다. 이제 세계 정세나 환율, 에너지 가격, 이자율 등 거시경제변수에 대해서도 관심이 간다. 낮에는 하늘도 가끔 쳐다보게 되었고, 밤에는 달과 별들도 바라보게 되었다.

사업 초기 때 선배와 나눈 대화가 기억난다. 선배는 "홍길동은 음식 맛에 열정이 있어 사업가로서 충분한 자질이 있다. 하지만 동전의 앞·뒷면의 관계처럼 사업의 태동, 성장, 성숙, 쇠락하는 사이클 변화 이면에 돈의 변화가 있다. 돈도 돈 나름의 변화 원리가 있고 그 기본원리를 깨달아야한다"라고 했다.

축적된 재산 유지와 새로운 투자를 통한 미래 성장 중 무엇을 선택할지에 대한 의사결정, 은행차입을 받을지 투자를 받을지에 대한 의사결정, 물건을 많이 팔수록 손해가 늘어나는 경우에 어떻게 해야 할지 등 의사결정의 연속이 사업이다. 이때 중요한 것이 늘 숫자에 근거한 판단을 하여야 한다는 것이다.

그때 선배가 가격과 가치는 무슨 차이가 있는지, 가치 평가 방법에 대해서도 얘기한 것 같다. 투자자는 기업의 가치를 바라볼 때 무엇을 중요하게 생각하는지에 대한 기본원리를 설명한 것 같다. 그 당시는 잘 귀에 들어오지 않았지만 8년간 엄청난 변화를 거치고, 무한대의 의사결정을 하면서 숫자에 대한 기본원리를 이해하는 것이 맛있는 음식을 만들어 많이 파는 것과 동등한 정도의 중요성을 있다는 것을 깨닫게 되었다. 당연히 떡갈비 주식회사의 미래 경영전략보고서는 최종적으로 숫자로 표시되고 그 의미를 말로 표현하는 식으로 작성되었다.

홍길동은 그동안 지나온 것처럼 또 시작되는 변화에 적응하면서 마지막 눈 감는 순간까지 꿈을 향한 활동을 멈추지 않을 것이다. 동시에 멈추지 않고 숫자의 변화를 의미를 부여할 것이다. 그 의미들을 다가오는 세대와 경험을 나누고 소통하면서 살아가겠다고 다짐해 본다.

4

회계에 대한 단편

떡갈비 주식회사의 사례를 이용해 회계가 무엇인지 가늠해 보려고 한다.

개인도 경제활동을 하면, 본인의 재산이 어떻게 변했는지 확인한다. 거래 이후 암산으로 '이렇게 재산이 변동되겠구나' 했는데, 통장 잔고가 암산 결과와 다른 경우가 종종 발생한다. 그래서 개인적으로도 가계부 또는 수입 지출 명세를 기록하기도 한다.

떡갈비 주식회사의 경우 고객은 떡갈비 가격보다 본인이 갖는 효용이 클 때 떡갈비를 구매한다. 떡갈비 주식회사는 떡갈비 매출이 변동비와 고정비를 커버하고 이익이 날 것으로 예측될 때 사업을 지속할 것이다.

그리고 원재료 구매, 제품생산, 판매의 결과를 보고 재산의 변화를 효율적으로 파악할 필요가 있다. 회사 운영을 위한 의사결정에 숫자 정보가 필요하다. 내 순자산은 얼마나 되는지, 언제 빚을 갚아야 하는지, 현금 예금 잔고는 얼마인지 등 시점별로 떡갈비 주식회사의 **재무상태**에 대한 정보가 필요하다. 또한 순자산의 변동 즉 이익이 얼마인지, 연도별 이익의 변화 추세는 어떠한지, 순자산 대비 이익률의 변화는 어떠한지 등 재산 변동에 대한 정보도 필요하다.

주식회사의 사업에 필요한 정보 획득처, 회계 시스템

회계는 이러한 필요를 충족하기 위해 하나하나의 거래를 분개라는 형식으로 회계 처리한다. 모든 분개는 장부에 기록된다. 1년간의 집계된 장부를 집계한 결과, 연초의 재산에서 변동된 결과인 기말 현재의 재산 상태를 몇 가지 세부 항목으로 구분하여 자산 부채 그리고 자산에서 부채를 차감한 순자산을 표시하는 재무상태표(구 대차대조표)와, 1년 동안의 사업성과인 이익을 또 몇 가지 세부항목으로 구분하여 수익 비용 그리고 수익에서 비용을 차감한 순이익을 표시하는 손익계산서가 회계의 결과물인 기본 재무제표이다.

상태인 재산과 변동인 이익으로 경제주체의 의사결정에 활용

재산의 변화 내용인 손익계산서와 변화 결과인 재무상태표가 의사결정에 어떻게 활용되는지를 살펴보겠다.

순자산을 늘리기 위하여 무엇을 하여 이익을 내야 할지, 이익을 내기 위한 활동을 위하여 모인 순자산을 사용해야 할지, 과거 또는 현재의 부를 나타내는 순자산과 미래에 예측할 수 있는 이익 또는 이익증가율 중 어느 쪽에 경영전략의 무게를 둘지, 거래상대방에게 나를 소개할 때 순자산과 이익 어느 쪽을 강조할지, 거래상대방을 판단할 때 순자산과 이익 중 어느 쪽을 중요하게 바라볼지 등 무수히 많은 기업의 의사결정에 일정 시점의 상태(stock)인 재무상태표와 일정 기간 동안의 변동(flow)인 손익계산서는 영향을 미친다.

모은 재산을 어디에 운용할까, 우리 회사의 자산을 예금, 부동산, 주식, 채권 등에 어떻게 운용할까, 은행 차입을 한다면 은행은 어떤 자산 구성을 좋아할까, 금융기관 차입금과 지분투자 중 어느 쪽이 유리할까, 회사를 인수한다면 대상회사의 자산 부채 구성내용이 어떠한 것이 나에게 유리할까 등 한 시점의 재산 상태인 재무상태표가 나에게 또는 거래상대방에게 여러 의미를 주고 있다.

이익이 나면 임직원 보너스는 얼마로 정해야 할지, 영업이익과 주식매매와 같은 비영업활동 이익의 비중이 어떻게 보일지, 세금은 얼마를 내야 할지, 여러 기간의 이익은 들쑥날쑥하는 것과 점진적 성장을 하는 것 중 어느 것이 유리한지, 이익이 많이 나면 거래처에서 가격 할인을 요청할지 등 손익계산서의 영향은 더 복잡한 것 같다.

떡갈비 주식회사의 사례에서 홍길동은 투자금 3억으로 시작하여 시가총액 5천억 원의 회사로 성장하면서 재무상태표와 손익계산서의 의미를 충분히 습득하고, 자기만의 노하우나 기본이 생긴 것 같다.

재무상태표와 손익계산서 속 재무지표들의 의미

홍길동은 기본 재무제표인 재무상태표와 손익계산서와 관련된 재무지표들의 의미도 파악하게 되었다.

재무상태표와 관련된 지표들은 안전성과 유동성이다. 안정성은 떡갈비 주식회사에 돈을 빌려준 금융기관 입장에서 회사의 실적이 나쁠 때 대출금을 갚지 못하거나 이자를 연체할 위험이 있는지 여부와 관련이 있는지 판단하는 기준이다. 순자산은 넉넉한지, 부채비율이 높지 않은지 은행은 늘 대출기업의 안정성을 파악한다.

유동성은 자산을 현금으로 신속하게 바꿀 수 있느냐에 대한 정보를 나타내는 지표이다. 돈을 빌려준 입장에서는 이익이 나고도 현금이 부족하여 흑자도산이 일어날 수도 있으니, 당연히 파악이 필요한 정보이다.

홍길동이 생각해 보니, 주택의 경우에도 그 효용이 동일한데 거래가 쉽지 않는 주택은 거래가 빈번한 대단지 아파트의 매매가격을 비교하면 당연히 유동성이 높은 아파트 가격이 높은 것도 이해되었다. 유동성이 가격에 영향을 미친다는 것도 이해하게 된 것이다.

손익계산서와 관련된 지표들은 성장성, 활동성이다. 사업을 하기 전에는 재산이라는 숫자만 보였었다. 그런데 홍길동이 투자를 받다 보니, 투자자들은 재산보다는 매출, 이익 등 손익계산서 숫자에 더 민감하다는 것을 알게 되었다. 기업의 가치에서 성장성이 안정성 못지않게 중요하다는 것을 알게 되었다.

활동성은 재고자산 회전율이나 매출채권 회전율 또는 SNS에서 고객들이 얼마나 시간을 많이 보내느냐 등을 평가하는 지표이다. 이러한 것도 가치 평가에 많은 영향을 미친다는 것을 알게 되었다.

홍길동은 그냥 쉽게 음식점은 매출 회전이 잘되어야 하고, 늘 신선한 재료로 고객에게 음식을 제공할 수 있어야 장사가 잘되는 것으로 이해했었다. 그런데 생각할수록 선배의 얘기처럼 재산과 재산의 변동이 서로 묘하게 연관되어 있고, 이 둘의 연결고리를 찾아가는 것이 매우 중요하다는 것을 알게 되었다.

상태인 재산과 변동인 이익과 음양우주론

필자는 늘 상태인 재산과 변동인 이익을 음양우주론에서의 음과 양으로 비교해 보곤 한다. 쉽게 오감으로 확인이 가능하고, 미시적인 것을 '음'이라 하고, 쉽게 오감으로 확인이 어렵고, 거시적인 것을 '양'이라 할 때, 상태인 재무상태표는 '음'에 가깝고, 변동인 손익계산서는 '양'에 가깝다고 생각해 보곤 한다.

『주역』「계사전」에서 변화의 어원이 음이 양으로 바뀌는 것을 변이라 하고, 양이 음으로 바뀌는 것은 화라는 것은 앞에서 이미 언급했다. 이렇게 음양이 태극 문양처럼 돌고 도는 모습과 같이 재산을 활용하여 이익을 창출하고 이익이 축적되어 재산이 되는 것을 보고 재산과 이익의 관계를 음양의 관계로 비유해 보았다.

상평통보가 천원지방으로 양을 나타내는 동그라미와 음을 나타내는 네모를 형상화한 것은 이러한 상태와 변동을 같이 생각하면서 돈을 바라보았던 것이 아닐까 하고 선조들의 지혜를 생각한다.

필자는 회계에서 상태와 변동에 못지 않게 중요한 것은 분개라고 생각한다. 분개의 의미에 앞서 복식부기의 위대함을 짚고 넘어 가야겠다. 가장 쉬운 재산 변화의 기록은 현금 수입지출표이다. 은행 통장 거래 내역과 같이 현금의 증감과 현금 잔고를 알려 주는 것이다. 이러한 회계를 단식부기 회계라고 한다. 반면 분개를 하여 상태와 변동을 동시에 파악할 수 있는 것을 복식부기라고 한다. 수천년 전부터 복식부기를 이용한 개성 상인들의 지혜는 참으로 위대하다.

회계에서 한 가지만 건진다면 분개

분개는 한 거래를 차변, 대변으로 기록하는 것이다. 영어로는 차변은 Debit, 대변은 Credit이다. 필자는 쉽게 줄 돈, 받을 돈으로 해석한다. 필자는 후배 회계사들에게 회계에서 한 가지만 건진다면 분개라고 항상 얘기해 왔다. 왜냐하면 분개의 의미를 확장하면 거래를 **회계와 법과 가치평가** 관점에서 바라볼 수 있기 때문이다.

분개는 회계적으로 거래를 자산과 부채 또는 수익과 비용으로 구분하여 기록함으로써 거래의 결과가 재무상태표와 손익계산서에 반영된다.

분개는 **법률상 권리 의무 관계**를 파악하게 해 준다. 모든 법률적인 효과를 부여하는 계약서에는 거래상대방 간의 권리와 의무를 정하는 것을 목적으로 한다는 문구가 서문 또는 1조에 기재되어 있다.

물건을 제공하고 그 대가로 거래대금을 지불하는 계약이 있다고 가정해 보자. 물건에 하자가 있을 경우 손해배상을 요구할 것이다. 거래대금을 지불하여야 물건의 소유권이 이전될 것이다. 계약내용이 이행될 때 물건 납품 확인서, 대금 수령 영수증 등 증거자료도 필요할 것이다. 분개의 차변, 대변을 법률상 권리와 의무 관계로 해석할 수 있는 눈을 가진다면 분개가 내포하고 있는 거래관계를 이해하는 데 많은 도움이 될 것이다.

분개는 거래의 대가 관계의 가치가 공정한지에 대한 단초를 제공한다. 거래조건에 대한 이해가 명료해지지 않으면 거래 관계가 분개로 차변과 대변으로 기록되는 것을 불가능하다. 거래 조건에 대한 이해가 명료해지면, 누구나 그 거래 가격의 적정성에 대한 파악이 용이하다.

어떠한 거래가 있다면, 시간의 흐름에 따라 거래대상 물건의 가격은 늘 변할 것이다. 거래 시점의 분개와 시간이 지난 시점에서의 매각 분개를 해 보면, 거래 가격의 적정성을 파악하거나 이해하는 데 도움이 될 것이다.

후배 회계사들이 고객과의 대화에서 회계에 익숙하지 않은 고객에게 회계기준을 먼저 설명하는 경우를 많이 발견한다. 필자는 거래의 대가 관계를 먼저 설명하거나 귀담아듣고 시간의 경과에 따라 거래 가격이 유리하거나 불리할 때 가치의 변동이 어떻게 변하는지를 논의한 후에 회계기준을 설명하라고 충고한다.

회계를 한마디로 정의하라면 거래를 쉽게 소통해 주는 언어라고 생각한다. 필자는 복잡한 거래에서 거래가 무산되는 이유를 분석해 본 적이 있다. 최종적인 거래 조건이 맞지 않아 부결되는 거래는 늘 존재한다. 하지만 거래의 복잡성 때문에 거래 조건까지 도달하기도 전에 소통 부족으로 거래가 무산되는 경우를 보면서 아쉬움을 느낀다. 거래비용만 증가시키고 모든 경제주체들에게 불이익으로 돌아가기 때문이다.

떡갈비 주식회사의 홍길동은 어려운 회계기준은 잘 모르지만 소통수단인 경제 언어인 회계의 기능을 이해하는 데 자신이 생겼을 것이다.

무한 변화를 표현하는 이진법 시각으로 보는 회계

회계는 인류가 발명한 훌륭한 레거시이고, 계속 변화와 융화되면서 기능할 것으로 본다. 회계를 이해하는 데에 음양우주론과 연결해 보기를 권한다. 음과 양이 서로 주고받으면서 변화하듯이 상태인 재산과 변동인 이익이 확장되고 서로 영향을 미치면서 변화하는 원리를 알 수 있을 것이다.

재산은 자산과 부채로 또 자산은 유동자산, 고정자산 등으로 확장하고, 이익은 매출 변동비, 고정비로, 또 매출은 수량 곱하기 단가로 확장해 본다. 이익을 내기 위해 재산을 이용하고, 이익이 쌓여 재산이 되고 또 미래의 재산을 예측하게 하는 융합도 해 본다.

이렇게 재산과 이익의 확장, 융합, 변화 관점으로 바라보면 어려운 회계를 바라보는 데 새로운 시각이 생길 것이다.

5

가치 평가에 대한 단편

먼저 가격과 가치에 대해 살펴보겠다.

가격은 늘 우리와 생활을 같이하고 있다. 생필품인 콩나물 가격, 배추 가격에서부터 주택 가격, 구리 가격, 기름 가격, 이자율, 환율, 주가, 코스피선물, 코스피옵션까지 우리의 생활이나 기업의 활동에 직접 영향을 미치거나 간접적으로 영향을 미치는 무한대의 가격이 있다.

거래로 보면 사는 이는 싼 가격(Buyer's Price)에 사고 싶고, 파는 이는 비싼 가격(Seller's Price)에 팔고 싶다. 무엇보다 싸거나 비싸다는 것일까? 각자 느끼는 가치와 비교하는 것이다.

가치의 종류와 활용

가치의 사례로는 투입가치, 교환가치, 사용가치, 기회비용을 고려한 가치 등 여러 가지가 있을 수 있다. 투입가치는 판매자가 팔려고 하는 물건

굿바이 레거시

의 당초 구매 가격이나 제조원가에 본인의 노력을 더한 것이다.

교환가치는 거래 대상 물건이 다른 시장에서 거래가 되고 있는 경우의 시장가격을 말한다.

사용가치는 구매자가 물건으로 인해 누릴 수 있는 효용이나, 미래에 얻을 수 있는 경제적 이익이다.

기회비용을 고려한 가치는 구매자가 물건을 사지 않고 구매대금을 은행에 예치할 경우 받는 이자를 더한 가치이다.

떡갈비 주식회사의 경우 홍길동은 떡갈비 하나의 판매가격을 1만 원으로 정했는데, 고객은 떡갈비가 다른 떡갈비나 함박 스테이크보다 맛있기 때문에 충분히 1만 원을 지불할 것으로 생각했다. 홍길동은 1만 원을 받더라도 월 2,240개의 떡갈비만 팔면 손해는 보지 않고, SNS 회원 수나 떡갈비 맛을 고려하면 충분히 그 이상을 판매하여 이익을 낼 수 있다는 계획이 섰다.

구매자는 구매가격의 적정성을 따지는 데 사용가치 또는 교환가치를 이용했고, 홍길동은 판매가격의 적정성을 따지는 데 투입가치를 이용하였다. 가격 협상에서부터 가격 정책을 포함한 사업계획을 수립할 때, 거래 후 가격의 변동에 따른 유불리를 분석할 때까지 다양한 가치는 가격과 밀접한 관계가 있음을 알 수 있다.

가격, 가치와 우연, 필연

  가격과 가치에 대한 다른 해석 접근법으로 우연과 필연을 이용해 보려고 한다. 우연은 원인과 결과가 불명확하고 운에 따라 결과가 좌우되는 것이다. 필연은 원인과 결과가 분명하고, 노력한 만큼 과실을 수확한다는 말처럼 노력의 결과로 과실을 얻게 되는 경우에 쓰는 말이다.

  필자는 가격은 우연과 필연이 결합되어 결정된다고 생각한다. 누구나 미래의 가격을 알고 있다면 불로소득을 얻게 되고 억만장자가 되겠지만 현실에서는 존재하지 않는다. 미래의 가격을 알 수는 없지만 현재 및 과거의 가격은 확인이 가능하므로 가격은 이해하기 쉽다.

  가치는 가격 변동의 원인과 결과를 주관적으로 분석하는 데 쓰이는 도구라고 생각한다. 매도자와 매수자의 입장 차이에 따라 가치분석법은 다르다. 재산의 규모나 조직 내에서의 위치에 따라서도 다르다. 전체 가치가 중요한지 부분의 가치의 합이 중요한지에 따라서도 가치분석법은 달라질 수 있다. 어떠한 가치분석법을 적용하니 전체인 조직은 이익을 얻었는데, 부분인 개인은 손해를 보는 결과를 우리는 늘 경험한다. 그래서 가치는 어렵다. 하지만 우연보다는 필연에 대한 분석이 더 합리적이므로 가치와 관련한 과학적이고 연역적인 가치분석법이 발전한 것도 사실이다.

  가격과 가치의 관계에서 사전 분석과 사후적인 결과의 차이로 희로애락이 늘 발생한다. 거래나 동업을 할 때 시간의 경과에 따라 예상치와 결과가 달라졌을 때 분쟁이 생기는 것이 그 예이다. 한쪽은 우연 때문에 일어난 일이지, 거래나 동업 시작 당시에 분석했던 것은 진실했다고 주장하는 것이다. 반대로 거래나 동업을 시작할 때 일방의 가치분석에 의한 예상치보다 결과가 좋게 나타나, 서로가 이익을 향유하고 서로 사람 됨됨이가 진실하다고 칭찬하는 경우도 많다.

가격, 가치와 음양우주론

필자는 이러한 복잡한 가격과 가치를 관계를 음양우주론에 접목하여 유기적인 기본원리를 알아보려고 사색하곤 한다.

가격은 눈에 보이는 확인이 가능하고 쉽게 이해되므로 음이다. 그런데 가격이 우연과 필연의 결합이라고 했을 때, 우연은 양이고 필연은 음이라고 하면 가격은 음 속에 양을 내포하고 있다고 생각해 보았다.

가치는 눈에 쉽게 보이지 않고 주관적이고 복잡하기 때문에 양이다. 가치를 분석할 때 또 다른 미시적인 가격을 이용하기 때문에 양 속에 음을 내포하고 있다고 생각해 보기도 한다. 음양이 변화하는 태극 문양처럼 가격과 가치를 서로 영향을 주고받으면서 변화하는 관계라고 말이다.

거래나 기업활동을 할 때 무수한 크고 작은 단위의 가격의 변동 주기를 태극으로 상징하고, 각 경제주체는 늘 변화 속에도 자기의 경제규모보다

큰 가격의 변화 주기와 작은 가격의 변화 주기를 관찰하면서 의사결정을 한다. 사람이 주체로서 우주의 거시세계와 양자의 미시세계의 변화가 주체인 사람에게 미치는 영향을 관찰하는 것처럼 말이다.

또한 크고 작은 가격의 오르고 내리는 가격의 파동을 상승, 고점, 하락, 저점 4가지로 구분하고, 사람이 구분된 4가지에 입장을 대입하면서 행하는 의사결정도 상상해 본다. 이는 태극기의 건곤감이 4가지 방향에서 태극을 바라보는 관점의 변화와 연결하는 상상도 해 본다.

홍길동이 떡갈비 주식회사의 시가총액 5천억 원을 달성하고, 하늘, 태양, 달, 별을 바라보면서 동전의 앞·뒷면처럼 기업활동과 한 몸인 돈의 변화원리를 태극기에 비유하면서 사색한 것도 이와 유사한 비교가 아닐까 짐작해 본다.

우리는 변화에 대한 논의를 하고 있기 때문에 조금은 추상적이지만 유기적인 변화를 숫자로 가늠해 보기 위해 설명해 보았다. 이러한 추상적인 생각을 한 이유 중 하나는 가격과 가치를 바라보는 경제 주체들의 생각, 관행과 이를 뒷받침하는 사회제도와 법규가 누구의 입장에서 바라보느냐에 따라 경제활동에 영향을 미친다는 것이다. 무엇에 영향을 미치느냐 하면 바로 거래비용 거래의 효율성에 영향을 미친다는 것이다. 예를 들어 반도체 가격 변화가 이번 변화의 가장 주된 원인이라면, 세부적으로 경제활동은 거래비용이 싼 공간으로 이동할 것이라는 것이다. 이는 기업, 국가, 개인 모두 예외가 될 수 없을 것으로 보인다.

조금 추상적인 논의를 해 보았으니, 이제 다시 가치 평가의 기본원리를 이해하기 위해 분석적인 가치 평가 방법으로 돌아가 보겠다. 가격은 경제학 책에서 수요와 공급에 의해 결정된다고 한다. 가격에 대한 분석은 주로 과거 가격의 변동 그래프의 패턴을 분석하는 것이다.

과거에 가격의 오르고 내리는 패턴이 이러했으니, 미래의 가격 변화에 대한 추론을 해 보는 것이다. 대표적인 분석 사례로는 주가의 기술적 분석이다. 이 부분의 필자의 전문 분야가 아니므로 추가적인 언급은 생략하겠다. 하지만 가격분석과 가치분석은 늘 상호연관성이 있다는 점과, 과거 가격 변동 추이도 데이터가 축적되면 가치분석에 영향을 미친다는 점, 가격 변동성은 가치분석에도 큰 영향을 미친다는 점을 밝혀 둔다. 그리고 거래량이 충분한 시장의 존재 여부는 가격에 영향을 미친다. 재무상태표의 지표에서 유동성의 의미와 거의 동일하다.

기업 가치 평가의 종류

맥락상 다른 가치의 평가는 생략하고, 기업 가치 평가 방법에 대해 다루어 보겠다. 일반적으로 인정되는 기업 가치 평가 방법에는 어떠한 종류가 있는지, 회계에 대한 단편에서 논의되었던, 상태인 재산과 변동인 이익이 기업 가치 평가 방법와 어떠한 관계가 있는지, 기업 가치 평가 방법에 어떠한 변화가 있는지, 실제 의사결정에서 기업 가치 평가 방법은 어떻게 이용되는지 등에 대해 살펴보겠다.

먼저 기업 가치 평가 방법에 대해 살펴보겠다. 금융감독원 전자공시시스템에 공시되는 기업 가치 평가 보고서들에 의하면 기업 가치 평가 방법에는 자산 가치 접근법, 수익 가치 접근법, 시장 가치 접근법이 있다.

자산 가치 접근법

자산 가치 접근법은 기업이 현재 보유하고 있는 총자산의 공정가치를 기업 가치로 보고 순자산의 공정가치를 자기자본의 공정가치로 평가하는 방법이다. 자산 가치는 그 평가방법이 비교적 단순하고 객관적이라는 장점을 가지고 있으나 장부상 반영되어 있지 않은 무형자산의 가치를 반영하기 어렵고, 기업이라는 실체가 미래의 수익 또는 현금흐름 창출을 목적으로 존재하는 계속기업(Going Concern)을 가정한다는 점에서 기업의 수익창출능력을 반영하지 못하는 단점이 있다.

즉, 회계에서 논의했던 재무상태표상 순자산을 일부 조정하여 산정한다는 뜻이다. 하지만 실제 전자공시시스템에서 공시되는 보고서 중 자산 가치 접근법을 이용하는 사례는 거의 없다. 실제 현실에서는 청산 가치 등 특수한 목적으로 기업의 가치를 산출할 때 주로 이용된다. 상태인 재산으로만 기업의 가치를 평가하는 것은 한계가 있다는 것이다.

수익 가치 접근법

수익 가치 접근법은 기업이 평가일 현재 보유한 유·무형의 자산을 통하여 미래에 창출해 낼 것으로 기대되는 수익 또는 현금흐름을 그 수익 창출에 내재된 위험요인을 고려한 적절한 할인율로 할인하여 기업 가치를 평가하는 방법으로써, 현금흐름할인법(DCF, Discounted Cash Flow Approach)으로 주로 평가한다. 현금흐름할인법은 실무적으로 가장 널리 활용되고, 이론적으로도 가장 우수한 방법으로 알려져 있으나, 기업 가치를 결정하는 세 가지 주요 요소인 미래잉여현금흐름(FCF, Free Cash Flow), 할인율(WACC, Weighted Average Cost of Capital), 추정기간 이후의 영구가치(Terminal Value)의 결정 시 평가자의 전문가적 판단이 요구된다.

미래잉여현금흐름은 매출(PQ)에서 변동비(VC)와 고정비(FC)를 차감한 순이익 즉, 손익계산서 항목의 과거 변동추이를 근거로 미래현금흐름을 추정한다. 떡갈비 주식회사의 사업계획서에 나온 항목들이다.

매출은 과거 추이를 근거로 미래의 매출수량과 매출단가를 추정하여 이용한다. 비용은 매출수량에 비례하는 변동비, 매출수량과 상당 부분 독립적으로 움직이는 고정비 등을 논리적인 가정에 근거하여 추정한다. 이러한 방식으로 추정한 결과가 미래잉여현금흐름이다. 물론 추가적인 세부적인 조정사항이 있다. 예를 들면 현금흐름이 없는 감가상각비와 같은 비용은 현금흐름에 더해 준다.

한편 DCF 평가액은 이를 이론적인 할인율로 할인하여 미래현금흐름의 현재가치를 산정하는 방식이다.

미래현금흐름은 변동인 이익을 응용한 것이다. 과거 이익의 경험치를 이용하여 미래이익을 추정하여 현금흐름을 도출하는 것이다. 문리해석으로만 보면 회계의 기본인 상태인 순자산과 변동이 순이익 중 순이익만 고려하는 것 같지만 실제 DCF 모형에서는 비영업용자산, 차입금 및 잉여현금을 조정해 주기 때문에 상태(stock)인 순자산도 고려하는 평가방법이다.

할인율과 위험

DCF 모형에서 적정할인율은 자본자산가격결정모형(CAPM)을 이용하여 도출한 자기자본 비용과 차입이자율을 가중평균한 가중평균자본비율(WACC)을 이용한다. 적정할인율에 대한 복잡한 이론은 넘기고, 여기서는 기업의 위험에 따라 할인율을 달리 적용한다는 것에 대한 의미를 파악하고자 한다.

기본적으로 위험이라는 단어에 대해 상식적으로 받아들여지는 의미는 돈을 잃는 것이다. 하지만 이 이론에서는 평가대상 기업의 주가의 과거 가격 변동성 즉, 표준편차를 위험으로 정의하였다. 표준편차 즉, 가격변동 위험이 높으면 할인율이 높아지고, 결과적으로 높은 할인율로 미래현금흐름을 나누기 때문에 기업 가치가 낮아진다는 것이다.

본 장에서는 이론을 다루기보다는 위험과 관련한 2가지 이론과 활용사례만 간단히 살펴보겠다.

포트폴리오 이론

그 하나는 포트폴리오 이론이다. 자산을 투자할 때 한곳에 투자하기보다는 분산투자하는 것이 효율적이라는 것이다. 계란은 한 바구니에 담지 말라는 속담을 실감나게 이론으로 표현한 내용이다. 바구니를 떨어뜨리면 계란을 한꺼번에 잃을 수 있기 때문이다.

이러한 이론은 개인투자자도 일부 종목에 투자하기보다는 포트폴리오에 투자하는 것이 유리하다는 것은 상식이 되었다. 그래서 개인이 수많은 종류의 주식을 동시에 투자해야 하는 어려움을 극복할 수 있는 금융상품들이 출현했다.

그 예가 INDEX(주가지수)에 투자할 수 있는 ETF와 같은 펀드 상품이다. 최근에 ETF는 고객이 선택할 수 상품의 다양성을 반도체, 배터리, 바이오 등 산업별로 확장했다. 그 확장은 산업을 조합하는 방식, 산업 내에서도 지역별로 구분하는 방식, 인버스(내리면 돈을 버는 펀드), 곱버스(기초 INDEX 내리면 인버스에 2배 수익을 내는 펀드) 방식 등 끝이 없다.

최근 미국에는 개인이 직접 포트폴리오를 구성하고, 포트폴리오를 신속히 거래할 수 있는 Direct indexing이 금융서비스로 인기를 끌고 있다.

하이리스크(High Risk), 하이리턴(High Return)

다른 하나는 자본구조(Capital Structure)에 따른 투자수익률 변화와 위험과 수익을 고려한 증권 시장선(SML) 이론이다. 통상적으로 하이리스크, 하이리턴이라는 말로 잘 표현된다. 자본구조부터 얘기하면 자본구조에 따라 기업의 위험프리미엄이 다르다는 것이다. 누구의 입장이냐 하면, 기업에 주식을 투자하는 투자자 측 입장이다.

재무관리 이론에서는 주식가격 변동성에 대한 위험을 다루지만, 필자는 기본적인 위험에 따른 수익률의 변화의 의미를 다루기 위해 투자원금 손실 위험(부도 위험 또는 신용 위험, Credit Risk)까지 확장하여 얘기해보겠다. 사업의 주체인 기업가, 차입금 제공자인 은행, 지분 투자를 한 투자자 등의 입장에서 자본구조에 따라 위험과 수익의 차이를 눈여겨보시기 바란다.

자본구조는 회사가 자금조달을 금융 차입금에 의존했느냐, 주식으로 투자를 받았느냐에 따라 달라질 것이다. 이것은 순자산 대비 차입금 비율 또는 부채비율 즉 앞에서 얘기했던 안전성과 관련되어 있음을 알 수 있다. 누구의 입장에서 안전하냐 하면, 주식투자자 입장에서 부채비율이 낮은 쪽이 안전하다는 것이다.

회사 입장에서 기본적으로 차입은 이자율이 낮지만, 자금제공자 입장에서는 실적이 부진해 자금사정이 곤란해질 경우 주식투자자에 비해 우선적으로 즉 선순위로 원금과 이자를 받을 권리가 있다.

시가총액이 동일한데 부채비율이 다른 두 개의 A와 B회사를 가정했을 때, 경기 변동이나 시장점유율 변동 등의 변화가 발생할 때 부채비율이 낮은 회사에 비해 부채비율이 높은 회사의 주가 변동성이 높다는 것도 알려진 내용이다.

이러한 이론은 사업자 입장에서 은행차입금으로 자금을 조달하여 사업이 성공하면 레버리지 효과로 인해 상대적으로 큰 수익을 내지만, 혹시라도 사업이 잘 안 되면 차입금 상환 압력이 있으므로 가능한 빨리 차입금을 상환하려는 것을 생각해 보면 이해가 될 것으로 보인다.

기업이 실적이 악화될 때, 기업에 차입금을 제공하는 은행은 자금을 후순위 투자자에 비해 선순위로 상환받을 수 있기 때문에 상대적으로 낮은 금리를 요구한다. 이에 비해 자본투자자는 기업이 위험할 때 위험을 책임지는 후순위이기 때문에 선순위인 차입금을 상환하고 나면 자본투자자는 투자원금을 받지 못할 위험이 상대적으로 높다.

이러한 사례는 떡갈비 주식회사의 예에서 시리즈A와 시리즈B 투자자는 상장으로 투자원금의 몇 배의 수익을 거두었지만, 상장이 실패하고 도산의 경우를 가정한다면 돈을 빌려준 은행보다 손실이 많았을 것이다. 반면 2019년 말 떡갈비 주식회사에 100억 원을 대출한 은행은 단지 연 3~4%의 이자를 받았지만 시리즈A와 시리즈B 투자자에 비해 대출 원금의 손실 가능성은 낮다.

위험과 수익을 고려한 증권 시장선은 자세한 이론은 생략하고 축약하여 설명하면, 주식 가격 변동 위험(수학적으로는 표준편차)과 수익률을 고려하여 높은 위험에는 높은 수익률, 낮은 위험에는 낮은 수익률을 결정하는 균형 가격을 도출하는 내용이다. 또한 투자자의 성향에 따라 높은 위험과 높은 수익률을 선호하는 집단도 있고, 낮은 위험과 낮은 수익률을 원하는 집단도 있다는 것이다. 증권 시장선 이론이 직접적으로 자본구조이론을 설명하는 것은 아니지만, 필자는 위험 선호도에 따라 서로 다른 수익 상품임에도 균형 가격이 있을 수 있다는 점에 착안하여 자본구조이론과 연계해서 설명해 보았다.

Waterfall 구조를 이용한 기본 자본 조달 구조

위험과 수익률의 관계를 확장한 자본구조이론은 부동산 개발 자금 조달 및 PEF와 관련하여 재무적 투자자(FI)와 전략적 투자자(SI) 사이의 책임과 수익분배구조 등 큰 규모의 자금 조달과 관련된 다양한 거래구조(Deal Structure)에 적용될 수 있다.

거래구조는 사업이 실패했을 때와 성공했을 때 책임 부담 정도에 따라 자금제공자 간에 수익과 청산자산을 얼마나 받을 수 있느냐를 결정하게 된다. 예를 들어 기업을 청산했을 때 청산가치는 선순위, 중순위, 후순위의 차입금이 먼저 할당이 되고, 자본 관련 투자금이 이후 할당이 된다. 또한 성공했을 때 자금제공자의 성격에 따라 배분받는 수익률이 다르다.

PEF 자금 조달 거래구조에서 위험에 대한 책임 종류에 따라 수익분배를 달리하는 것을 폭포(Waterfall) 구조 배분방식이라고 한다. 깊은 산속에 여러 단계의 폭포가 있으면, 단계별로 물이 분배되는 형세를 딴 이름이다.

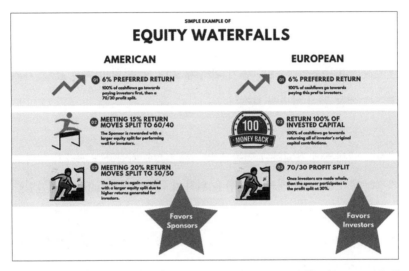

떡갈비 주식회사 홍길동 지분을 PEF가 사겠다고 했을 때 자금 조달 구조(1,000억 중 홍길동에게 200억 후순위 투자를 요청했기에 PEF 운용자는 400억 원은 차입, 나머지 400억 원은 중순위 투자를 계획했을 것으로 추정해 볼 수 있다) 및 자금제공자 간의 거래 조건도 Waterfall 구조였을 것이다.

거래구조의 골자는 떡갈비 주식회사가 도산 또는 사업실적이 적자가 누적될 때 선·후순위 자금 투자자들 간에 손실 부담을 어떠한 순서로 할지, 떡갈비 주시회사의 사업이 성공해서 5배, 10배로 매각하여 투자이익을 보았을 때 어떠한 순서로 이익을 나눌지가 거래 구조의 기본이다.

PEF가 홍길동에게 제안한 사례에서 홍길동은 천 억의 20%인 200억 원의 후순위 투자를 했지만, IRR 20를 초과 이익에 대해서는 50% 분배를 하겠다는 내용이 있었다. 이 내용이 바로 Waterfall 구조를 활용한 거래구조이다.

Waterfall 구조의 이해를 돕기 위하여 50대 50 법칙의 자본 조달 기본 구조를 예를 들어 설명해 보겠다.

뉴욕 맨해튼에 소재하고 있는 오피스를 1조에 매입하는 거래가 있다고 가정하자. 그리고 거래의 편리함을 위하여 특별목적회사(SPC)를 설립하여 자금을 조달한 후 대금 지급 및 건물의 소유권을 취득한다고 가정하자. 특별목적회사(SPC)의 자본 조달은 차입금 5,000억 원과 자본성 조달액 5,000억 원으로 조성되었다.

다음은 SPC의 재무상태표이다. 오피스의 임대료는 연 500억 원이다. 다른 수익과 비용은 없다고 가정하면 SPC의 당기순이익은 500억 원이다. PBR은 1이고, PER는 10이다. 왜냐하면 건물가격이 1조 원이기 때문에 차입금을 제외한 자본성 조달액의 시가가 5천억 원이라고 볼 수 있다. 자본성 조달 금액과 이에 대한 시장 가격 비율이 1이므로 PBR은 1이다. 자본성 조달액의 시장가격 5천억 원을 연 임대료 500억 원 즉 당기순이익으로 나누면 10이므로 PER은 10이다.

50 대 50 법칙 이용 재무상태표 예시

건물 1조(100%)	선순위 차입금 2,500억 원 후순위 차입금 2,500억 원 차입금 조달액 5,000억 원(50%)
	메자닌 2,500억 원 자본 2,500억 원 자본성 조달액 5,000억 원(50%)

PBR 1, PER 10 정도 되는 보통의 수익력과 자산가치 담보력이 있는 경우 차입금성 조달액과 자본성 조달액의 비율 '50 대 50'을 기본 조달구조라고 본다.

앞에서도 설명했듯이 차입금 자금 제공자는 건물가격이 현재 시가의 50%까지 하락하지 않는 한 원금 손실의 위험이 없다. 위험이 상대적으로 낮으므로 이자율도 연 5% 정도를 요구한다. 이에 비해 자본성 자금 투자자들은 건물가격이 현재 시가의 50%까지 하락하면 투자원금을 모두 잃게 된다. 하지만 건물 가격이 2배로 오르면 5천억 원에 대한 연이자 5%만 부담하고, 나머지 시가 변동분의 이익을 모두 갖게 된다.

Waterfall 구조를 이해하는 50 대 50 법칙의 확장 및 의미

위 SPC의 재무상태표에 전체 차입금 5천억 원을 선순위 차입금 2,500억 원과 후순위 차입금 2,500억 원으로 나누었다.

선순위는 건물가격이 하락했을 때 원금을 후순위에 비해 우선적으로 보장받는다는 뜻이다. 즉 제공한 돈을 잃을 가능성이 후순위에 비해 낮다는 것이다. 선순위 차입금이 위험이 낮기 때문에 이자율은 연 3%이다. 후순위는 그 반대이다. 후순위 차입금은 선순위에 비해 위험이 높기 때문에 이자율이 연 7%이다.

선순위 차입금은 이런 식으로 또 반을 나누어 선순위 1차 입금은 위험을 줄이고, 이자율은 연 2%로 한다. 선순위 2차 입금은 선순위 1차입금보다는 위험을 높이고, 이자율은 4%으로 한다.

후순위 차입금도 이런 식으로 또 반을 나누어 후순위 1차 입금은 위험을 줄여 이자율은 6%이다. 후순위 2차 입금은 후순위 1차 입금보다 위험을 높여 이자율은 연 8%로 계속 구조를 확장할 수 있다. 0과 1 이진법이 2에서 4로 또 8로 확장하는 것과 유사하다.

자본성 조달액 중 메자닌에는 전환사채, 신주인수권부 사채, 전환우선주, 전환상환우선주 등이 있다. 위험에서 차입금보다 후순위이고, 자본보다는 선순위이다. 이익이 날 경우 수익 분배권은 자본과 유사하다. 하지만 주주투표권이 없다. 이는 결과적으로 경영의사결정권이 없다는 뜻이다. 경영의사결정권에 가치가 있다고 인정되기 때문이다. 자본성 투자금의 확장이 조금 더 복잡하지만, 이 또한 위험과 수익 및 사업기여도에 따라 메자닌 1, 메자닌 2, 자본성(Class) 1, 자본성(Class) 2 등으로 무한히 확장될 수 있다. 자본성 수익분배 구조는 홍길동에게 제안한 PEF의 제안

구조처럼 얼마든지 자유롭게 변형될 수도 있다.

이처럼 일반적인 자산 수익구조에서 '50 대 50' 법칙은 자산과 이익의 성장성 및 안정성에 따라 70대 30 또는 그 반대로 변형될 수도 있다. 금융 전문가들은 투자자들의 성향을 고려하여 적절한 위험부담과 수익 분배 비율을 담긴 거래구조를 짜기 위하여 많은 시간과 노력을 투자한다.

이렇게 도출된 거래구조 및 거래 조건은 투자제안서에 Term sheet이라는 이름으로 담기게 된다. 사업을 하거나 자금 조달이 필요한 측에서도 거래구조를 설계할 정도의 전문지식까지는 아니더라도 자산 수익 위험에 대한 기본적인 논리는 이해할 필요가 있다. 회사의 고유 상황이나 거시 경제 변수의 흐름에 따라 어떠한 성격의 자금을 조달할지에 대한 의사결정에 이용될 수 있기 때문이다.

또한 자금 조달의 성공 가능성에 대한 점검을 할 때도 어떠한 조건이 부족한지 파악할 필요가 있고, 투자자 구성에서 위험 부담 정도가 다양하다면, 이 중 특정 투자자 그룹이 요구하는 추가조건을 파악할 필요도 있다.

위험, 그 기본은 재산과 이익의 변동성

어려워 보이지만 기본원리로 보면 회계의 기본인 재산 상태와 변동인 이익에 가격 변동성 위험을 추가로 고려한 응용 기법들이다. 주식 가격변동성도 따져 보면 우크라이나 전쟁과 코로나19와 같은 외적 변동 요소를 제외하면 기본적으로 가치분석에 기본인 상태인 자산 가격의 변동성과 기간별 이익 또는 이익율의 변동성이다. 홍길동이 숫자의 기본인 재산과 이익의 응용을 피부로 느낀다는 것은 이러한 재산과 이익의 변동성이 거 개구조 또는 거래 조건과 연관되어 있음을 이해했다는 의미일 것이다.

투자자들은 재무관리이론을 응용하여 위험에 대한 속성에 따라 다양한 자금 조달 구조를 작성한다. 투자를 받는 사업자도 완벽한 이해는 아니지만 기본원리는 이해하여야 협상에서 손해를 보지 않는다는 것이다.

홍길동은 작은 자금 규모의 동업에서도 이런 기본원리는 이용 가능하겠다고 생각했다. 동업자 간 사업 기여도나 사업이 안 좋을 때 부담의 차이에 따른 동업조건에 대한 충분한 소통이 있다면, 많은 동업에서 분쟁이나 오해가 줄어들 거라는 생각도 했다.

가격 협상의 출발은 시장 가치 접근법

시장 가치 접근법은 전자공시되는 평가보고서에 주로 표시된 내용을 보면 다음과 같다.

"자산 가치 평가 방법과 수익 가치 평가 방법이 회사의 고유한 재무 상황 및 미래 수익창출 능력을 이용하여 기업 가치를 평가하는 개념이라면, 시장 가치 평가 방법은 기업의 재무상황과 미래 수익창출 가

능성을 기초로 시장 메커니즘을 통해 형성되는 기업의 가치를 평가
하는 방법입니다. 상장기업의 경우 증권 시장에서 주식가격이 형성
되는데, 이러한 증권 시장에서의 주가는 바로 주식발행기업의 시장
가치가 됩니다. 비상장기업의 시장가치는 증권 시장을 통해 형성될
여지가 없기 때문에 객관적인 시장가치는 존재하지 않으나, 동일한
업종에 속하고 규모가 비슷한 상장기업의 주가를 이용하여 상대적
인 시가(상대가치)를 산정해 볼 수 있습니다. 그러나 이 방법은 비교
대상이 되는 상장기업의 선정시 평가자의 전문가적 판단이 요구됩
니다."

위 문장에서 시가는 가치 평가라기보다는 가격이다. 이것은 설명이 필
요 없이 가장 객관적이다. 설명이 필요한 것은 상대 가치이다.

Co Co and Co Transaction Analysis

비상장기업의 가치를 분석하기 위한 상대 가치에는 유사기업비교법
과 유사거래비교법이 사용된다. 영어로는 'Co Co and Co Transaction
Analysis'(Comparable Company and Comparable Transaction Analysis)
라고 한다.

유사기업비교법은 규모와 업종이 비슷한 상장회사와 비교하는 것이
고, 유사거래비교법은 업종과 규모가 비슷한 M&A 사례와 비교하는 것이
다. 비교하는 방식은 가격인 시가총액과 재무수치와의 비율(Multiple)이

다. 가장 대표적인 것이 PER(시가총액/당기순이익)과 PBR(시가총액/순자산)이 있다 다른 비율(Multiple)로는 EV/EBITDA, PSR(시가총액/매출총액) 등 다수가 있다.

유사기업비교법

PER(시가총액/당기순이익)의 간단한 계산법을 살펴보자.

떡갈비 주식회사가 상장할 때 공모 가격 기준 시가총액은 1,500억 원이었고, PER은 25였다. 괄호 안의 간단한 산식으로 역산하면, 상장 직전연도 떡갈비 주식회사의 당기순이익은 1,500억 원을 PER 25로 나누면 60억 원임을 알 수 있다. 반대로 상장 전에 떡갈비 주식회사는 시가가 없으므로 시가총액 1,500억 원은 상장 전에는 알 수 없는 숫자이다.

떡갈비 주식회사와 유사한 업종이고, 자산이나 매출의 규모 면에서 큰 차이가 없는 유사 상장기업 5개를 선정하여, 이들 기업의 PER(시가총액/당기순이익)는 구할 수 있을 것이다. 이들 5개 기업은 상장기업이므로 공시된 손익계산서에서 당기순이익도 알 수 있고, 해당 시점의 시가총액도 알 수 있기 때문이다. 이들 5개 기업의 PER의 평균이 25라고 하자.

떡갈비 주식회사 상장 전에 시가가 없으므로 주식가격 총합인 시가총액은 알 수 없지만, 유사기업의 PER 25를 적용한 떡갈비 주식회사의 상대가치 분석에 의한 가치는 1,500억 원이므로 상장 후 공모가에 의한 시가총액은 1,500억 원이 적정할 것이라는 추론이 가능하다.

PBR(시가총액/순자산)도 자주 이용되는 상대가치 분석 지표이다. 최초 상장법인의 공모가 산정 시에 회계적 재산의 변동인 수익성을 나타내는 PER에 비해 상태인 순자산과 시가는 비교하는 PBR이 이용도가 낮다. PBR은 수익성보다 재산 상태인 순자산이 중요한 금융업종 등에 주로 이용된다. 계산 방식은 PER과 유사하므로 설명은 생략하겠다.

유사거래비교법

유사거래비교법은 비교대상이 유사기업의 시가가 아니라, 주로 대주주 지분 매각 거래와 같은 유사 거래의 상대가치로 가치를 분석하는 것이다.

유사기업비교법과 유사거래비교법의 차이는 일반적으로 유사거래비교법으로 분석한 숫자가 유사기업비교법의 숫자보다 크다는 정도로 이해하면 된다. 왜냐하면 상장기업의 시가는 일반 투자자들이 거래하는 가격이고, 대주주가 경영권 지분을 매각할 때는 경영권 프리미엄이 포함된 가격이기 때문이다.

상장 공모가 결정 방법

실제 신규 상장법인의 공모가 산정 방식은 상장주관사인 증권회사의 상장예정법인의 기업 가치에 대한 협의를 거친 후에 투자자들에게 공모에 참여를 권유하는 문서인 투자설명서에 여러 가지 상대 가치 비교법에 의한 공모가 밴드를 공시한다. 이후 상장예정기업은 기관투자자들을 대상으로 사업에 대한 설명회(IR)을 실시한다.

그다음 수요예측이라는 이름의, 기관 투자자들을 대상으로 한 공모가

입찰 결과에 의하여 결정된다.

PER, PBR과 상태와 변동

PER(시가총액/당기순이익)과 PBR(시가총액/순자산)을 조금만 주의를 기울여 산식을 살펴보면, 회계의 기본인 상태인 재산을 나타내는 기업의 재무상태표에서 순자산과 일정 기간 동안의 재산 변동인 기업의 손익계산서의 당기순이익에 **유사기업 배수를 곱하여 기업 상대가치를 산정하**는 것이다. 역시 상태인 재산과 변동인 이익과 같은 기본의 응용이다.

이러한 기본을 응용한 가치분석은 기업 가치분석에만 이용되는 것은 아니다. 개인이 은행으로부터 주택을 담보로 돈을 빌릴 때, 은행은 개인에 대한 대출 심사를 한다. 은행이 담보대출 심사를 할 때 가장 기본적으로 보는 비율은 LTV와 DTI이다. LTV는 영어로는 Loan to Value이고, 그 뜻은 담보물의 시가 대비 대출금액 비율이다. DTI는 영어로 Debt to Income이고, 그 뜻은 대출금과 납부할 이자의 합계액을 대출받는 개인의 연간 소득으로 나눈 비율이다.

LTV는 40% 이상을 요구하고, DTI는 50% 이하를 요구한다고 하자. 은행 입장에서 담보물이 경매에 들어가더라도 경매 낙찰가가 시가의 40% 이상이면 원금을 회수할 수 있다는 분석이고, 경매 절차 등은 불필요한 에너지가 소모되므로 대출받는 개인의 연 소득이 대출금과 이자 합계액의 50% 이상이면 이자연체나 원금 상환 불능의 가능성이 낮다는 분석이다.

이러한 개인 담보대출 심사 시에도 회계의 기본과 관련된 상태인 담보물의 시가와 재산의 기간 변동인 개인의 연간 소득을 기준으로 분석하는 것이다.

상대 가치 접근법의 변화

최근 성장성이 높은 바이오 기업이나 핀테크 기업의 상장 공모 가격 산정 방식의 변화를 살펴볼 필요가 있다. 바이오 산업의 경우 미래 PER를 이용하여 투자설명서에 공모가 밴드 산정 방식을 공시한 사례가 많다. 미래 PER는 유사기업의 PER에 대상 바이오 기업의 미래 당기순이익을 곱하여 공모 시 시가총액을 구하는 방식이다.

상장신청 바이오 기업이 매출은 미미하고, 주력 연구개발 제품은 임상 단계에 있더라도, 연구 개발 제품이 임상에 성공하고 제품화된 것을 가정하여 미래 당기순이익을 산정한다. 임상 성공은 확률을 이용한다. 예를 들면 미국 식약청(FDA)의 누적 임상 단계별 성공 확률을 이용한다. 임상 성공 통계자료가 가치분석에 활용된 사례이다.

핀테크 기업의 경우 산업의 특수한 매출액 성장률을 감안하여 해외 유사기업의 PSR에 곱하여 산정한 사례도 있다. 국내에 유사한 산업이 없고, 해외에서 성장 속도가 가파를 때 기업의 성장성을 가치분석에 더 반영하기 위한 방법이다.

시장을 변화를 반영하기 위한 가치분석의 방법은 얼마든지 변화할 수 있다. 하지만 그 기본에는 상태와 변동이 있다. 성장을 시장이 인정할 때는 통계 또는 수학적 잣대를 적용하여 변동에 비중을 높인 것이 위 변화 사례이다.

이와 반대로 경기 후퇴 시에는 PBR 1에 훨씬 못 미치는 기업이 각광받는 때도 있다. PBR 1이 안 된다는 의미는 해당 회사의 시가총액이 회사의 재무상태표상 순자산보다 작다는 것이다. 만약 자산 중 개발 가능성이 높은 부동산이 있다면, 자산주라고 회자되면서 경기 하락기임에도 주가가 반대로 상승하는 경우도 있다. 이러한 사례는 변동보다는 상태인 재산을 가치분석에 비중을 높인 것이다.

PBR과 PER, 기업 가치 분석의 시작이자 끝

필자는 PER(시가총액/당기순이익)과 PBR(시가총액/순자산)이 기업 가치 분석의 시작이요, 끝이라 생각하기 때문에 추가 설명을 하려고 한다.

PBR과 PER는 비상장기업의 상대 가치 분석에만 이용되는 것이 아니라 벤처기업에 투자할 때, 또는 벤처기업 대표가 투자 조건이 유불리를 판단할 때, 상장기업을 매각하거나 인수할 때, 경기 변동에 따른 경영전략을 결정할 때 등 기업 가치 분석 및 가격협상에서 그 이용도는 무한대라고 생각한다.

필자는 우리나라 상장기업의 평균 PBR(시가총액/순자산)은 대략 1, 평균 PER(시가총액/당기순이익)는 대략 10으로 기억하고 있다. 기업의 가치를 분석한다는 것은 의사결정에서 유리한 결과를 갖기 위함일 것이다. 매도자 또는 투자를 받는 측에서는 가격을 비싸게 받고 싶고, 매도자 또는 투자하는 측은 가격을 싸게 하고 싶을 것이기 때문이다.

PBR, PER과 가격 협상 기준

모든 협상에는 시작 기준이 필요하다. 떡갈비 주식회사의 사례로 가격 협상의 예를 들어보자. 통상 가격제안은 먼저 사겠다고 한 측 또는 먼저 팔겠다고 한 측에서 제시하는 경우가 많다.

투자자 측이 가격을 먼저 제안한다고 하자.

"우리는 지분 20%에 80억 투자를 원합니다."

이때 가격은 100% 지분가치(Market Capital, 약자로 Market Cap)이다. 즉 떡갈비 주식회사의 100% 지분 가격을 400억으로 제안한 것이다.

"그 이유는 2019년 목표 당기순이익 60억이라고 하셨는데, 우리는 보수적으로 50억 정도로 인정하고, 투자 후 가치를 미래 당기순이익 기준 PER 8배를 인정해 드린 겁니다.
2020년에 상장에 성공하더라도 공모가 기준 PER 20을 인정받아 시가총액이 1,000억이 된다고 가정했을 때, 저희 투자수익률은 공모(공모비율 전체 지분의 약 20%)로 인한 지분 희석화를 감안하면, 약 100% 수익을 얻는 것에 불과합니다. 회사의 PBR도 상당히 높은 상태라 투자자 입장에서는 경기 변동이 예측 못 한 부정적 경제환경이 일어날 경우 부담해야 하는 위험이 큰 편입니다. 또한 실제 상장의 불확실성도 감안하면 가격을 잘 인정해 드린 겁니다."

홍길동은 상장주관사와 상의한 내용을 참고하여 답변하였다.

"2019년 당기순이익은 충분히 60억 이상을 달성할 예정이고, 기술특례상장 준비도 차질 없이 진행되고 있습니다. 또한 맛은 기본이고, 고객들이 푸드테크 로봇과 협업으로 떡갈비가 생산되는 것을 보고, 맛의 미래를 보여 주고 있다고 감동하고 있습니다. 무엇보다도 SNS상 회원 고객의 증가율은 떡갈비 주식회사의 미래 성장성을 입증해 주고 있습니다. 상장주관사의 가치 분석도 상장 후 시가총액이 2,000억 원에 달할 수도 있다고 합니다. 저의 조건은 2019년 예상 당기순이익을 50억으로 인정해 주시고 PER 10를 적용해 20%에 120억을 투자해 주실 것을 요청 드립니다."

몇 번의 협의를 거쳐 최종적으로 20% 지분 투자유치 대가로 100억 원을 받는 것으로 가격협상이 완료되었다. 상장 후 해당 시리즈B 투자자는 성공적으로 시장에서 매매를 통해 투자금 회수뿐만 아니라 높은 투자수익률을 달성했다.

홍길동도 상장심사 시에 지분 100% 가치를 500억 기준으로 기관투자자들로부터 투자를 받았다는 사실은 기술특례상장 신청법인의 사업확장성을 인정받았다는 입증자료가 되었으므로 서로에게 원원인 거래였다고 생각했다.

PER와 PBR의 다른 의미

PER와 PBR의 다른 면도 살펴보자. 상장기업들의 PER와 PBR을 살펴보면 PER 5 미만, PBR도 0.5 미만인 상장회사도 많이 발견할 수 있다. 이와 반대로 PER 100 이상, PBR 10 이상인 기업도 다수 발견할 수 있다.

PER와 PBR이 회사별로 서로 다른 것은 어떠한 의미일까?

PER와 PBR이 상장회사 평균치에 비해 월등히 높다는 것은 좋다는 의미임에 틀림없다. 왜냐하면 회사를 나타내는 기본 숫자인 재산 상태인 순자산과 재산의 변동인 당기순이익에 비해 지분 100% 가격이 높다는 것이기 때문이다. 더 근본적인 이유는 회사의 기술 및 인적자원 등 회계에 반영되지 않은 무형의 자산 때문에 미래의 성장성이 높을 것이고 결과적으로 미래 순자산과 당기순이익이 높아질 것으로 시장이 인정하기 때문이다. 반면 PER와 PBR이 낮은 회사는 다른 이유도 있을 수 있지만, 일반적으로는 시간이 경과할수록 회사의 순자산이 줄어들 것이라고 시장이 바라보고 있다는 것이다.

그러나 PER와 PBR이 상대적으로 높다고 꼭 좋기만 한 것은 아니다. 현재의 순자산이나 당기순이익에 비해 가격이 높다는 것은 안전성보다는 성장성에 편중되어 가격이 형성되었다는 것을 의미한다. 만약 거시경제 변수가 흐름이 안 좋은 쪽으로 변할 징후가 있거나, 개별 기업의 성장성이 둔화될 기미가 보이면, 주식 가격도 상대적으로 내리는 진폭이 클 가능성이 있고, 자금사정도 상대적으로 어려워질 수 있다.

홍길동이 2022년 상반기에 500억 자금 유치를 한 것은 시가총액이 낮아 투자배수 즉 가격이 홍길동에게 불리하다고 느껴졌지만, 불확실성이 증가할 때는 안전자산이 현금 확보가 중요했기 때문에 잘한 결정이었다고 생각한다. 떡갈비 주식회사의 PER와 PBR도 시장 평균보다는 상당히 높은 수치이기 때문이다. 또한 새로운 재도약을 위한 경영전략을 세우기 시작한 것도 꿈을 실현하고, 현실적으로 회사의 PER와 PBR이 더 높아지는 전략을 고민하고 실행하는 것이 경영이라고 생각했기 때문이다.

홍길동은 이제 금융 포털에서 떡갈비 주식회사나 다른 상장회사의 주가를 볼 때, 가장 먼저 PER와 PBR을 보고 그 회사에 대한 첫인상을 가지게 되었다.

6

디지털자산 시대와 함께하는 변화

    이 우주에서 변하지 않는 사실은 '모든 것은 변화한다'라는 것이다. 사람은 늘 변화에 적응해 왔고 활동을 지속해 왔으며, 또 앞으로도 새로운 시대에 적응하면서 경제활동을 할 것이다.

    그 경제 활동에는 한 몸처럼 늘 숫자가 있으며, 숫자의 기본 원리와 응용 및 그 의미에 대해서도 간략히 살펴보았다. 활동의 한 몸인 돈과 관련된 기본인 상태인 재산과 변동인 이익의 경우, 이진법의 무한한 확장처럼 순이익 증가율의 변화, 이익의 변동성인 위험 등으로 또는 누구의 입장에서 바라볼지에 따라 다양한 구조와 해석이 가능하다는 것도 살펴보았다. 앞으로 다가올 웹 3.0, 메타버스, 블록체인, AI 등 환경 변화에서도 그 자리를 지키면서 각종 의사결정에 활용될 것을 확신한다.

가격혁명, 변화의 속도를 가속화하다

필자는 지금 진행되고 있는 변화의 가장 큰 원인은 반도체 가격 변화의 예를 들면서, 과학혁명이 유발한 생산요소의 가격혁명이라고 밝힌 바가 있다.

이 가격혁명이라는 원인의 의미는 속도라고 본다. 과거에는 거래비용 때문에 상상할 수 없었던 정보 전달이 현재는 빛의 속도로 이루어지고 있기 때문이다. 홍길동의 맛이 세계로 퍼지는 데 몇 년이 걸리지 않는 것처럼 말이다. 누구나 타고나 재능을 개발하면, 그 재능을 전 세계인과 빛의 속도로 나눌 수 있는 세상이 온 것이다.

또 사람들의 과학혁명과 가격혁명의 결과물로 스마트폰이라는 컴퓨터를 저마다 손에 들고 다니게 되었다. 이들은 소비자가 되어 정보의 비대칭과 같은 투명하지 못한 부분이 있거나, 정보 전달의 속도가 느린 것을 도저히 참지 못한다.

다른 대안이 있으면 지체하지 않고, 속도가 빠르고 투명한 곳으로 이동한다. 필자는 상평통보의 동그라미와 네모처럼, 정보 전달의 속도는 음으로, 정보의 비대칭이 없는 투명성은 양으로 구분해서 생각해 보기도 한다. 천지인을 원방각 즉, 동그라미, 네모, 세모를 형상화한 의미를 유추해서 세모인 사람이 음과 양을 조화롭게 하는 제도를 만들어 지금 일어나는 변화를 대한민국이 선도하기를 기원해 본다.

최근 우리나라도 디지털자산기본법, 증권형 토큰(STO) 가이드라인을 제정하였다. 2022년 연말에는 한국회계기준원 주체로 가상자산 회계 감사 감독이슈 세미나도 실시되었다. 이러한 제도 마련을 위한 활발한 활동은 고무적이다.

변화의 목적을 살리는 제도

20세기 최고의 경제 사건은 증권 시장의 발전이다.

증권 시장 발전에서 제도 마련과 관련된 교훈을 얻고자 미국의 증권거래법 입법내용과 주요 의미를 간단히 살펴보겠다. 주식 시장은 주식거래를 하는 일반인에게는 이것이 도박인지, 가치창조 활동인지 잘 구분이 되지 않는다. 지금도 이런 현실이니 초기 주식 시장이 활성화될 때에는 더욱 혼란스러웠을 것으로 예상된다.

미국의 증권 관련 법은 초기에는 연방법과 주법으로 구분되고, 연방법의 기본법은 1933년 증권법(1933 Securities Act)과 1934년 증권거래법(1934 Securities Exchange Act)이다. 주법은 푸른하늘법(Blue Sky Law)이다.

연방법은 현재까지도 그 이름을 그대로 쓰고 있고, 법 내용은 개정되고 있다. 1930년대에는 세계적으로 경제대공황 시기였다. 따라서 기업의 도산도 많았을 것이고, 증권 시장 관련 투자자들의 피해도 컸을 것이다.

먼저 주법은 연방법 제정 이전부터 증권의 발행과 판매 및 중개에서 발생하는 사기로부터 일반 대중을 보호하기 위한 목적으로 제정되었다. 그 이름이 재미있다. '푸른하늘법'이다. 푸른 하늘에 구역을 정하는 선을 긋고, 이것을 바탕으로 증권을 발행하여 돈을 모집할 정도의 사기가 증권 발행 판매 중개에 일어날 수 있다는 경각심을 남기기 위함이라고 필자는 생각한다.

연방법 중 1933년 증권법(1933 Securities Act)은 돈이 회사로 유입되는 과정에서 일반 대중을 대상으로 유상증자를 통해 발생할 수 있는 사기를 규제하기 위한 법이다. 그 기본내용은 규제 대상 유가증권을 정의한 것이다. 그리고 기관투자자보다 계산에 밝지 않은 일반 대중을 상대로 증권 발행을 통한 투자를 받을 때는 법에서 정한 정보를 공시하도록 규정하는 것이다.

필자는 증권법에서 정한 정보의 기본은 증권발행회사의 재산인 재무상태표와 재산의 변동인 손익계산서와 그 의미를 쉬운 말로 공시하라고 규정한 법이라고 이해하고 있다. 물론 기타 내용도 있을 것이다. 그 내용이 사실과 다르거나 오해를 일으키는 내용일 경우, 형사처벌도 하고 이로 인해 피해를 본 투자자는 손해배상 소송도 가능하게 하겠다는 취지이다.

1934년 증권거래법(1934 Securities Exchange Act)은 기업으로는 돈이

굿바이 레거시

들어가지 않고, 이미 발행된 증권이 가격 변동에 의해 투자자 간에 매매 이익이나 손실을 발생시키는 것에 대해 규제하는 법률이다.

달리기를 할 때 출발신호보다 먼저 달리거나, 서로 짜고 승부를 조작하는 것은 공정하지 못하다. 이러한 논리로 1934년 증권거래법은 1933년 증권법에 의해 발행된 증권이 시장에서 매매될 때 공정한 룰을 정하고, 그 룰을 위배하면 과징금을 부과하는데, 그 과징금 규모는 우리나라에 비해 아주 크다고 알고 있다.

이러한 법규를 제정하면서까지 사기가 판치고 편법이 난무하는 증권 시장이 필요했을까, 하는 질문도 생긴다. 어느 정도의 시장교란이 예상되지만 감내할 수 있을 정도의 교란은 시장의 룰을 정하여 방어함으로써 얻을 수 있는 목적을 취하자는 것이라고 이해된다.

주식회사 제도는 다수의 동업을 작동시키는 제도로 기업활동을 활발히 하는 데 기여하였다. 어느 정도의 투기성이 있는 증권 시장 또한 기업의 자금 조달에 충분한 기여를 하였다고 본다.

주식회사는 20세기 경제의 부흥에 가장 큰 기여를 했다고 해도 과언이 아니다. 기업의 자본 조달에 도움이 된다는 주식 시장의 장점은 투자한 돈을 기준으로 돈을 벌거나 잃는 투자승수(레버리지)가 주식 시장의 7배 또는 15배에 달하는 선물 시장이나 옵션 시장도 허용하게 되었다.

위험이 가져온 레거시 제도의 변화 요구

현재 암호화폐 시장의 폐해로 시끄럽다. 또한 디지털로 구현된 대체 불가능 토큰(NFT)에 대한 법적 소유 권한을 어떻게 처리해야 할지에 대한 논의도 활발하다.

필자는 불안한 증권 시장 도입 초기에 고민했던 것처럼, 얻을 수 있는 이익과 그 이익을 얻기 위해 해결해야 할 문제점을 입체적으로 고려하는 철학적 담론도 필요하다고 본다. 당연히 문제점을 줄이기 위한 기본적인 룰도 필요할 것이다. 그 이익은 개인의 재능이 잘 소통될 수 있도록 하여 활동이 원활해지는 것이다.

이왕이면 이를 뒷받침하는 새로운 제도를 우리가 한발 앞서 만들어 누구나 가 보지 않은 길에서 이 변화를 선도하기를 필자는 기원한다.

변화를 두려워하지 마라

사회 초년생이나 이제 막 창업을 준비하는 젊은 세대에게 자신감을 부여하고 싶다. 변화에 대해서도 아무리 복잡한 변화라고 하더라도 늘 있는 것이 변화이므로 두려워할 것이 없다. 성공을 위한 요인으로 타고난 재능을 계발하여 발휘하는 경제활동과 그 이면의 돈의 원리를 이해하는 것 두 가지에 점수를 매긴다면, 경제활동이 90점, 돈의 원리에 대한 이해가 10점이다. 다만 의사결정을 요하는 돈의 규모가 갑자기 증가하거나 거시경제 변수가 요동치거나 하는 경우에는 돈의 원리 이해에 관한 점수가 50점까지도 증가할 수는 있을 것이다.

하지만 이에 대해서도 두려워할 필요가 없다고 본다. 앞 장의 가상 기업인인 홍길동이 자기 기업이 성장, 변화하는 때마다 숫자의 의미를 배워가듯이 이 또한 변화에 따라 적응하다 보면 자연스럽게 익숙해질 수 있는 과정이기 때문이다.

거경, 궁리, 역행

거경, 궁리, 역행은 『대학』과 같은 오래된 고전에 기술된 공부법 중에서 율곡 이이와 퇴계 이황이 강조한 공부 수련법이다. '거경'은 비움으로써 무언가를 받아들일 수 있는 상태를 이루어 무언가 필요로 하는 것을 느끼는 것이다. '궁리'는 문자 그대로 느끼면 궁리하는 것이다. '역행'은 궁리한 것을 실천하는 것이다.

인생이나 사업에서 자기의 재능을 느끼지 못하면 성공확률이 제로이고, 느꼈다고 해도 이를 궁리하지 않으면 성공확률은 역시 제로이며, 궁리한 대로 실천하여야 비로소 성공확률이 나온다는 글을 읽고 감명 깊게 느꼈던 적이 있다.

그런데 생각할수록 궁리와 실천은 노력하면 될 것 같은데, 처음에 무언가를 어떻게 느낀다는 것은 노력으로 이루어지는 것이 아니기 때문에 방법론을 이해하기 어려웠다.

그러다 음양우주론에 관심을 갖게 되면서 느끼는 것에 별다른 방법론이 존재하는 것이 아니라는 생각에 다다랐다. 변화가 사이클을 거듭하면서 계속 변하듯이, 거경, 궁리, 역행을 돌리는 것이 느낌을 찾는 방법이라는 것을 깨달았다.

즉, 멈추지 않고 경한 자세로 거경해서 느끼면 이를 궁리하고, 궁리한 대로 역행하고, 그 역행에서 또 다른 느낌이 하나 생기면 또 궁리하고 역행하는 식이다. 무언가 새로운 것을 배우는 것은 한 번에 목표에 도달하기보다는 여러 번의 과정을 거치면서 계단식으로 익혀 가는 것이다. 홍길동이 짧은 시간에도 사업 규모가 변화할 때마다 그때에 맞는 원리를 깨닫는 것처럼 말이다.

기업가의 재산과 이익인 돈을 변동의 음양으로 비유했지만, 보이지 않는 재산까지 고려하면 가장 큰 재산은 각자 타고난 재능이라고 본다. 그 재능을 가장 큰 자산이라고 믿고, 자산인 재능 기반으로 변화의 과정을 거치면서 살아가는 것이 삶이라고 본다.

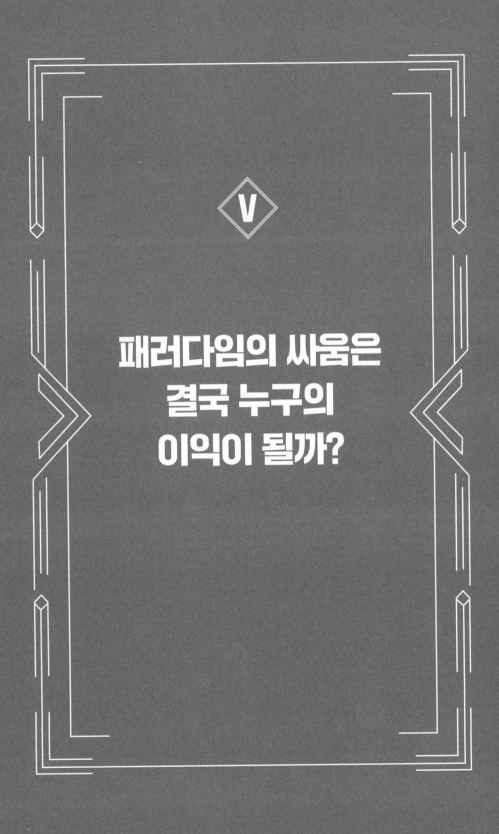

V

패러다임의 싸움은
결국 누구의
이익이 될까?

최근 미 상무부의 금융개발 부장은 최근 전략, 국가 안보, 인력 개발에 대한 비영리조직인 스트래티지 브릿지(Strategy Bridge)에 글을 기고하여 국제 결제 시스템에서 미국 달러의 역할에 대해 분석하였다. 이 기고문을 통해 블록체인 기반 시스템은 글로벌 통화의 역할을 축소하여 달러의 수요를 감소시킬 수 있다고 의견을 밝히고 있다.

미국은 지금까지 국제 경제에서 달러의 역할 덕분에 국제 금융 시스템에서 강한 영향력을 누려 왔던 것이 사실이다. 이러한 달러의 지배력은 그동안 국제 금융세계에서 정책 입안자들이 미국의 전략적 이익을 증진시키기 위해 사용하는 다양한 정치적, 경제적 도구의 수단이 되어 왔다. 특히 미국 달러는 2차 세계 대전 이후, 국제 무역과 경제 안정에 필수적인 국제 통화로, 국제 거래의 88% 이상이 미국 달러가 지배해 왔으며 전 세계 외환 보유고의 55% 이상을 차지하고 있는 게 현실이다.

최근 중국, 러시아 등에서의 자국화폐를 이용한 중앙은행 디지털화폐

　　　　　　　　　　　　　　　　굿바이 레거시

(CBDC)를 이용한 결제 프로세스의 개발과 시도는 세계 금융 시스템에서 결국 미국 달러의 현재 입지와 역할을 위협할 의도로 생각 할 수 있다.

이러한 위협을 감안할 때 미국은 현재의 국제 결제 시스템을 공격적으로 강화해야 하는 상황에 직면해 있으며 결국 미국의 국익에 부합하는 방식으로 또한, 미국의 제재 정책이 대체 결제 프로세스를 성장시키지 않도록 하기 위한 CBDC 개발을 주도하여 새로운 블록체인 기반 시스템을 규제하는 국제 규범을 형성해야 하는 위치에 처한 것이다.

블록체인 시스템 등장으로 위협받는
미국 주도의 레거시 금융 시스템

1944년 브레튼 우즈 협정(Bretton Woods Agreement)[39] 이후 국제 무역은 미국 달러를 중간 매개 통화로 사용하는 것을 기반으로 하고 있다.

각국은 자국 통화가 약세를 보일 경우 무역대금을 보전해 주는 등, 정치적, 경제적 안정과 관련된 다양한 이유로 미국 달러를 비축하고 있는 것이다. 그러나 블록체인 기술은 국제 결제를 위한 중간 통화의 필요성을 제거함으로써 새로운 상황 전개가 시작되는 것이다.

....
39) 브레튼 우즈 체제는 국제적인 통화제도 협정에 따라 구축된 국제 통화 체제로 2차 세계대전 종전 직전인 1944년 미국 뉴햄프셔주 브레튼우즈에서 열린 44개국이 참가한 연합국 통화 금융 회의에서 탄생됨.

경제학자들은 대부분의 국제거래가 미국 달러로 이루어지기 때문에, 미국 기업은 비즈니스 의사결정에 영향을 미치는 외환 리스크에 걱정할 필요가 없다고 설명하고 있다. 즉 기축통화로서의 달러의 역할은 SWIFT 국제 결제 시스템의 모든 외환 거래가 미국 달러를 통해 진행된다는 것을 의미한다. 이러한 미 달러의 파워를 통해 미국은 일방적인 금융 제재, 테러자금에 대한 금융서비스를 차단 등을 진행할 수 있는 것이다.

블록체인 시스템과 달러의 역할

맥킨지가 조사한 바에 따르자면 2010년부터 2020년까지의 주요 선진국의 현금 사용률은 30.9%로 감소하였다고 한다.[40] 이러한 사실은 디지털 통화로의 급속한 전환을 위한 토대가 이미 갖추어져 있음을 의미한다.

이 보고서에 따르자면, 특히 CBDC는 국제 금융 거래에서 글로벌 기축통화 화폐의 필요성을 궁극적으로 제거할 거라고 언급하고 있다. 이 근거는 현재 전 세계 중앙은행의 80% 이상이 정부가 지원하는 디지털 통화의 선택을 고려 중인데 이는 중간에 은행 역할을 제거하여 미국 달러의 사용을 급격하게 감소시킬 수 있다는 추정에 기인하고 있다.

일례로 중국은 2021년 민간 암호화폐를 전면 금지한 가운데 CBDC를 시범 출시하였다. 현재 11개 도시에서 1억 명이 사용하고 있다. 이러한

----

40) 2022년 8월 한국무역협회 Trade brief에서 재인용.

중국의 빠른 디지털 위안화의 추진은 알리페이, 위쳇페이 등 모바일 결제 서비스가 2010년부터 빠르게 확산되었던 자국 내 경험에서 비롯되었다.

이미 현금 없는 사회를 경험한 중국이었기 때문에 자신감 있게 디지털 통화의 패권에 도전을 하게 된 것이다. 중국의 이러한 시스템은 국내 모든 거래를 감시할 수 있는 특징 때문에 스위스 국제결제은행(BIS)의 CBDC의 국제규범 및 표준 개발에도 참여하고 있다. 중국은 홍콩, 태국, 아랍에미리트와 함께 BIS Working 그룹에 속해 있으며, 국제 결제를 위한 CBDC를 사용하는 파일럿 프로그램 개발에도 참여하고 있다.

BIS는 새로운 결제 프로세스가 SWIFT 시스템보다 빠를 수 있고, 국제 거래 비용을 줄일 수 있다고 생각하고 있다.

중국과는 달리 미국의 정부는 CBDC 발행 여부에 대해 아직 확실히 동의하고 있지 않다. 또한 암호화폐, 블록체인 및 사이버 도구에 대한 미국 정부의 전문 지식은, 경제 및 금융 부문을 담당하는 연방 정부 기관에 집중되어 있지 않다. 아울러 암호화폐를 분류하는 방법과 자금세탁 및 테러자금 조달에 대한 보호 방법에 대한 의견이 기관마다 불일치하고 있으며, 디지털자산 및 디지털화폐를 처리하는 방법에 대한 전방위적인 합의가 이루어지지 않고 있다.

미국 은행은 기존의 일부 레거시 금융 경제 시스템의 영토를 없앨 수 있는 이 새로운 시스템에 등장에 대한 거부감을 나타내고 있는 것이다.

따라서 일부 학계에서는 CBDC 출시까지 10년은 더 걸릴 것으로 추정하고 있다. 그렇지만 중국이 BIS의 후원을 받아 빠르고 저비용의 블록체인 기반 결제 시스템 개발에 성공한다면 이는 미국 경제와 정치계의 의사결정에 빠르게 영향을 미치게 될 것으로 보인다.

미국 제재의 영향을 받는 몇몇 사회주의 주요 국가들은 새로운 CBDC 기반의 글로벌 결제 시스템을 사용할 강력한 동기를 갖고 있으며 이러한 시스템이 구축된다면 국제 거래에서 달러의 필요성과 수요를 감소시키게 될 것이다.

인류 역사 최초의 암호화폐 전쟁, 러시아-우크라이나 전쟁

암호화폐 생태계는 본질적으로 글로벌하고, 한 국가의 관할권 밖에 있어 규제에 어려움이 있는 게 특징이다. 즉 암호화 자산 시장은 국가에 대한 경계가 없고, 전체 시장이 거대하며, 기존 지역 기반 은행과 다르게 블록체인 기반 대출 프로토콜은 전 세계 사람들에게 서비스를 제공할 수 있는 게 기존과 다른 점이다.

암호화폐를 보유한 인구 비중에 대한 통계에 따르면, 상위 20개 국가 중, 개발도상국이 15개국을 차지한다. 아이러니하게도 현재 전쟁 중인 우크라이나가 12.7%로 1위를 차지한 것으로 나타났다.

젤렌스키 우크라이나 대통령은 2022년 3월 16일 가상자산(암호화폐) 거래를 합법화하는 법안에 서명했다. 암호화폐 거래 합법화 법안은 러시아의 우크라이나 침공 전인 2월 중순경 우크라이나 의회에서 통과된 법안이다. 이 법안은 암호화폐의 법적 정의와 소유권, 체계 분류 및 규제기관 등을 정하고 우크라이나 증권거래위원회가 감독기관 역할을 담당한다는 내용을 담고 있다. 또한, 우크라이나 국내에서 합법적인 암호화폐 거래소를 운영할 수 있게 되었고 은행도 관련 거래 서비스를 제공한다는 내용을 담고 있었다.

전쟁으로 대통령 승인이 지연되었지만 1달여 만에 공식적으로 시행이 되었고 비슷한 시기에 우크라이나 정부는 전 세계를 대상으로 암호화폐 기부 사이트를 개설하기도 하였다. 트위터 등 소셜네트워크서비스(SNS)를 통해서 기부금을 받기 시작한 이후 현재까지 1억 달러 이상의 암호화폐를 기부를 받은 것이다. 여기에는 전통적인 은행의 송금체계나 규제도 필요 없었다. 우크라이나는 러시아의 침공으로 어려워진 국방 예산 운영을 암호화폐 기부금으로 일부 보충할 수 있게 되었다.

우크라이나는 전쟁이라는 비상 상황에서 암호화폐 거래를 일반적인 금융자산처럼 합법적인 거래가 가능하게 된 최초의 나라가 되었다. 그리고 아직 끝나지 않은 러시아-우크라이나 전쟁 가운데에서 오히려 암호화폐의 사용량은 증가하고 있다고 한다. 전쟁 상황에서 암호화폐가 법정화폐의 대체수단의 역할을 하기 시작한 것이다.

러시아도 미국과 유럽을 중심으로 한 강도 높은 경제 제재를 우회하는 수단으로 암호화폐를 활용하고 있다. 양 국가 모두 암호화폐에 의지하는 전쟁이 된 것이다. 따라서 사람들은 이번 전쟁을 인류 역사상 최초의 '암호화폐 전쟁'이라고 부르기도 한다.[41]

러시아와 교전 중인 우크라이나 정부는 한때 하루 만에 1천890만 달러(약 228억 원) 이상의 암호화폐를 기부받기도 하였다. 우크라이나의 미하일로 페도로프(Mykhailo Fedorov) 부총리는 당시 트윗으로 세계 최초의 밈코인인 도지코인과 솔라나의 기부도 가능하다고 밝히기도 하였다.

바야흐로 이제 세상은 이제 암호화폐라는 디지털자산을 축적하여 전쟁을 진행하는 시대로 돌입하였다. 전쟁이 인류의 암호화폐의 합법화를 앞당기고 SWIFT라는 국제 간 은행 결제망의 세계 경제 질서 체계를 흔들

---

41) 출처 : 디지털투데이(DigitalToday, http://www.digitaltoday.co.kr)

고 있는 것이다. 인류의 역사는 전쟁을 통해서 발전하고 변화한다는 이
야기가 딱 맞아 떨어지는 부분이다.

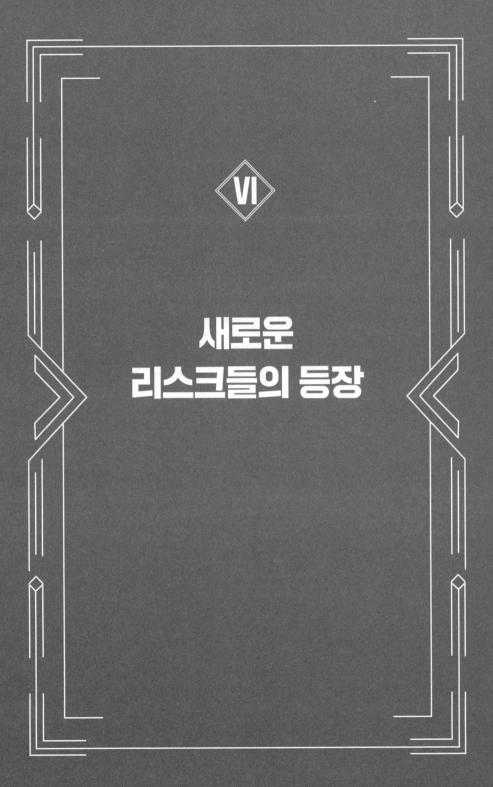

VI

새로운
리스크들의 등장

암호화폐 생태계는 2019년 9월부터, 2021년 6월까지 개발도상국을 중심으로 그 규모가 23배 성장하였다. 특히 코로나19 팬데믹 기간 중 개발도상국에서 암호화폐 사용이 늘어난 이유는 우선 암호화폐를 이용한 송금이 비용과 속도 면에서 매력적인 채널로 작용했다는 점이다. 기존 송금 서비스의 높은 비용은 팬데믹 기간 동안 관련 서비스 장애로 이용하기가 쉽지 않았기 때문이다.

또한 암호화폐는 금융 투자 및 투기의 일환으로 주로 개발도상국의 중산층이 보유하고 있는데 특히 통화 가치가 하락하고, 인플레이션이 상승하는 국가에서 암호화폐는 저축을 위한 수단으로 인식되고 있다는 점을 들고 있다.

이러한 암호화폐를 사용하는 이유와는 상관없이, 암호화폐 거래소는 광범위한 유통을 가능하게 하도록 하는 중요한 역할을 수행하는데 이는 암호화폐 거래소는 암호화폐와 법정 화폐 간의 거래를 중재하는 교환소의 역할을 수행하기 때문이다. 2022년 말 기준 570개가 넘는 암호화폐 거래소가 전 세계에 존재하며, 2023년 1월 일일 거래량 합계는 96억 3천만 달러로 현재 3대 최대 암호화폐거래소는 바이낸스(Binance), 지닥스(GDAX), 오케이엑스(OKex)다. 하지만 거래소에는 암호화폐 자체의 리스크를 관리를 해 주는 기능이 사실상 없다.

기존 금융을 다루는 리스크 관리 규제와 방법은 주로 국제결제은행(BIS)에서 제공하는 규제 법안을 바탕으로 관리되어 왔다. 소위 말하는 바젤위원회라는 곳을 통해서 금융 리스크의 시장, 신용, 운영 리스크나 BIS 비율이라고 하는 자기자본 비율을 관리해 왔다. 1997년 IMF 금융위기를 겪은 한국 금융과 경제에게는 이러한 글로벌 금융 리스크 관리 가이드라인은 거부할 수 없이 따라야만 하는 바이블과 같은 것이었다. 따라서 한국은 어느 나라보다 앞서서 금융 리스크 관리 체계와 시스템을 마련하기도 하였다. 그래서 어느 나라보다 탄탄한 금융 리스크 관리 체계가 안정적인 형국이다.

이제 기존의 금융체계에서 다루지 못하는 새로운 리스크들이 발생하고 있다.

UNCTAD의 분석 보고서에 의하면 디지털화폐는 사용자에게 송금을 용이하게 하지만, 사회적인 리스크와 비용을 초래할 수 있는 불안정한 금융 자산이라고 언급하고 있다. 여기서는 중요한 몇 가지 측면에서의 리스크 요소들을 언급하고 있다.

전통적으로 은행과 같은 제3자 중개업체는 고객의 이익을 보호하는 데 중요한 역할을 수행해 왔다. 은행은 소비자 보호 및 불법 금융에 대한 활동을 탐지하는 정교한 기법을 가지고 있으며, 소비자는 부정 거래 및 사기 활동에 대한 이의를 제기할 수 있었기 때문이다. 하지만 디지털자산 시대 분산금융 환경하에서 은행과 같은 제3자 없이 거래가 이루어질 경우 소비자는 도움을 받을 수 있는 방법이 줄어들 수밖에 없다. 스스로가 거래에 대한 책임을 가져야 하는 환경으로 바뀐 것이다.

과거 금융기관이 금융 리스크 관리의 주체였다면 이제 분산금융 시대에서 발생하는 디지털자산의 리스크 관리는 개인에게 관리의 책임이 전가되는 측면이 많아지고 있는 것이다. 당황스럽지만 그게 점점 현실이 되고 있다.

예를 들어 개인과 기업이 블록체인 앱을 사용하여 디지털자산을 주고받는 경우, 디지털 지갑에는 주소와 유사 기능을 수행하는 공개키(Public key)가 존재한다. 또한 디지털 지갑에는 지갑의 주인만이 소유하는 개인키(Private key)가 존재하는데, 비트코인의 경우 암호를 저장하지 않고 비트코인을 구입하는 개인에게 개인키를 디지털 지갑에 부여하는 방식이라 암호를 분실할 경우 영구적으로 접근이 제한된다.

2021년, 『뉴욕 타임스』는 개인키를 분실한 디지털 지갑에 1400억 달러(한화 170조) 상당의 비트코인이 잠겨 있다고 보도하였다. 기존 은행의 경우 암호를 분실하면 영구적으로 계정 액세스가 제한되는 게 아니라 고객 확인 절차 이후에 당연히 다시 접근이 가능하다.

그렇지만 디지털 지갑에서는 개인키와 지갑 주소가 필요하고 이 둘을 반드시 잘 기억하고 있어야만 한다. 개인키는 암호화폐를 꺼낼 때, 지갑 주소는 암호화폐를 받을 때 쓴다. 지갑 주소를 잃어버렸다 해도 비밀키를 알고 있으면 지갑 주소를 만들 수 있다. 하지만 개인키를 분실하면 모든 것을 잃게 되는 것이다. 지갑 주소로 받은 암호화폐를 꺼낼 수 없게 된다.

디지털자산의 사용자의 경우 본인과 고객에게 안전장치가 없다는 보안 리스크를 이해하고 거래를 해야 하고 또한 신중하게 스스로 보안을 유지해야 한다.

2021년 영국의 언론 매체에서는 이러한 개인키를 보관한 하드드라이브를 여자친구가 실수로 버리는 바람에 12개월에 걸쳐 쓰레기장을 뒤지고 있는 남자의 이야기가 보도된 적이 있다. 2013년, 영국 웨일즈 뉴포트의 제임스 하웰스라는 남자는 일주일 동안 약 8,000개의 비트코인을 채굴했는데 2013년 8월 하웰스의 여자친구가 이 비트코인의 디지털 지갑키가 저장된 하드드라이브를 실수로 검은색 쓰레기 봉투에 버렸고 그렇게 버려진 하드드라이브는 쓰레기 운반차량에 실려 인근 대형 쓰레기 매립지로 운송됐다. 버려진 비트코인의 현재 가치는 2억 7,500만 파운드(미화 3억 8,172만 달러)에 달할 것이라고 한다.

비트코인과 이더리움 같은 퍼블릭 블록체인은 투명성과 접근성으로 인해, 누구나 체인 전체를 리뷰하고, 추가하고, 감사할 수 있다. 이로 인해 프라이버시 침해가 발생할 수 있으며 프라이빗 블록체인이 필요해지는 이유가 되기도 한다. 예시로, 네뷸러 지노믹스(Nebula Genomics)는 프라이빗 블록체인 기술을 사용하여 환자에게 유전자 데이터를 제어할 수 있도록 하고 있다.

또한, 블록체인에는 일부에게만 공개되어야 하는 정보를 포함할 수 있다. 이 경우 프라이빗 및 퍼블릭 블록체인이 상호 작용하는 하이브리드 방식이 타당할 수 있다. 예시로, 디지털 건강 기록에는 개인적으로 보관해야 하는 민감한 데이터와 질병통제예방센터(CDC) 및 건강보험 업체와 같은 기관에 공유해야 하는 정보가 모두 포함된다. 헬스케어 블록체인 기업들은 생체 정보를 수집하고 공유하는 동시에 환자에게 더 많은 데이터 통제 권한을 부여하고 있는데 바로 그런 이유에서 기인한다.

블록체인 기술은 거버넌스에 대해 분권형, 무허가, 자율형, 같은 수식어로 설명되지만, 실제로 블록체인 거버넌스는 윤리적, 법적, 경제적인 측면에서 복잡성을 띠고 있다. 궁극적으로 블록체인의 개발자는 누가 권력을 가지고 있는지, 어떻게 권력을 획득하는지, 무엇을 감독하는지, 어떻게 결정을 내리고 운영할 것인지를 결정한다.

더 다오(The DAO)라고 불렸던 최초의 분산형 자율조직은 일종의 헤지펀드였으며, 이더리움 네트워크를 통해 운영되었고 구성원들은 조직에 얼마나 많은 돈을 투자했느냐에 따라 의결권이 달라졌다. 2016년에 더 다오가 해킹당해 6천만 달러(한화 7백억) 상당의 피해가 발생했을 때 회원들은 어떻게 대처를 해야 할지, 특히 해킹이 절도에 해당하는지 여부에 대해 상당히 다른 의견을 제시했었다.

일부는 소프트웨어 버그를 이용한 부정거래를 정당한 소유자에게 돌려줘야 한다고 주장하였으며, 일부는 "코드는 법이며, 블록체인은 불변한다"고 주장하며 더 다오가 부정 거래를 취소하는 것을 자제하고, 단순한 버그 수정 후 체인이 계속되도록 해야 한다고 주장하기도 했다. 최종적으로는 전자의 의견이 채택되어 사용자들이 투자금을 회수할 수 있는 조치인 하드포크[42]가 설치되었다.

분산형 자율조직인 주노(Juno)는 네트워크를 통해 무료 토큰을 커뮤니티 회원들에게 나눠 주는 에어드롭(Airdrop)[43]을 진행하였다. 그중 한 사용자는 이 에어드롭 시스템의 원리를 파악하여 1억 달러(한화 1천억) 이상의 가치의 토큰을 수령하였다. 이후 해당 사용자의 토큰 중 상당 부분을 공정한 몫으로 낮추자는 제안이 제기되었고, 투표를 통해 통과되어 일부 토큰을 제외한 모든 토큰이 취소되었다. 해당 사용자는 주노를 상대로 고소를 진행하겠다는 의사를 밝혔다.

이 사례는 개발자가 거버넌스가 해킹이나 악의적인 행위자를 발생시키지 않도록 거버넌스 구조를 구성하도록 권고하는 계기가 되었다. 또한 앞선 윤리적 문제들에 대해서 개발자의 가치가 명확하게 표현된 다음 블록체인으로 운영이 되어야 한다는 의견들이 제시되기 시작했다.

일반적으로 조직에서의 갈등은 시스템에서 권력과 돈이 할당되는 규칙이 명확하지 않을 때 발생한다. 개발자는 투표권을 가진 사람들이 다른 신념, 가치, 이상, 욕망을 가질 수 있다는 것을 이해할 필요가 있다. 강

---

42) 하드포크 : 블록의 규칙을 근본적으로 바꾸는 업데이트. 따라서 이전 노드들과 호환이 되지 않으며, 하드포크가 되면 전혀 다른 블록체인이 되어 합의에 도달하지 않고 서로 분리된 채 블록이 계속 쌓임.

43) 에어드랍(airdrop) : 공중(air)에서 떨어뜨린다(drop)는 뜻으로서, 기존 암호화폐 소유자들에게 무상으로 코인을 배분하여 지급하는 행위를 말한다. 주식에서 '무상증자'와 유사한 개념임. 출처 : 해시넷.

력한 거버넌스는 참여자들 간의 의견 차이를 관리하는 가장 중요한 도구이며, 개발자의 가치가 블록체인의 인프라와 정책에 반영된다면 윤리적·경제적 위험을 피할 수 있을 것이라 분석하고 있다.

디지털자산 시대의 사용자는 블록체인 개발자의 가치가 고객의 가치와 일치하는 지 분석해야 하며, 사용자는 본인과 고객이 얼마나 많은 변동성, 위험성, 통제력 상실 등을 감내할 수 있는지 결정해야 한다. 물론 이러한 상황에 대해 알리고 가이드라인을 제시하는 것은 글로벌 규제기관과 정부 금융 당국 역할로 여전히 남을 것이다. 문제는 그 규제의 정도와 속도이다.

VII

두려움 없이
세대의 벽을 넘어

젊은 대표이사들이 꿈꾸는 스타트업 기업은 어떤 기업일까?

뱅뱅사거리 근처에 붕어빵 가게가 있다. 늘 기다리는 사람들이 있다. 먹어 보면 맛있다. 그래서 다들 기다리나 보다. 기다리면서 조금은 나이가 있으신 주인 부부의 친절한 미소도 덤으로 볼 수 있다.

최근 들어 붕어빵 재료 가격이 올라 폐업이 늘고 있다고들 한다. 그러자 붕어빵을 사먹고 싶었던 젊은이들이 붕어빵 창업을 하고 있다고 한다. 창업의 경험을 소자본으로 경험하고자 붕어빵 가게를 창업하는 젊은이가 증가하고 있다는 것이다. 붕세권이 만들어지기 시작한 것이다.

비록 자본이 적어 붕어빵 창업을 시작했지만, 이들 젊은 대표이사들은 다른 시도들을 한다. 인테리어도 전구를 이용하고 재즈 음악을 틀어 놓고 있다. 그리고 슈크림, 치즈, 초코렛 등 젊은이가 좋아하는 재료도 사용한다. 젊은 대표이사는 항상 무언가 다른 전략을 시도한다. 기존의 비즈니스 모델도 젊은 이상을 가지고 변화를 시도한다.

필자가 아는 스타트업 기업인 '낭만농객'의 경우도 유사한 전략을 펼치고 있다고 판단하고 있다. 낭만농객 대표이사는 20대이다.

출처 : 낭만농객 IR 자료

전공이 컴퓨터 공학인 낭만농객 대표가 선택한 회사 경영전략은 부동산 개발이었다. Local Creator 사업을 시작한 것이다.

강원도에서 버려진 집을 대상으로 개발하여 일부는 분양하고 일부는 운영하면서 수익을 얻는다. 창업 이후 3년간 전국의 15개 지역을 case study했다. 그 결과 철원과 양구에서 사이트를 운영 중이다. 그런데 주요한 전략은 단지 개발하여 매각하는 사업만을 추구한 것은 아니다. 단기적인 운영수익만을 얻는 것이 아니라 장기적인 부동산 가치 상승을 도모하는 것이다.

한 드라마에서 기업 간의 사업경쟁 전략을 다룬 적이 있다. 그때 기업의 회장님은 획기적인 방안을 선택하였다. 즉, 물류회사의 시장점유율을 끌어올리기 위해 선택한 전략이 홈쇼핑 방송을 인수하는 것이었다. 그러면서 홈쇼핑 전략을 수정한다. 이제 홈쇼핑은 소비자들이 사고 싶은 물건만을 사게 하지 않는다. 이제 홈쇼핑은 소비지들이 가지고 싶은 물건을 사게 한다는 것이다. 무언가 가지고 싶도록 만드는 것이 홈쇼핑의 가치인 것이다. 이런 전략으로 홈쇼핑이 그룹 내에서 새롭게 자리를 잡으면 뒤에서 물류 매출은 자연스럽게 상승하는 것이다

이렇듯 낭만농객 대표이사는 지방의 부동산 개발을 통해 소비자들이 이 부동산을 가지고 싶도록 개발한다. 그리고 이 부동산을 소유하고 싶어하는 투자자들에게 매각한다. 다만 전체를 단순히 매각하는 것이 아니라 일부는 낭만농객이 보유한다. 그리고 이 부동산을 찾는 커뮤니티를 늘려서 부동산의 가치를 올린다. 그러면 낭만농객이 보유한 부동산 가치도 자연스럽게 올라가게 되는 것이다.

낭만농객 대표이사는 내가 만드는 서비스로 세상을 바꾸고 싶다고 했다. 그래서 사업을 시작했다고 말했다. 그래서 사업을 시작한 지 3년이 지난 지금도 처음 사업을 시작했던 꿈과 희망을 동일하게 가지고 있냐고 질문했다. 대답은 보다 현실적이었다. 실제로 사업을 해 보면서 현실의 벽에 많이 부딪히게 되었다고 말한다. 하지만 성공에 대한 열정과 확신은 분명했다. 그래서 대표이사는 시장의 생태계에 맞추어 전략을 수정하기로 결정한 것이다.

기술발전을 강조되는 정부 정책과 투자자들이 투자할 수 있는 매력도를 낭만농객에 담고자 한 것이다. 건설 사이클이 10년이고 부동산 개발 사업이 큰 자금이 필요하다는 것도 알게 되었다고 한다. 스타트업이 부동산 개발 사업을 하는 것은 한계가 있다는 것을 알게 된 것이다.

현재 낭만농객 대표이사는 2단계 전략을 수립하고 준비 중이다. 기존 소멸지역에서 버려진 부동산을 개발하는 전략이 기존 3년간의 전략이었다면, 이제는 Ver 2.0인 새로운 기술 전략을 기업내에 담고자 한다. 대표이사는 최근 블록체인 전략을 부동산 전략에 입히고 있다. 그래서 본인 사업의 생태계를 명확하게 재정의하고자 시도하고 있다. 이 젊은 대표이사를 응원한다. 블록체인 기술이 점점 기술특례상장에서도 강조되고 있는 2022년 시장의 흐름을 부동산에 적용하고 테스트하고 있는 것이다.

블록체인 기술의 로드맵상에서 낭만농객이 어떤 기술과 차이점을 접목할지 기대가 된다. 이 젊은 대표이사가 가지고 있는 새로운 전략은 50년 정도의 역사를 가지고 있는 맥도날드 전략과 PG DAO 전략과 다를 것이 없게 된다.

두려움 없이 세대의 벽을 넘어

카타르 월드컵에 출전하였던 대표팀이 2022년 12월 7일 귀국했다. 그리고 대통령이 이번 카타르 월드컵에서 16강 진출의 성과를 달성하고 국민들에게 큰 희망과 따뜻함을 제공했던 축구 대표팀과 오찬을 가졌다. 이때 축구 대표팀의 젊은 선수들이 대통령과 사진을 찍었다. 그런데 기념 촬영에서는 배에 손을 올린 조유민 선수와 단체 사진에서 익살스러운 표정을 지은 조규성 선수가 있었다. 대통령의 어깨에 손을 올리고 셀카를 찍은 황의찬 선수도 있다.

기성세대는 감히 생각하지도 못하는 젊은이들의 문화가 아닌가 싶다.

이번 카타르 월드컵을 보던 젊은이들이 요즘 하는 말들이 있다. "왜 아버지 세대들이 2002년을 이야기하는지 이제는 알겠어요. 이전까지는 2002년 월드컵을 자꾸 이야기하는지 솔직히 몰랐어요. 오히려 또 지난 이야기를 하는구나 생각했어요." 그런데 카타르 월드컵을 보고 나서는, 다음 월드컵에는 반드시 현장에서 한국 축구경기를 응원해야겠다고 생각하는 젊은이들이 늘어나고 있다고 한다. 월드컵 시즌에 더 비싸진 비행기 표와 경기 티켓 비용도 부담할 만한 가치가 있다고 생각한다는 것이다.

아버지 세대의 라테라는 부정적인 생각에서 벗어나 이제는 적극적으로 축구의 생태계에 참가하겠다는 생각을 밝히는 것이다. 이러한 반응이 축구 생태계를 확장시킨다.

한국은 전 세계에서 독특하게 다양한 세대가 동거하고 있는 나라이다. 먼저, 65세 이상의 세대는 태어날 때부터 후진국이었던 세대이다. 경제에 모든 관심이 집중되어 조직에 충성하고 오래 일하는 문화가 몸에 배어 있는 사람들이다. 그런데 40세 이상 65세 사이의 세대는 태어날 때는 중진국이었던 세대이다. 이들은 후진국 문화에 젖어 있던 기존의 사람들이 보기에는 사고방식이 틀려서 "너희들은 왜 그래?"라고 비난을 많이 받았던 세대이다.

그런데 이들처럼 중진국 경제에서 태어난 세대보다 더 독특한 세대가 나타났다. 20~30대의 세대이다. 이들은 태어날 때부터 선진국이었던 세대인 것이다. 자신에 대한 확신이 강한 세대이다. 자존감이 강한 세대이다. 현재 한국에는 이러한 세 가지 배경을 가진 세 부류의 세대가 같이 살아가고 있다. 그래서 같이 살아가는 새로운 방법이 반드시 필요하다.

창업 1.0에서 2.0으로의 변화의 현장

이 책은 레거시와 on-going agenda들을 정리하면서도 기술과 경제 생태계의 효율적이고 공정한 대안을 제시하려고 한다. 거기에는 크게 두 가지가 있다.

먼저 하나는 스타트업 대표이사가 전략적인 성공 전략 실행과 투자 유치 가능성을 높이기 위해 세대 간 통합의 방안을 제안하는 것이다. 이 방법은 이상으로 세상을 바꾸고자 하는 젊은 대표이사와 경험으로 조직과 상대방(비즈니스 및 투자 상대방)의 생태계를 이해하게 하는 CSO(Chief Strategic Officer, 최고전략책임자)를 한 조직 안에서 일하게 하는 것이다. CSO가 회사의 이사회 멤버일 수도 있고, 자문의 형태로 적용될 수 있다. 하지만 필자는 이러한 회사 외부의 조직보다는 회사 내부에서 일정한 내부 역할을 수행하는 CSO를 선호한다. 외부 인력이 조직 내에서 위치와 직위, 직책은 무관하게 역할을 수행하는 것이 매우 중요하다.

또 다른 하나는 이러한 기업이 활동할 공정한 프로토콜 경제 사회, 상생경제를 만드는 것이다.

이 두 가지 제안은 지속적인 성장을 가능하게 하면서도 세대간 통합을 가져올 것으로 기대한다. 달리 이야기하면 청년 대표들이 확장해 내고 있는 생태계는 일자리를 만들 것이고, 이는 레거시에서 고민하고 있는 정년연장이나 경력 단절의 문제도 공정하게 해결할 수 있을 것이다. 통합의 새 시대를 기대한다.

아래의 사진은 필자가 정기적으로 하고 있는 투자자 네트워크이다.

엑셀러레이터, 벤처캐피탈, 기관투자자 들이 모여 친목도 하고 투자도 같이 검토하는 모임이다. 이 네트워크를 필자는 투자자 생태계로 생각한다. 자신의 이름으로 자금을 모으고 투자를 할 수 있는 네트워크이다. 스타트업을 발굴하고 투자하는 액셀러레이터와 벤처캐피탈은 투자 회수가 필요하다.

이런 회수는 기관투자가들이 인수해 주거나 다른 투자자에게 M&A를 통해 매각하는 방법이다. 회수가 되어야 투자가 이루어질 수 있는 것이다. 이런 전략이 실행 가능하려면 투자 생태계가 살아서 움직여야 한다. 살아 움직인다는 것은 내 다음 단계의 투자자가 원하는 기업으로 만들어야 매각이 가능하다는 것이다. 가령 벤처캐피탈은 회사에 투자할 때 기관투자가에게 이 회사의 매각이 가능한 경우라면 이 회사에 투자하기가 수월한 것이다. 이런 투자 생태계를 이해해야 투자를 희망하는 기업도 투자를 받을 가능성이 높아질 것이다.

일반적으로 7개월 이상의 투자검토 기간에 검토 대상 중에 2%만이 투자를 받는 것이 현실이다.[44] 자금이 어려운데 7개월 동안 영혼까지 갈아 넣어 투자를 받고자 했는데 실패한다면 이는 최악인 상황인 것이다. 이런 최악을 상황이 싫다면 사전에 투자 생태계를 이해하고 투자자를 기업의 고객으로 인정해야 한다. 투자자를 고객으로 인정하면 투자자가 내 기업에 가지고 있는 의문과 문제를 해결 시켜 줌으로써 투자할 만한 가치를 부여하게 만들 수 있다.

....

44) 『VC 가 알려주는 Start up 투자유치전략』, 한국벤처투자 등, 2020. 10.

내가 만든 회사를 IR[45] 하기 전에 투자자들의 현황과 주요 관심사를 파악하고 이에 맞게 Deck을 수정하고 준비하는 것이 맞는 방향이다.

그러면 스타트업 기업을 창업한 대표이사가 자신의 기업을 성공시킬 가능성은 얼마나 될까? 여기서 성공이란 스타트업이 최종적으로 주식거래소에 상장(Initial Public Offering, IPO)되거나 다른 기업에게 M&A(Mergers and Acquisitions) 될 수 있는 모습으로 생각해 보자. 이렇게 회사를 키우려면 반드시 자금이 필요하다. 자금은 투자와 대출을 통해 조달이 가능하다.

미국 실리콘밸리에서 많이 사용이 되는 투자단계는 시드투자, 시리즈 A, B, C 등으로 구분된다. 초기 사업 계획서만으로 받는 투자가 초기 시드 투자이다. 과거 대표가 이런 제품을 만들어 본 경험이 있는가, 과거 사업을 성공시킨 경험이 있는가가 중요하다. 기업 가치는 10억 원에서 100억 원 내외의 수준이다. 이 시기에는 MVP(Minimum Viable Product, 초기 실행 가능 제품)를 제작하여 창업할 때 계획했던 아이디어가 실제 시장에서 매출로 연결이 되는지 확인하는 과정도 거친다. 이러한 MVP를 거친 뒤 시리즈A 투자는 본 제품이 출시되는 시점에 받는 투자를 말한다. 이때는 기업 가치는 100억 원 이상에서 250억 원 내외이다. 그리고 시리즈B, C는 시장에서 사업모델이 검증이 되었고, 시장을 확대하기 위해 대규모의 마케팅 비용과 인건비가 필요한 단계에 받는 투자를 말한다.

....

45) 여기서 IR(Investor Relations)이란 투자자들을 대상으로 기업 주요 내용을 설명하여 투자 유치를 원활하게 하는 활동을 의미함.

대표이사는 성장 주기에 맞게 자금을 마련하면서 기존 현장을 관리하기에 너무 바쁘다. 규모가 있는 기업처럼 안전자금(가령, 기업이 6개월 버틸 수 있는 자금)을 보유할 여력도 없다. 만일 자금이 있으면 좋은 팀원을 채용하고 투자에 자금을 사용한다. 그래서 자금은 언제나 부족하다. 그렇다고 시장이 어렵다고 해서 가지고 있는 자금을 가지고 보유하기만 하게 되면 성장은 멈추고 투자 가능성이 더욱 낮아지게 된다.

선택의 문제에 직면했을 때 CSO의 기능이 필요하다. 최악을 막을 수 있는 팀이 바로 CSO 기능이라고 생각한다. 현재의 위험을 관리해 주면서도 회사의 Ver 2.0도 준비할 수 있다. 그리고 나면 시장이 풀리면서 투자에 우선순위에 올라오게 된다.

혁신과 사업의 연계

창업자들은 혁신에 집중한다. 그런데 회사가 망하지 않으려면 사업이 계속되도록 회사를 운용해야 한다. 창업자들은 기존에 자신이 했던 직장 경력을 자기 사업으로 창업하거나 아니면 새로운 아이디어를 통해 창업을 하게 된다. 자기가 믿는 혁신적인 일에만 집중하는 열정이 창업을 하게 한다.

일반적으로 회사를 운용하는 데 필요한 예산, 그리고 이 예산을 통해 벌어들일 수 있는 매출을 추정하여 사업계획을 수립해야 한다. 내가 만나는 고객 사이트별로 돈이 되는지 알고 관계를 가져가야 한다. 그래서 손익분기점이라는 간단한 분석도 가져가야 한다.

그런데 이런 간단하고도 기본적인 회사 운영방법을 창업자들에게 많이 부족하다는 생각이 든다. 창업자들을 만나 보면 대부분 엔지니어이다. 엔지니어에게 실무경영을 이해시켜야 한다. 그러나 정부가 지원하는 사업들, 가령 청년창업사관학교 등도 이러한 구체적인 교육에 부족함이 있다는 느낌이 있다.

회사를 창업하여 운영하기 위해서는 창업자의 혁신과 사업 운영의 경험이 있는 CSO가 같이 회사를 운영하는 방안이 좀 더 안전하다고 생각한다. 그래야 자금 계획도 수립이 가능하다.

창업자가 지치지 않게 멘탈을 지키는 방법

창업자가 회사의 모델이 시장에서 인정받고 마케팅 활동을 하면서 필요자금을 마련하는 과정에서 창업자들은 지치지 말아야 한다. 창업한 지 3~4년 된 기업을 자문(Mentoring)한 경험이 있다. 기업 가치가 대략 100억 원에서 700억 원 사이의 기업들이었다. 안타까웠던 것은 기업 가치가 700억 원이 되기 전에 많은 대표이사들이 지쳐 있었다는 것이었다.

나는 "그냥 10억 원만 주면 회사의 내 지분을 팔 거예요"라고 말을 하는 대표이사를 보면서 대표이사로서의 외로움과 어려움을 많이 느끼게 되었다. 이 기업은 150억 원의 기업 가치로 투자를 유치하고 있었다. 물론 10억 원에 팔지는 않을 것이다. 하지만 700억 원의 가치를 투자자들로부터 인정받은 대표이사에게는 여유가 있어 보였다. 영정도에 생산시설을 건설 중이었고 필요한 조직도 갖추어지고 있었다. 이 회사의 대표이사와는 전략적인 이야기까지 나눌 수 있었다.

위의 경험으로만 보면 대표이사는 최대한 지치지 않고 700억 원의 회사를 만들어 내야 하는 것이 중요하다. 자기 주도적 가치관을 가지고 창업했던 스타트업 대표이사들이 힘내고 지치지 않는 창업 생태계가 필요하다. 창업자가 지치지 않기 위해서는 어려울 때 창업자 바로 옆에서 창업자가 필요한 내용을 지혜 있게 도와야 한다.

창업자가 강하게 주장하지만 방향을 바꾸거나 시기를 뒤로 미루어야 하는 투자를 설득해야 한다. 창업자의 약점과 문제를 성장성과 혁신으로 연결할 수 있도록 경험 있는 CSO가 필요한 것이다.

목표시장의 유지 어려움 사례

창업 초기 목표로 했던 시장에 대해 한번 살펴보자. 좋은 예가 아이폰과 관련된 한국의 스타트업이다. 이 회사는 창업 첫해 직원이 5명이었다. 이 회사가 판매했던 제품은 아이폰의 액세서리였다. 핸드폰 케이스 등이었다. 이 회사가 설립되고 나서 바로 매출을 100억 원을 찍었다.

이 회사의 영업이익이 이때 얼마였을까? 56억 원이었다. 그리고 나서 필자가 3년이 지나고 나서 이 회사 대표이사를 다시 만났다. 매출은 그대로 100억 원을 유지하고 있었다. 그럼 영업이익은 얼마나 되었을까? 2억 원이었다.

그 사이 이 회사 대표이사는 이어폰과 백팩 가방 등 다양한 제품을 추가하였다. 최선을 다한 것이다. 하지만 떨어지는 영업이익을 줄일 수는 없었다. 그 이유가 무엇이었을까? 종업원이 늘어서인가? 실제가 그 사이 종업원은 아이템과 매장 및 거래처 등이 증가하여 50명까지 늘어났다. 따라서 비용이 늘어난 것도 한 원인일 수 있다. 하지만 가장 중요한 원인은 스마트폰 시장에서 아이폰 이외에 갤럭시가 등장하고 빠르게 시장점유율을 늘렸다는 것이다.

잠깐 애플의 아이폰 출시와 갤럭시에 대해 이야기해 보자. 아이폰은 2007년 1월 세상에 출시되었다. 이제 2023년이 되면 세상에 나온 지 16년이 되는 것이다. 원래 애플은 음악재생기를 통해 시장에 큰 영향력을 미쳤다. 2001년 처음 음악재생기 제품을 내놓은 애플은 2004년부터 미국을 중심으로 70% 이상의 시장점유율을 실현하였다. 이는 아이튠즈를 통한 편리한 곡 관리, 아이튠즈 스토어를 통한 편리한 곡 구매 등이 가능했기 가능해진 것이었다.

굿바이 레거시

이런 애플이 2007년 1월 기존 음악재생기가 아닌 스마트폰을 출시하였다. 그리고는 많은 비관론과 우려를 잠재우면서 스마트폰 시장을 주도하기 시작하였다. 아마도 당시 스마트폰 시장의 강자인 삼성과 노키아는 낯선 경쟁자에 많이 당혹했을 것이다. 동종 경쟁에만 집중하던 시장에 이종 경쟁자가 나타난 것이다. 아이폰도 한국에 출시되면서 선풍적인 인기를 끌었다.

그러다가 한국에서 아이폰을 차지하던 스마트폰 시장은 갤럭시라는 스마트폰에 의해 다시 시장에서 자리를 내주기 시작한다. 그래서 아이폰의 악세서리 시장이 줄어들 수밖에 없었다. 그리고 아이폰 악세서리 제품에서도 아이폰 악세서리의 모방품이 늘어났다. 이쁘고 가격이 비싼 아이폰 커버에도 한국에서 비슷하고 저렴한 모조품이 나온 것이다.

이러한 스마트폰 제품 생태계의 변화를 한국에 있는 이 회사가 막을 수 있었을까? 맨 처음 아이폰 생태계에서 초기 진입하여 매출을 실현한 것은 이 회사 대표이사의 능력이었다. 이는 사실이고 모두가 인정해야 한다. 하지만 갤럭시와 아이폰의 큰 생태계의 변화를 대응하기는 매우 어려웠을 것이라고 생각한다. 결국 이 회사의 영업이익은 3년 만에 급감했다. 그러면서 현금흐름의 측정되는 이익도 급감했다. 이 사례는 시장의 변화가 얼마나 회사의 생존에 중요한 영향을 미치는지를 알려 주고 있다.

목표시장 확장(Scale-up) 방안

결국 관련 기술이나 제품이 시장과 생태계에서 어떻게 변화하는지를 대표이사는 알고 있어야 한다. 그래야 투자생태계에서 가치를 인정받고 투자를 받아 기업을 성장시킬 수 있다. 실제 사업을 해 보면서 벽에 부딪힌 문제들은 다른 사업에서 아이디어를 얻어 해결해야 한다.

기본적으로 이러한 역할은 당연히 대표이사의 몫이다. 그래서 초기 투자 평가는 대표이사의 평가를 통해 대부분 이루어진다. 회사의 전략과 제품은 변할 수 있지만 대표이사는 회사에서 변하지 않고 존재하기 때문에 대표이사의 평가는 매우 중요하다.

이와 더불어 필자는 CSO(Chief Strategic Officer, 최고전략책임자)의 역할을 강조한다. CSO는 기업의 시장환경의 변화에 대한 전략이나 대안을 대표이사에게 제시하면서 기업을 같이 키워 나가는 사람이다. 그의 회사 내 직위가 임원이건 고문이건 아니면 직원이건 이는 중요하지 않다. 하지만 회사 내에서 근무해야 한다는 점은 강조하고 싶다.

결혼 주례를 하게 될 때 느끼는 행복은 무엇일까? 결혼식장에서 결혼식 주례가 진행되는 동안 모든 고객은 결혼하는 신혼부부의 뒷 모습만을 바라보게 된다. 그런데 주례하는 분은 세상에서 가장 행복한 두 신혼부부의 모습을 바로 앞에서 바라볼 수 있다. 행복으로 입꼬리가 올라가는 것을 피할 수 없다. 회사 내에서 일하는 CSO가 이런 주례하는 행복을 느낄 수 있지 않을까 싶다. 이렇게 되기 위해서는 신혼부부와 가장 가까이 있어야 한다.

스마트펜을 만들어 판매하던 회사가 게임회사의 대표이사였던 분을 회사 부회장으로 모셨다. 그리고 나서 이 회사는 기존의 문서와 필기의 아날로그 시장 서비스 이외에도 디지털 서비스도 제공하겠다고 선언했다. 아날로그 정보를 디지털로 바꾸어 주면서 가상세계의 기술회사로 전략을 변화시키겠다는 것이다. 게임 시장에 익숙한 전략을 IR Ver 2.0에 반영한 것이다. 이러한 선언 뒤에는 다른 산업에서의 경험을 받아들이겠다는 대표이사의 결단이 있었다고 필자는 생각한다.

시대가 변화하는 것을 대표이사가 모두 알 수는 없다. 하지만 기술의 변화나 시장의 변화를 대응할 수 있는 대표이사의 오픈 경영방식이 필요하다. 그리고 시장이 변화하는 방향을 다른 투자자나 다른 산업으로부터 시사점을 찾아 창업자를 설득하고 반영하도록 해야 한다. 이러한 기능도 CSO가 시장을 넓게 보면서 가능한 영역이다. CSO를 통해 시대가 원하는 가치를 기업 내부에 담을 수 있도록 해야 한다. 창업 시 가지고 있던 사업을 매일매일 하면서도 투자를 받을 수 있도록 창업할 때 목표로 했던 목표시장을 생태계 변화에 맞도록 기업의 변화를 도모해야 한다.

㈜올링크(Allink)를 통해 본 시장 확대 전략

뱅뱅사거리에 있는 한 컨설팅 사무실에서 동그란 안경에 캠퍼 신발을 신고 청바지에 백팩을 맨 대표이사를 만났다. 순수한 젊은 청년 사업가였다. 창업한 지 3년이 조금 지난 스타트업, ㈜올링크의 대표이사이다. 그런데 이 회사는 벌써 외부 투자를 받고 기술특례상장을 준비 중이다. ㈜올링크는 기술 발전과 모두가 손에 지니고 다니는 핸드폰을 가지고 사업모델을 만들었다. 유사한 창업경력을 가진 회사보다 어떻게 빨리 성장할 수 있었을까 궁금했다.

우리는 백화점에 가서 물건을 사거나 온라인에서 구매를 할 때 반드시 결제를 해야 한다. 물건을 사게 되면 반드시 돈을 지불해야 하는 것이 기본적인 사회적 합의이다. 이를 결제라고 한다. 결제와 관련하여 투자자들은 새로운 결제방법이 소비자들로 하여금 기존의 물건 구입과 지불에 추가적인 행동을 요구하지 않아야 한다는 것을 투자 검토의 기본으로 삼고 있다. 가령, 지금까지는 카드를 꺼내서 매장에 있는 직원에게 전달하고, 기다리다가 포인트를 축적하기 위해 핸드폰에 있는 포인트 카드를 찾아서 보여 준다. 이때 여기에 추가적인 과정이 소비자에게 요구되어서는 안 된다는 것이다. 오히려 이러한 소비자의 불편함을 줄여 줄 수 있는 방법이 있다면, 이는 작지만 매우 혁신적이고 매력적인 결제방법이 될 것이다. 고객이 편하게 POS 단말기 근처에서 카드를 꺼내지 않고 똑같이 결제를 하고, 핸드폰에 있는 멤버십 등을 POS 단말기가 바로 인식하게 해준다면 소비자는 이러한 기술을 선호할 것이다.

동시에 매장의 직원이 결제과정에 사용해야 하는 시간을 몇 초라도 줄일 수 있다면 매장의 운영과 관련하여 매우 의미 있는 변화를 가져올 수 있다. 지금 코로나19로 인해 소상공인의 어려움은 모두가 알고 있다. 고객은 줄고 최저임금은 올랐다. 그나마 2023년 들어 재택이 줄어들어 점심시간에는 손님이 매장에 많다. 이때 줄 서서 기다리는 고객의 결제시간을 줄일 수 있다면 고객의 기다리는 불편함을 줄여 주고, 매장 직원은 손님에게 결제에서 줄인 시간을 고객 서비스에 사용할 수 있다. 이는 매일 같은 시간을 매장에서 일해야 하는 직원 입장에서 소비자들이 이 매장에서 만족을 느낄 수 있도록, 그래서 계속 이 매장을 찾아올 수 있도록 해 주는 hospitality를 제공할 수 있게 되는 것이다. 부수적인 결제 같은 과정에서 시간을 줄여 본질인 고객 서비스에 집중하여 고객의 만족도를 높여 주는 것이다. 매장에서 결재에 쓰는 몇 초는 고객에게 만족을 제공하고 여운으로 남아 다시 이 매장을 찾게 해 주는, 긴 웃음을 줄 수 있는 시간이다. 이러한 hospitality를 가능하게 해 주는 서비스가 소상공인에게는 큰 힘이 된다.

최근 들어 중국에서 걸려 온 전화를 받는 사례가 늘어나고 있다고 한다. 내 개인정보가 유출된 해킹 사건이다. 어떤 이유에선지 나도 모르게 핸드폰이 해킹이 되는 것이다. 이는 최근 핸드폰으로 결제를 하기 때문에 발생한 현상이다. 핸드폰으로 결제를 할 때 내 개인정보가 남에게 해킹될 수 있는 것이다. 내 개인정보를 지켜야 한다. 결제는 필요한데 내 개인정보도 보호되면서 편하게 결제가 되는 방법이 필요하다. 내가 지불하는 동안 보이지 않는 기술이 나를 해킹으로부터 보호하는 것은 어쩌면 당연한 소비자의 요구일지도 모른다.

　이렇듯 소비자와 매장에서 핸드폰에서 내 포인트 카드를 찾느라 덤벙 거리는 모습을 보이지 않게 해 주며, 매장에서 줄 서서 기다리는 고객에 게 맛있게 먹고 결제하다가 기분이 나빠지는 것을 조금이나마 줄여 주는 서비스. 그리고 안전하게 내 개인정보가 보호되는 서비스. 이러한 서비 스로 창업한 회사가 ㈜올링크이다.

　필자는 결제 기능으로 회사를 창업하고 대기업에게 회사를 매각한 몇 회사를 알고 있다. 학교 후배이기도 하고 아는 지인이기도 하다. 그런데 이러한 기존의 회사들은 결제라는 현재의 돈 버는 비즈니스 모델로 창업 하고 매각하였다. 물론 이들의 창업과 매각 결정은 그 시기에 옳은 시장 확장전략이라고 필자는 생각한다.

　그런데 ㈜올링크는 현재 돈 버는 결제라는 회사의 모델보다는 핸드폰 과 매장의 POS 기기를 연결하여 서비스하는 D2D(Device to Device)라 는 정보 전달 기술을 회사의 핵심 역량으로 정의하였다. 그래서 ㈜올링크 는 매장에서의 상품 결제 이외에도 상품을 구입하기 위해 미리 구매하는 상품권 시장, 학생증과 같은 신분 확인, 전자영수증이나 주민센터에서의 Paperless, 도어락과 같은 기능들이 가능하도록 회사 서비스를 범용화하 였다. 디지털 변화에 맞춘 대표이사의 시각의 차이라고 필자는 생각한다.

　앞에서 교육사업을 하던 대표이사가 게임회사 대표를 부회장으로 모시고 회사를 디지털화하여 변화에 성공했던 사례를 이야기했다. 이는 회사 내에서 레거시 비즈니스 모델을 바꾸기 위해 외부 인력을 초빙하여 성공시킨 대표이사의 오픈 마인드의 결과라고 판단한다. 그런데 ㈜올링크는 대표이사의 능력으로 지속적으로 디지털 핵심역량을 발전시키고 있다.

그런데 흥미 있는 사실은 ㈜올링크 대표이사에게서 지쳐 있다는 느낌을 받을 수 없었다는 것이다. 국내에서는 회사의 일상업무와 신규영업, 그리고 투자자 미팅 등을 진행하면서 시장 개척을 위해 미국 등 해외 출장이 잦은데도 말이다.

필자는 지금까지 사회에서 만난 3명의 천재를 기억한다. 이헌재 부총리님과 최범수 박사님, 그리고 박대용 대표이사이다. 이들의 공통점은 어렵고 많이 꼬여 있는 상황에서 분명한 논리와 시장 분석을 통해 목적한 바를 끝까지 이끌어 갔다는 점이다. 더구나 중간중간 같이 프로젝트에 참여하고 있는 사람들이 방향을 잃게 되면, 다시금 이들에게 처음부터의 방향과 세부 실천방안을 설득하고 동기를 부여하는 분들이셨다. 그런데 이 젊은 대표이사에게서 이들과 같은 천재의 DNA를 볼 수 있었다. 매우 기분 좋은 만남이고 내일이 기대된다.

젊은 생각과 경험의 시너지가 주는 효과

세상은 Off-line과 On-line에서 서로를 Benchmarking 하면서 성장하

고 있다. 레거시의 상징인 "나 때는", "라테는"은 필자가 느끼기에 없어진 지 오래인 것 같다. 젊은 세대는 기성세대가 이야기하면 바로 귀를 닫는 다? 기성세대는 젊은 세대가 어리다고만 여긴다? 그렇지 않다. 기성세대 는 젊은 세대를 무시하고, 젊은 세대는 기성세대에 아예 귀를 닫아 버리 는 시대는 이제 지났다고 필자는 느끼고 있다.

필자는 Macro가 좋지 않고 하락하는 시기에 젊은 대표이사는 겉으로 는 자신감을 보이지만 보이지 않는 불안감을 가지고 있음을 느낄 수 있었 다. 물론 Macro가 상승기에 경기가 좋으면 젊은 층은 빠르고 자신감 있 게 일을 추진할 것이다. 따라서 경기 상승기에는 젊은 층이 일을 추진하 고 하락기에는 경험이 많은 세대가 젊은 층을 지원해 주면 통합과 선한 영향력이 세대를 거쳐 좋은 DNA가 만들어질 것으로 믿는다. 이러한 새 로운 변화를 실현시킬 하나의 방법이 CSO를 포지셔닝시키는 방법이다. 경험이 있는 CSO가 젊은 대표이사와 DNA를 합해 기업과 생태계를 지키 고 성장시킬 수 있을 것이다.

공정한 상생사회, 공정한 프로토콜

다음은 이런 창업 기업들이 활동하게 된 사회의 공정한 프로토콜에 대 해 이야기하고자 한다.

상생이라는 말은 함께한다는 말이다. 서로 다른 목적과 시각을 가졌다 하더라도, 서로가 결국은 더 나은 결과를 얻기 위해 처음에는 조금씩 물러나 주는 것이 아닌가 싶다. 현재 이야기되고 있는 프로토콜 경제는 대기업과 중소기업 간의 상생과 블록체인 기술을 기반으로 이루어지는 DAO로 정리될 수 있다. 최근 들어 원자재 가격이 급등하였다. 그러면 납품계약이 체결되어 있는 상황에서 원자재 가격 상승으로 인한 비용 부담은 정해진 납품가격이 고수되는 한 제품을 납품하게 되는 중소기업들만이 부담할 수밖에 없는 구조였다. 이를 해결하기 위해 14년 만에 시행을 앞두고 있는 납품단가 연동제 제도는 이러한 상생경제의 하나의 예가 될 수 있다.

주식회사를 기반으로 이루어지는 회사에서 주주와 종업원 사이에 있는 갈등도 상생으로 나아가는 우리에게는 변화해야만 하는 레거시일 수 있다. 더구나 주식회사의 지배구조를 가진 플랫폼 경제에서는 구글, 네이버, 카카오, 배달의민족 등이 우리 데이터를 독점하고 마케팅을 해서 이익까지도 독점하는 문제와, 플랫폼에서 스스로 수수료를 변경하여 플랫폼의 이익을 극대화하고자 하는 문제가 존재하고 있다.

현재 대부분의 회사의 지배구조로 가지고 있는 주식회사의 불만을 해결할 수 있는 구조는 무엇인가? 이 주제에 대해 많은 사람들이 블록체인 기반의 프로토콜 경제를 이야기한다. 이 프로토콜 경제는 PG DAO 편에서 DAO를 통해 소개한 바 있다.

블록체인 기술을 기반으로 하여 DAO의 구조를 도입하게 되면 구성원의 합의로 프로토콜을 정하고 플랫폼의 이익을 공정하게 나누는 시장경제를 만들 수 있다. 블록체인 기반의 프로토콜 경제는 빅데이터와 AI 등 핵심 인프라가 4차 산업혁명에 맥을 같이하면서 생태계를 구축하게 된다. 기술이 좀 더 강조된 생태계라고 이해해도 좋다. 결국 프로토콜 경제에서는 플랫폼 내 이용자도 공정한 대가를 나누고 상생의 생태계를 구축할 수 있다.

창업을 한 경영인들이 추진하는 ver 2.0의 전략들 중의 하나가 공공데이터 등을 활용한 자신만의 메타데이터 플랫폼을 만드는 것이다. 이를 위해서는 창업자들은 단기적으로 공공데이터를 활용하여 소비자들이 자신의 홈페이지에 방문하는 횟수를 늘리고자 한다.

이러한 창업자의 전략이 보다 쉽게 이루어지기 위해서는 공공데이터 수집과 활용이 민간의 니즈에 맞게 이루어져야 한다. 공공의 시각에서 모집한 데이터를 제공하는 플랫폼에서 벗어나 이러한 데이터를 이용하게 될 소비자의 입장에서 필요한 데이터를 제공할 수 있도록 처음부터 설계되어야 한다. 그리고 기존 시장에서 독점적 지위를 가지고 있는 대규모의 데이터 플랫폼 기업들은 상생의 철학을 가진 프로토콜 경제로 나아가는 변화를 해야 한다. 이러한 공정한 경제구조가 구축이 되면 창업자(Start up) 대표이사가 좌절하고 지치는 상황이 덜 만들어질 것이다.

영화, '코치 카터'를 통해 본 두려움 이기기

'코치 카터'는 2005년 5월 13일 개봉한 미국 스포츠 영화이다. 사무엘 L. 잭슨이 주연을 맡았고, 실제 인물인 켄 카터를 모델로 했다.

영화에서 사무엘 잭슨은 모교인 캘리포니아주 리치몬드고교의 농구 코치를 맡게 된다. 그는 가난한 환경의 학생들이 가진 뿌리 깊은 패배의 식을 씻어 내기 위해 운동과 학업 모두에서 승리하길 원했다. 그것도 계약서라는 형식을 학생들과 체결하였다. 결국 팀은 만년 꼴찌에서 패배를 모르는 강팀으로 변한다. 하지만 학업 성적이 계약에서 합의한 수준에 미치지 못하자 학교 농구장을 전격적으로 폐쇄해 버린다. 이후 농구선수들은 약속한 학업성적을 올렸고 다시 농구장에 복귀할 수 있었다.

영화의 마지막에서는 승패를 떠나 농구 선수들 대부분이 자신들이 원하는 진로로 가게 되는 자막이 나온다. 사무엘 잭슨이 말한 대사가 있다.

> "우리가 마음속 깊이 두려움을 느끼는 것은 남보다 우리가 뒤떨어졌기 때문이 아니라, 우리가 한없이 많은 힘을 지녔기 때문이다."
> "가장 힘든 승부는 자신을 이기는 것이다."

청년 창업가의 무한한 힘이 이 새로운 디지털 시대에서는 더욱 더 발현하기 좋은 환경이 되었음을 지난 몇 달간 글을 쓰면서 또 한 번 절실하게 느꼈다. 물론 세대를 잇는 어려움은 계속 발생한다. 서로가 일을 하는 방법이 다르고 상황을 바라보는 기준이 다르기 때문에, 일을 같이하고 싶지만 맞지 않아 서로에게 아픔을 주었던 불안한 과거와 이러한 과거가 투영된 미래가 보이기는 한다. 하지만 이제는 두려움을 넘어 서로가 함께해야만 빠르게 변하는 레거시를 내 품에 담을 수 있다는 것 또한 절실하게 느끼고 있다.

헤이, 레거시! 말하지 않아도 그동안 고생했고 네 이전의 레거시를 바꾸어 온 너의 노력 정말로 감사해. 그리고 네가 남몰래 힘들어하면서도 우리에게는 웃어 주려고 노력한 것 또한 우리도 알고 있어.

헤이, 레거시! 너와 함께하는 지금은 조금은 짜증이 나지만 그래도 너와 함께 있는 지금이 편하기도 해.

헤이, 레거시! 하지만 이제는 진짜 품위를 가지자. 과거에 성공했던 너의 내공을 내려놓아 봐. 그리고 내일의 이야기를 경청해 봐.

헤이, 레거시! 혹시 내가 누군지 아니? 나는 너, 레거시가 만든 내일이야. 난 너에게 배신과 상처를 주지 않을 거야. 그러니 너무 초조해하지 않았으면 해. 사랑한다, 레거시. 그리고 굿바이!

단행본

박종한, 『10년 후 100배 오를 암호화폐에 투자하라』, 나비의활주로, 2022. 1.

한국벤처투자 등, 『VC가 알려주는 Start up 투자유치전략』, 2020. 10.

논문

건국대학교 법학연구소, 「스위스 ICO의 법적 개념 및 각국의 규제동향에 관한 연구」, 『일감법학』 제43호, 2019. 6.

삼성증권 리서치센터, 「뉴 골드러시, 돈 버는 게임은 지속 가능할까?」, 2022. 4.

코빗 리서치, 「가상자산 밸류에이션에 대한 고찰」, 2022. 1.

하나금융그룹, 「스위스 크립토 뱅크의 도입과 시사점」, 2019. 12. 30.

한국법제연구원, 「유럽의 블록체인 입법 및 정책 동향 - 독일, 스위스, 리히텐슈타인을 중심으로」, 2019. 11. 15.

BakerHostetler, Oop 5 Digital Asset Litigation and Investigation Trends of 2022, 2022. 8. 26.

Bank of Japan, Liaison and Coordination Committee on Central Bank Digital Currency, Interim Report 2022. 7. 5.

Banking Dive, FDIC orders FTX, 4 other crypto firms to halt 'false and misleading' claims, 2022. 8. 22.

BIS, Central bank digital currencies: a new tool in the financial inclusion toolkit?, 2022. 4. 12.

CATO Institute, CChina's Digital Yuan: A Threat to Freedom, 2021. 8. 25.

Chainalysis. How The Ethereum Merge May Impact the Crypto Ecosystem: On-chain Indicators to Watch, 2022. 9. 7.

Clifford Chance, MiCA - EU reaches agreement on the crypto-assets regulation, 2022. 7. 1.

CNBC, EU agrees on landmark regulation to clean up crypto 'Wild West', 2022. 6. 30.

CoinDesk, Digital Euro to Focus on Personal Use, Not Web3, EU Officials Say, 2022. 9. 7.

CoinDesk, Europe's CBDC Designers Wrestle With Privacy Issues, 2022. 4. 4.

CoinDesk, Switzerland's 'Crypto Valley' Has Started Accepting Bitcoin, Ether for Tax Payments, 2021. 2. 18.

Coinfirm, Switzerland Crypto Regulations: KYC, Taxes & FINMA, 2021. 1. 12.

CoinTelegraph, Swiss Crypto Valley Pens Legal Framework for 'Blockchain Crypto Property', 2017. 10. 5.

CoinTelegraph, Swiss Regulator Releases AML, KYC Guidance for Blockchain Payments, 2019. 8. 26.

Crypto Vally, CVA comments on the recently published SFTA working paper on cryptocurrencies and ICOs, 2019. 9. 2.

CV VC, CV VC Top 50 Report H2/2019 中 Regulatory environment in Crypto Valley, 2020. 1. 23.

CV VC, Top 50 Report 2021, 2022. 1. 25.

DappRadar, DeFi's Stablecoins Struggle After Terra and Tornado Cash, 2022. 8. 24.

Deutsche Bundesbank, The Landscape in 2030: CBDCs or Private Digital Payment Solutions?, 2022. 6. 29.

ECB, ECB publishes report on payment preferences as part of digital euro investigation phase, 2022. 3. 30.

EconoTimes, Crypto-Valley Association to detail Switzerland's regulatory framework on cryptocurrencies and blockchain technology, 2018. 12. 17.

Ethereum, The Merge, The Beacon Chain, Sharding

European Commission, Swiss City of Zug issues Ethereum blockchain-based eIDs, 2018. 2. 16.

European Council, Digital finance: agreement reached on European crypto-assets regulation(MiCA), 2022. 6. 30.

European Economic and Social Committee, A Digital Euro: Challenges and Opportunities, 2022. 9. 7.

FATF, Targeted Update on Implementation of FATF's Standards on VAs and VASPs 2022. 6. 30.

FATF, Targeted Update on Implementation of FATF's Standards on VAs and VASPs, 2022. 6. 30.

FDIC, FDIC Issues Cease and Desist Letters to Five Companies For Making Crypto-Related False or Misleading Representations about Deposit Insurance, 2022. 8. 19.

Federal Reserve System, Fit-for-Purpose Payment System Interoperability: A Framework, 2022. 7. 14.

FINMA, FINMA Guidance 2017.04 Regulatory treatment of initial coin offerings, 2017. 9. 29.

FINMA, Guidelines for enquiries regarding the regulatory framework for initial coin offering(ICOs), 2018. 2. 16.

Forbes, Blockchain Technology Could Make SWIFT Data Flow Faster, 2022. 9.

Freeman Law, Switzerland and Cryptocurrency, 2021. 3. 6.

Harvard Business Review, HWhat Skeptics Get Wrong About Crypto's Volatility, 2022. 7. 6.

ICAEW, Digital assets: what are the accounting issues?, 2022. 8. 23.

IOSCO, IOSCO Crypto-Asset Roadmap for 2022-2023, 2022. 7. 7.

ISDA, Bloomberg Selected as Fallback Adjustment Vendor

JDSUPRA, The Distributed Ledger: Blockchain, Digital Assets and Smart Contracts 2022. 8. 25.

Kanton Zug, Kanton Zug akzeptiert ab 2021 Kryptowährungen für Steuerzahlungen, 2020. 9. 3.

Law Reviews, The Virtual Currency Regulation Review: Switzerland, 2021. 9. 2.

National Law Review, The NFT Collection: A Brave NFT World - A Regulatory Review of NFTs, 2022. 6. 30.

National Law Review, Will Cryptocurrency Legislation Gain Momentum in September?, 2022. 8. 31.

National Law Review, Will Cryptocurrency Legislation Gain Momentum in September?, 2022. 8. 31.

OSTP, TECHNICAL EVALUATION FOR A U.S. CENTRAL BANK DIGITAL CURRENCY SYSTEM, 2022. 9. 16.

PWC, Record growth in Crypto Valley despite Corona, 2021. 3. 4.

Republicans Financial Services, Committee Republicans Demand Fed Vice Chair Brainard Clarify Testimony Regarding Authority to Issue a CBDC, 2022. 9. 8.

Republicans Financial Services, Virtual Hearing Entitled: Digital Assets and the Future of Finance: Examining the Benefits and Risks of a U.S. Central Bank Digital Currency, 2022. 5. 26.

S&P Global, Regulating Crypto The Bid To Frame, Tame, Or Game The Ecosystem, 2022. 7. 13.

Stadt Zug, Blockchain-basierte digitale ID für alle Einwohner jetzt erhältlich, 2017. 11. 15.

Swiss FIRMA, Open a Company in Zug Crypto Valley, 2018. 2. 20.

Swiss FIRMA, Swiss Company Laws, 2018. 2. 2.

Swiss FIRMA, Swiss Fintech Financial Sandbox - New, 2018. 8. 17.

Swisscom, IFZ FinTech Study 2019, 2019. 2. 27.

Swissinfo, Swiss, 'Crypto Valley' boasts 14 'unicorns', 2022. 1. 25.

Swissinfo, Switzerland's 'Crypto Valley' looks past cold market winds, 2022. 1. 26.

TechRepublic, Why Web3.0 blockchain technology is driving a six trillion dollar market, 2022. 8. 29.

The Federal Council, Federal Council wants to further improve framework conditions for blockchain/DLT, 2018. 12. 14.

The Strategy Bridge, U.S. Strategy and the Future of Money: Advancing U.S. Interests During a Financial Transformation, 2022. 8. 29.

The white House, Executive Order on Ensuring Responsible Development of

Digital Assets, 2022. 3. 9.

The White House, FACT SHEET: White House Releases First-Ever Comprehensive Framework for Responsible Development of Digital Assets, 2022. 9. 16.

The White House, Technical Possibilities for a U.S. Central Bank Digital Currency, 2022. 9. 16.

UNCTAD, UN trade body calls for halting cryptocurrency rise in developing countries 2022. 8. 10.

US Treasury, Fact Sheet: Framework for International Engagement on Digital Assets, 2022. 7. 7.

US Treasury, Remarks from Secretary of the Treasury Janet L. Yellen on Digital Assets, 2022. 4. 7.

WEF, What are central bank digital currencies?, 2022. 8. 31.

World Economic Forum, Privacy concerns loom large as governments respond to crypto, 2022. 4. 14.

사이트

네이버 지식 백과(https://post.naver.com/viewer/postView.naver?volumeNo= 34088291&memberNo=31588952&vType=VERTICAL)

블로터(http://www.bloter.net)

비즈니스인사이더(https://www.businessinsider.com/china-russia-alternative- swift-payment-cips-spfs-yuan-ruble-dollar)

코인데스크코리아(http://www.coindeskkorea.com/news/articleView. html?idxno=78412)

한국인터넷진흥원(https://www.kisa.or.kr/)

한국세정신문(http://www.taxtimes.co.kr)

Ethereum Foundation Blog, Ethereum's energy usage will soon decrease by ~99.95%, 2021.05.18

https://www.businessinsider.com/china-russia-alternative-swift-payment-cips- spfs-yuan-ruble-dollar-2022-4

굿바이 레거시

ⓒ 배교식 · 김세현 · 권태우, 2023

초판 1쇄 발행 2023년 7월 7일

지은이   배교식 · 김세현 · 권태우
펴낸이   이기봉
편집   좋은땅 편집팀
펴낸곳   도서출판 좋은땅
주소   서울특별시 마포구 양화로12길 26 지월드빌딩 (서교동 395-7)
전화   02)374-8616~7
팩스   02)374-8614
이메일   gworldbook@naver.com
홈페이지   www.g-world.co.kr

ISBN   979-11-388-2051-6 (03320)